"三峡学者文库"编委名单

主　编：
郭作飞　王志清

编委会：
陈会兵　曾　毅　申载春　李　俊
林辉春　赖永兵　李朝平

国家语委语言文字科研优秀成果后期资助计划项目（HQ135-24）资助
国家语委"十二五"科研规划项目（YB125-108）资助
重庆三峡学院文学院重庆市重点学科经费资助

语文辞书编纂修订

执行语言文字规范标准情况

陈会兵 著

YUWEN CISHU BIANZUAN XIUDING ZHIXING
YUYAN WENZI GUIFAN BIAOZHUN QINGKUANG
DIAOCHA YANJIU

四川大学出版社

项目策划：徐　凯
责任编辑：徐　凯
责任校对：毛张琳
封面设计：墨创文化
责任印制：王　炜

图书在版编目（CIP）数据

语文辞书编纂修订执行语言文字规范标准情况调查研究 / 陈会兵著. 一 成都：四川大学出版社，2020.10
（三峡学者文库 / 郭作飞，王志清主编）
ISBN 978-7-5690-3230-7

Ⅰ. ①语… Ⅱ. ①陈… Ⅲ. ①辞书—汉语规范化—研究 Ⅳ. ①H16 ②H102

中国版本图书馆 CIP 数据核字（2019）第 273571 号

书　名	语文辞书编纂修订执行语言文字规范标准情况调查研究
著　者	陈会兵
出　版	四川大学出版社
地　址	成都市一环路南一段 24 号（610065）
发　行	四川大学出版社
书　号	ISBN 978-7-5690-3230-7
印前制作	四川胜翔数码印务设计有限公司
印　刷	郫县犀浦印刷厂
成品尺寸	148mm×210mm
印　张	10.625
字　数	227 千字
版　次	2020 年 10 月第 1 版
印　次	2020 年 10 月第 1 次印刷
定　价	54.00 元

版权所有 ◆ 侵权必究

扫码加入读者圈

◆ 读者邮购本书，请与本社发行科联系。
　电话：(028)85408408/(028)85401670/
　(028)86408023　邮政编码：610065
◆ 本社图书如有印装质量问题，请寄回出版社调换。
◆ 网址：http://press.scu.edu.cn

四川大学出版社
微信公众号

"三峡学者文库"出版说明
（总序）

  中国语言文学是重庆三峡学院历史最悠久的学科之一。经过长期的建设与发展，本学科已积累了较为深厚的研究基础，成为重庆市高校"十三五"重点学科，其中中国古典文献学为重庆市立项建设重点学科，汉语言文学本科专业为重庆市特色专业建设点，其中师范专业为重庆市首批"专业综合改革试点"专业。2014年7月本学科正式获批新增硕士学位一级学科授权点，汉语言文字学、中国古典文献学、中国古代文学、中国现当代文学4个方向开始招收硕士研究生。本学科2014年申报了学科教学（语文）专业硕士学位，于2015年开始正式招生。

  本学科有一支职称高、学历高，年龄、学缘结构合理，具有较强科研能力的学术队伍。其中有教授11人、副教授18人、博士16人（另有在读博士2人）；有重庆市名师1人，重庆市高校优秀中青年骨干教师2人，外聘兼职教授19人，硕士研究生导师15人（含兼职）。队伍成员大多毕业于"985""211"高校，受到了严格的学术训练，有较为深厚的中国语言文学理论基础和研究素养，

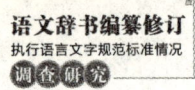

在各自的研究领域均取得了不少研究成果。部分教师先后与西南大学、东南大学、四川外国语大学等合作,开展联合招收硕士研究生培养工作,已招收培养硕士研究生50余人,积累了丰富的硕士研究生培养经验。

经过长期积累,本学科已在古代文学与古典文献研究、汉语本体及其应用研究、现当代文学与文艺理论研究等方面取得了较为丰硕的成果。何其芳研究、三峡方志文献研究、夔州诗研究等具有鲜明的地域特色,在国内外产生了较大影响。近年来本学科共主持国家社科基金项目13项,教育部委等部级项目14项,其他项目100余项;出版著作47部;发表论文540多篇,其中发表在重要刊物上的有31篇,发表在CSSCI来源期刊及核心刊物上的有178篇;获重庆市社科优秀成果二等奖2项,三等奖6项,全国优秀古籍图书二等奖1项。

本学科现有重庆市人文社科重点研究基地1个,市级学会1个,校级科研创新团队2个;校级研究所4个,研究工作室4个;建有学科专业图书资料中心1个,藏有《四库全书》《敦煌文书》等大型纸质图书资料30余万册,电子图书100余万种,学科中外文现刊30多种。

本校开通有CNKI中国知网、维普中文期刊数据库、万方数据库等及10余种试用的电子资源和数据库,校园网络畅通,能方便查询检索资料。

本校已与德国波恩大学、法国国家科学研究中心、日本圣泉大学、美国丹佛社区大学、中国社会科学院、北京大学等建立了密切的联系,能为学生参加国际国内学术会议、培养国际学术视野提供便捷的交流平台。

为了进一步加强市级重点学科中国语言文学和硕士点的建设，展示和提升学科科研实力和科研水平，本学科现启动"三峡学者文库"的资助出版工作。该出版工作重点资助汉语言文字学、中国古典文献学、中国古代文学、中国现当代文学等方向以及三峡文化研究方向的特色成果，计划出版15部具有原创性、前沿性的学术专著，由四川大学出版社统一编辑，分批次出版。

"三峡学者文库"由市级重点学科下拨经费及学校配套经费资助，学校各级领导高度重视，文学院专门成立了"三峡学者文库"编委会，学科成员积极响应、热情参与。本丛书的出版得到了四川大学出版社的大力支持，徐凯编辑为丛书的出版付出了辛勤的劳动，在此一并致谢！

"三峡学者文库"编委会

2018年1月

写在前面的话

1. 现行语言文字规范标准众多，语文辞书编纂修订涉及的主要是字音字形，因而我们选取与字音字形有关的规范标准进行调查研究。目前，在与语文辞书编纂修订关系密切的规范标准中，我们主要选取了《汉语拼音方案》《汉语拼音正词法基本规则》《普通话异读词审音表》《普通话异读词审音表（修订稿）》《通用规范汉字表》《汉字部首表》《第一批异形词整理表》等有关语音、字形、字序等标准进行调查，这些标准的前身如《简化字总表》《现代汉语通用（常用）字表》《第一批异体字整理表》等也偶有提及。

2. 汉语字典辞书众多，其中《新华字典》和《现代汉语词典》是影响最大、受众最多的语文辞书，其他辞书各有其使用对象和编纂目的，对语言文字规范标准影响相对较小，因而，我们在调查的时候，主要针对这两种辞书，间或涉及《现代汉语规范词典》和其他字典、词典的一些内容。

3. 由于语言文字规范标准是《国家通用语言文字法》的具体实施，是我国大陆一般应用领域需要遵循的"标

准",因而,我们的调查在表述的时候可以"自由"发挥的余地就不多,跟其他著作和文件、法规等可能有不少重复的地方,这是语言文字规范标准的具体体现,不可回避。

4. 由于《新华字典》(第11版)出版于2011年6月,《现代汉语词典》(第6版)出版于2012年6月,《通用规范汉字表》发布于2013年6月,本项目立项于2014年5月,《普通话异读词审音表(修订稿)》发布于2016年6月,《现代汉语词典》(第7版)出版于2016年9月,因而本书可能出现时间方面的错位,虽然笔者也根据新出版的字典、词典和新发布的规范标准做了一些调整,但是由于本书研究内容十分烦琐,需要花费大量时间和精力,疏漏在所难免,未尽之处还请读者批评指正。

5. 字典、词典与语言文字规范标准各有其功能,语言文字规范标准主要针对当前社会语言文字应用,其规范的主要对象是普通话和规范汉字,而字典、词典则需要给读者提供尽可能多的语言文字知识,这些知识既包括现代的、当下的,也包括过去的,还有可能包括方言、少数民族语言以及一些常用的外语等知识,甚至还有一些非语言文字知识。由此我们可以认为,字典、词典应该包含有关语言文字规范标准,字典、词典中存在而规范标准中没有的内容不一定就是不规范的。

6. 在引用《新华字典》《现代汉语词典》注音释义的时候,为了输入方便,我们没有完全按照原文引用,而是作了一些格式上的调整。

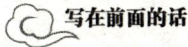

7. 本书所用《新华字典》，如无特殊说明，均指第 11 版；《现代汉语词典》，如无特殊说明，均指第 6 版和第 7 版。行文中不再一一注明版本。

目 录

绪　论……………………………………（ 1 ）

第一章　《汉语拼音方案》及相关标准与《新华字典》
　　　　《现代汉语词典》符合度调查……………（ 18 ）

　第一节　《汉语拼音方案》……………………………（ 18 ）

　第二节　《新华字典》《现代汉语词典》的编纂
　　　　　修订 ………………………………………（ 60 ）

　第三节　《汉语拼音方案》在《新华字典》《现代
　　　　　汉语词典》中的执行情况调查 ………（ 78 ）

　第四节　《汉语拼音方案》及其教学和《现代汉语
　　　　　词典》《新华字典》注音的修订建议
　　　　　………………………………………………（ 83 ）

　第五节　《汉语拼音正词法基本规则》等汉语拼音
　　　　　拼写规则 ……………………………（ 92 ）

第二章　《通用规范汉字表》及相关字表与《新华
　　　　字典》《现代汉语词典》符合度调查……（102）

　第一节　《通用规范汉字表》的基本情况………（102）

　第二节　《通用规范汉字表》对《简化字总表》
　　　　　《第一批异体字整理表》《现代汉语常用

　　　　　　　字表》《现代汉语通用字表》的整合与
　　　　　　　修订 …………………………………………（117）
　　第三节　《现代汉语词典》《新华字典》执行
　　　　　　《通用规范汉字表》情况调查…………（138）
　　第四节　《汉字部首表》在《新华字典》《现代汉语
　　　　　　词典》中的执行情况 ……………………（169）

第三章　《普通话异读词审音表》及修订稿与
　　　　　《新华字典》《现代汉语词典》符合度调查
　　　　　………………………………………………（171）
　　第一节　《普通话异读词审音表》研究…………（171）
　　第二节　修订稿对《普通话异读词审音表》的修订
　　　　　　和字典辞书的符合度……………………（187）
　　第三节　《现代汉语词典》《新华字典》执行语音
　　　　　　规范情况调查……………………………（236）

第四章　《现代汉语词典》执行《第一批异形词整理
　　　　　表》情况调查………………………………（286）
　　第一节　《现代汉语词典》落实《第一批异形词
　　　　　　整理表》情况分析………………………（286）
　　第二节　《现代汉语词典》对异形词的处理……（289）

第五章　推广落实语言文字规范标准的建议………（305）
结　　语 ………………………………………………（314）
参考文献 ………………………………………………（317）

绪　论

　　我国语言文字的规范工作源远流长，根据文献记载，先秦时期，我国就存在着"夏言""雅言"，这是当时的共同语。春秋战国时期，"百家争鸣、诸子横议"，孔子、墨子、孟子等思想家带领弟子周游列国，宣传自己的政治伦理道德主张，有赖于共同语，人们才能相互交流。在文字方面，官方还编纂过《史籀篇》等蒙童识字的课本，对规范字形起到了一定的作用。

　　秦始皇统一六国，丞相李斯撰《苍颉篇》（后写作《仓颉篇》）、中车府令赵高撰《爰历篇》、太史令胡毋敬撰《博学篇》，合称为"秦三苍"。这是秦朝实行"书同文"政策的产物，拉开了由国家政权推行汉语言规范文字的大幕。西汉扬雄编著《方言》，将他所搜集的各地方言与"通语"对照；东汉许慎编纂《说文解字》，为古文经学张目，客观上也起到了文字规范的作用；晋张轨将秦本《苍颉篇》、扬雄所续《训纂篇》和贾鲂所续《滂喜篇》合称《三苍》，习惯上也称为"汉三苍"。《仓颉篇》由最初的识字课本发展演变为一部包含 123 章共计 7380 字的大型工具书，后世也把它视为字书。这些著作都可以视为汉字规范的成果,对文字的统一规范具有重要作用。其后历朝历代的统治者和语言文字研究者都非常重视语言文字的统一规范,各个时期编纂的字典辞书、韵书、儒道释经典、诸子百家、史乘以及典范的文学作品等,为语言文字的规范提供了十分重要的标准,极大地推动了汉语言文字的统一和规范。《尔雅》是我国现存第一部词典,"尔"是"近"的意思,"雅"是"正"的意思,先秦"雅言"即"正言","正言"就是标准语言,即在语音、词汇和语法等方面都合乎规范的语言。《尔雅》共收录4300余词,以雅言(标准语、共同语)解释古语词、方言词,使之近于规范、符合规范。

系统的、大规模的语言文字规范化工作则开始于中华人民共和国成立以后。为了迅速提高国民的文化水平,党和政府于1954年12月成立了中国文字改革委员会,专司语言文字改革和规范工作。1985年12月16日,中国文字改革委员会改名为国家语言文字工作委员会。

中华人民共和国成立以来,我国在语言文字方面取得了如下成就:第一,颁布实施了《中华人民共和国通用语言文字法》。第二,成立管理语言文字规范的专门机构,即国家语委、县级及以上各级政府语委、其他单位部门语委和一些研究机构。第三,制定发布了各行各业的语言文字规范标准。据统计,现行国家语言文字规范标准超过了150项。第四,编纂和修订推广落实语言文字规范标准的字典辞书,如《现代汉语词典》。第五,实施普通话测试等级制度等。

为了推动国家通用语言文字的规范化、标准化及其健康发展，使国家通用语言文字在社会生活中更好地发挥作用，促进各民族、各地区经济文化交流，2000年10月31日第九届全国人民代表大会常务委员会第十八次会议修订通过《中华人民共和国语言文字法》，2001年1月1日起施行。此法第一章第二条规定："本法所称的国家通用语言文字是普通话和规范汉字。"第三条规定："国家推广普通话，推行规范汉字。"该法确立了普通话和规范汉字的"国家通用语言文字"的法定地位，使千百年来的语言文字规范工作有法可依。《国家通用语言文字法》还规定了国家通用语言文字使用的各种情况和管理、监督职责，使语言文字规范工作走上了法治的轨道。

国家先后发布的150多项语言文字规范标准在语文教学与研究、出版印刷、辞书编纂等方面发挥了巨大作用，有力地促进了汉语汉字和少数民族语言文字的规范化和现代化，推动了经济、文化、教育和社会的发展。比如《汉语拼音方案》（1958年发布）、《中国地名汉语拼音字母拼写规则（汉语地名部分）》（1984年发布）、《普通话异读词审音表》（1985年发布，2017年发布修订稿）、《标点符号用法》（1990年发布，1995年修订）、《出版物上数字用法的规定》（1990年发布，1995年修订）、《汉语拼音正词法基本规则》（1988年发布，1986年修订）、《ISO 7098文献工作——中文罗马字母拼写法》、《现代汉语常用字表》、《现代汉语通用字表》、《GB 13000.1字符集汉字字序（笔画序）规范》、《普通话水平测试大纲》、《汉字应用

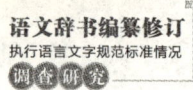

水平等级及测试大纲》,以及与《国家通用语言文字法》配套的汉字方面的重大标准《通用规范汉字表》。有关信息处理的标准有《信息交换用汉字编码字符集及其补充集》、《信息技术通用多八位编码字符集》(ISO 10646)、《信息处理用现代汉语词类标记集》、《汉语拼音方案的通用键盘表示规范》等。长期以来,人们普遍认为,与普通使用者息息相关的语言文字规范标准主要有以下十项:

(1)中华人民共和国文化部和中国文字改革委员会1955年公布的《第一批异体字整理表》,该表规定了具有异体关系的字组中哪个是规范字,哪个是应该淘汰的异体字。现已被《通用规范汉字表》替代。

(2)第一届全国人民代表大会第五次会议于1958年批准的《汉语拼音方案》。国际标准化组织于1982年投票通过,规定《汉语拼音方案》是拼写汉语的国际标准,编号是ISO-7098。

(3)国家语言文字工作委员会、国家教育委员会、广播电视部1985年发布的《普通话异读词审音表》,该表规定了普通话异读词的标准读音。例如,"白"统读bái,过磅的"磅"读bàng。2016年已发布《普通话异读词审音表(修订稿)》。

(4)国家语言文字工作委员会1986年重新发表的《简化字总表》,收简化字2235个。它规定了简化字的标准字形,以及简化字与繁体字的对应关系。现已被《通用规范汉字表》替代。

(5)国家语言文字工作委员会和国家教育委员会

1988年发布的《现代汉语常用字表》，规定了现代汉语的3500个常用字，以及每个字的标准字形，包括字的结构、笔画数和笔顺。现已被《通用规范汉字表》替代。

(6) 国家语言文字工作委员会和中华人民共和国新闻出版署1988年发布的《现代汉语通用字表》，规定了现代汉语的7000个通用字（包含3500个常用字），以及每个字的标准字形，包括字的结构、笔画数和笔顺。现已被《通用规范汉字表》替代。

(7) 国家技术监督局1995年批准、发布的《标点符号用法》（GBT 15834－1995），规定了16种标点符号的名称、形式和用法。

(8) 国家技术监督局1996年批准、发布的《汉语拼音正词法基本规则》（GBT 16159－1996），规定了用《汉语拼音方案》拼写现代汉语的规则。

(9) 国家语言文字工作委员会和中华人民共和国新闻出版署1987年发布的《现代汉语通用字笔顺规范》，规定了7000个通用字的笔顺标准。现已被《通用规范汉字表》替代。

(10) 中华人民共和国教育部、国家语言文字工作委员会2001年发布的《第一批异体词整理表》（GF 1001－2001），给出了338组异形词的推荐使用词形。例如，在"本分""本份"这组异形词中，"本分"是推荐使用字形；在"标志""标识"这组异形词中，"标志"是推荐使用字形；在"驾驭""驾御"这组异形词中，"驾驭"是推荐使用字形。

其中,《第一批异体字整理表》《简化字总表》《现代汉语常用字表》《现代汉语通用字表》四个字表已被2013年6月发布的《通用规范汉字表》取代,1985年发布的《普通话异读词审音表》也已被2016年6月发布的《普通话异读词审音表(修订稿)》取代。因而,笔者的调查就主要限定在《汉语拼音方案》《汉语拼音正词法基本规则》《普通话异读词审音表》《普通话异读词审音表(修订稿)》《通用规范汉字表》《第一批异形词整理表》等跟字典辞书编纂修订关系密切的规范标准。为了观察规范标准的发展变化情况,本书也会涉及《第一批异体字整理表》《简化字总表》《现代汉语常用字表》《现代汉语通用字表》等被取代的规范标准。

语言文字规范标准是《国家通用语言文字法》的反映和具体落实,规定了汉语言文字在各种情况下应用的标准,这些标准需要在各级各类学校语言文字教学、新闻出版、广告招牌、广播电视播音、字典辞书编纂修订等方面进一步具体落实。本书以"语文辞书编纂修订执行语言文字规范标准情况调查研究"为题,探讨字典辞书编纂修订如何执行和推广语言文字规范标准。

鉴于字典辞书主要为读者提供汉语字词音、形、义、用等信息的性质,笔者主要选取《汉语拼音方案》《汉语拼音正词法基本规则》《普通话异读词审音表》《普通话异读词审音表(修订稿)》《通用规范汉字表》《第一批异体词整理表》等与字典辞书关系密切的语言文字规范标准来检验语文辞书在语音、文字、词汇书写等方面贯彻落实语言文字规范标准的情况,还选取了《汉字部首表》《GB 1003.1字符集汉字部首归部规范》《GB 13000.1字符集汉字笔顺规范》《GB 13000.1字符集汉字字序(笔画序)规范》观察字典辞书贯彻部首、笔顺、字序标准的情况。

一、研究对象及意义

(一)研究对象

语言文字规范标准和语文辞书在促进现代化经济建设与社会发展、普及教育和提高教育质量、维护国家统一和民族团结、提高汉语的国际地位及对外交往等方面具有极其重大的意义。语文辞书是语言文字规范标准的具体落实和重要体现,在语言文字规范化工作中具有特殊的功能,更应当执行规范文件,同时又要充分发挥自身功能,检视规范文件之不足,实现辞书编纂修订与语言文字规范制定之间的互动,共同促进语言文字规范化。现行语言文字规范标准有100余项,与语文辞书编纂修订密切相关的语音规范、词汇规范、文字规范、标点规范、数目字规范等也有几十项。近年来,各类新编和修订的语文辞书层出不穷,通行的语文辞书有十几种。对这些规范标准在辞书中的落实情况,目前还没有具体而系统的调查研究。本书拟对最新编纂和修订的语文辞书执行语言文字规范标准的情况进行调查研究,从理论上厘清语文辞书与语言文字规范标准的关系,指出在语文辞书编纂修订中需妥善处理的相关问题。语文辞书编纂修订需全面、正确地贯彻语言文字规范标准,恰当地选择语文辞书实施规范标准的方式和方法，通过修订及时反映和体现国家的语文政策和规范标准，适应群众语文生活的需求。

本书主要调查研究了《现代汉语词典》和《新华字典》在注音、字形等方面的情况，《汉语拼音方案》的缺陷及其在《现代汉语词典》和《新华字典》中的落实情况，《通用规范汉字表》及相关规范对过去字表的整合优化情况和在《现代汉语词典》《新华字典》中的落实情况，《普通话异读词审音表》及其修订稿的基本情况及其在《现代汉语词典》《新华字典》中的体现，《第一批异形词整理表》在《现代汉语词典》中的落实情况等，并对语言文字规范标准提出了一些意见和建议。

（二）理论意义

有关辞书编纂修订和语言文字规范标准的研究成果众多，但是把两者结合起来研究的成果较少，主要有苏宝荣的《以理论研究引领〈现代汉语词典〉修订在规范化上取得新突破》（《辞书研究》2013年第2期）、《树立辩证的规范观，妥善处理语言文字规范的相关问题——再谈语文辞书规范的原则与方式》（《辞书研究》2005年第2期），李行健的《语文辞书编纂与古汉语词汇学习》（《语言文字应用》2011年第3期），何毓玲的《从〈现代汉语词典〉修订再谈语文辞书编撰的规范性》（《中国编辑》2007年第3期），晁继周的《语言规范、辞书编纂与社会语言生活》（《辞书研究》2005年第2期），李宇明的《辞书与语言文字规范》（《辞书研究》2004年第4期），马海涛的《加强语言文字规范促进辞书编纂事业有序发展》（《中国社会科学院院报》2004年4月20日)、程荣的《辞书编纂中的语文规范问题——〈现代汉语规范字典〉规范特点述要》(《辞书研究》1999年第3期)、苏培成的《规范型辞书与规范标准》(《中国语文》2000年第3期)、《规范字典的编写要与时俱进》(《辞书研究》2002年第3期)、陈原的《辞书与语言规范化问题》(《辞书研究》1999年第2期)、李行健等的《现代汉语规范词典》(外语教学与研究出版社2004年版)、《现代汉语规范字典》(第三版)(外语教学与研究出版社2010年版)、王宁等的《通用规范汉字字典》(商务印书馆2013年版)。这些成果主要从理论上探讨了语文辞书与语言文字规范之间的关系，缺乏对二者符合度的具体调查研究，对实践的指导作用不明显，因此，对语文辞书编纂修订执行语言文字规范标准的实际情况进行系统的调查研究很有必要。

(三) 实践意义

本书的研究目的在于利用国家出台的语言文字规范标准，研究与《现代汉语词典》、《现代汉语规范词典》(第3版)以及《新华字典》密切相关的语音规范、词汇规范、文字规范、标点符号规范和数字规范，同时对这些语文辞书执行语言文字规范标准的情况进行详细的调查，通过语文辞书检视语言文字规范标准存在的不足，并从语言文字规范标准的角度提出语文辞书编纂修订的建议和意见。本书还研究语文辞书编纂修订与语言文字规范标准在促进语言文字规范化中的重要作用及其相互关系，以期为语言文字规范标准的制定和语文辞书编纂修订提供借鉴。

二、研究现状

语文辞书编纂修订与语言文字规范标准制定是社会语言文字生活的两个重要方面,各有众多的研究成果。辞书的编纂和修订一直都是语言学、词典学研究者所关心的问题,辞书工作者和词典学家发表过不少关于辞书规范的文章,内容涵盖字词典编纂的方方面面,现归纳如下:

(1)《辞书研究》《语文建设》《语言文字应用》等专业刊物刊登过一系列关于辞书规范的文章,其中部分文章从整体上来谈辞书的规范问题,如李尔钢的《"规范"问题》一文提出了语言规范存在的三种形式,即语言的自律规范、行政规范和词典规范,就规范性词典的性质和规范的动态性与开放性提出了自己的看法。李建国的《规范型语文辞书的理论思考》一文从规范型语文辞书的定位、规范型语文辞书的特点、规范型语文辞书编纂的原则三个方面谈了自己的看法。陈原的《辞书与语言规范化问题》一文指出,规范就是一个语言群体在一个特定时期、一个特定空间,经语言群体多数成员认可的标准表达形式,这个形式是根据交际环境以及思维表达方式自然形成或有意识地制定的,其作用是调节语言的社会功能。汪人文的《试谈辞书编纂的规范性准则》一文从除规范性以外的其他辞书编纂准则、现有的各类辞书以及一般人眼里符合规范的辞书三方面对辞书编纂的规范性准则作了具体分析。还有苏宝荣的《以理论研究引领〈现代汉语词典〉修订在规范化上取得新突破》(《辞书研究》2013 年第 2 期)、《树立辩证的规范观,妥善处理语言文字规范的相关问题——再谈语文辞书规范的原则与方式》(《辞书研究》2005年第2期),晁继周的《语言规范、辞书编纂与社会语言生活》(《辞书研究》2005年第2期),李宇明的《辞书与语言文字规范》(《辞书研究》2004年第4期),程荣的《辞书编纂中的语文规范问题——〈现代汉语规范字典〉规范特点述要》(《辞书研究》1999年第3期)。《中国语文》《语文学习》等期刊也刊登了不少研究语言文字规范标准的文章,《人民日报》《中国教育报》《光明日报》等报纸也宣传、报道了有关语言文字规范标准的政策和动态等,如苏培成的《规范型辞书与规范标准》(《中国语文》2000年第3期)、马海涛的《加强语言文字规范促进辞书编纂事业有序发展》(《中国社会科学院院报》2004年4月20日)。

《汉语拼音方案》的研究成果众多,如赵金铭的《〈汉语拼音方案〉:国际汉语教学的基石》(《语言文字应用》2009年第4期),解植永、李开拓的《〈汉语拼音方案〉存在的问题及改进策略》(《北华大学学报》2008年第2期),陈章太的《〈汉语拼音方案〉的功绩、发展及问题》(《语言文字应用》2008年第3期),马庆株的《〈汉语拼音方案〉的来源和进一步完善》(《语言文字应用》2008年第3期),许晋的《〈汉语拼音方案〉的应用与完善》(《术语标准化与信息技术》2007年第2期),王理嘉的《〈汉语拼音方案〉与世界汉语语音教学》(《世界汉语教学》2005年第2期),高燕的《〈汉语拼音方案〉修改意

见综述》(《语言文字应用》2003 年第 2 期)，王理嘉的《汉语拼音 60 年的见证与前瞻》(《语言文字应用》2009 年第 4 期)，王均的《再论汉语拼音方案是最佳方案》(《语言文字应用》2003 年第 3 期)，李小凡的《汉语拼音隔音、标调新探》(《语言教学与研究》2007 年第 2 期)，石锋的《汉语语音教学笔记》(《南开语言学刊》2007 年第 3—8 期)，许长安的《台湾"通用拼音"述评》(《厦门大学学报》2002 年第 3 期) 等，他们都从《汉语拼音方案》本身以及拼音教学等方面对汉语拼音进行了研究。

（2）编写了推广普及语言文字规范标准的字典、词典。《现代汉语词典》为现代汉语普通话的词汇规范服务，《新华字典》以其近 6 亿册的发行量向广大人民群众普及了语言文字规范，还有以"规范"命名的一些字典、词典，如《现代汉语规范词典》(外语教学与研究出版社、语文出版社)、《现代汉语规范字典》(第三版)(外语教学与研究出版社 2010 年版)、《通用规范汉字字典》(商务印书馆 2013 年版) 等，在推广语言文字规范方面发挥着重要作用。

（3）出版了众多语言文字规范的学术专著，如倪海曙的《中国拼音文字运动史简编》《中国拼音文字概论》《新文字教师手册》。周有光被誉为"汉语拼音之父"，主持制定了《汉语拼音正词法基本规则》，著有《汉字改革概论》《中国拼音文字研究》《语言文字学的新探索》等书。林涛主编的《中国语音学史》，陆俭明、苏培成主编的《语文现代化和汉语拼音方案》，王理嘉的《汉语拼音 60 年的见证与前瞻》，王均的《再论汉语拼音方案是最佳方案》等学术专著从汉语拼音运动史、汉语拼音方案、汉语拼音教学等方面对汉语拼音进行了全面深入的研究。

　　语言文字规范标准的制定和修订是一个动态的过程，《语言文字规范手册》到 2012 年 11 月已经修订了四版。语言文字规范工作是一项涉及许多方面的系统的工作，语言文字的规范除了顺应语言发展的自身规律以外，还应受到适当的行政干预。这种干预应该是有弹性的、有张力的，而不是死板的，但是这种干预又是有约束性和导向性的，不能随着语言生活的风向毫无原则地改变。相关成果主要有王建华、袁国霖的《新世纪语言文字规范的若干思考》（《浙江学刊》2000 年第 3 期），袁仁贵的《以规范标准建设为核心，开创语言文字应用研究新局面》（《语言文字应用》2001 年第 3 期），王宁的《维护"规范"的国家权威性》（《博览群书》2004 年第 7 期），陆俭明的《信息时代语言文字规范与标准问题》（《北华大学学报》2011 年第 2 期）。晁继周在《语文规范标准与规范型字词典的编写》（《中国语文》1999 年第 1 期）一文中就规范型字词典如何贯彻语文规范标准问题谈了自己的看法，他认为制定和修订语言文字规范标准是当今时代的要求，目前已有的规范和标准远远不能满足社会对语言文字规范和标准的需求，所以我们需要加速研究和制定语言文字各项规范和标准。

　　《通用规范汉字表》的相关研究成果主要有《通用规范汉字字典》（商务印书馆）、《〈通用规范汉字表〉使用手册》（人民出版社）、《〈通用规范汉字表〉解读》（商务印书馆）以及大量的论文等。

《普通话异读词审音表》及修订稿的相关研究成果主要有钟英华、张洪明的《"荨"的审音理据平议》（《中国语文》2016年第5期），王晖的《文白异读与语音规范》（《语言文字应用》2012年第5期），赵贤德、冯寿忠的《〈普通话异读词审音表〉的审音范围应进一步扩大》（《辞书研究》2012年第3期），曹先擢的《说说普通话异读词审音》（《语言文字应用》2009年第8期），晁继周的《树立正确的语文规范观》（《中国语文》2004年第11期），段晓平的《〈现代汉语词典〉对文白异读字的处理》（《辞书研究》2000年第3期），晁继周的《语文规范标准与规范型字词典的编写》（《辞书研究》1999年第3期），徐世荣的《〈审音表〉剖析》（《语文建设》1995年第11期），林廉的《一些多音字的音应简化》（《辞书研究》1991年第10期），等等。

三、研究方法

本书拟通过研究《现代汉语词典》《新华字典》以及《现代汉语规范词典》（第3版）中语音规范、词汇规范、文字规范、标点符号规范和数字规范等方面的内容来认清语文辞书编纂修订与语言文字规范标准在促进语言文字规范化中的重要作用及其关系，并检视语言文字规范标准的不足，以为语文辞书编纂修订提出建议和意见。

本书主要运用比较、统计、分析等方法，以最新编纂修订的通行语文辞书（《现代汉语词典》《新华字典》《现代汉语规范词典》等，参考其他辞书）为材料，对比语言文字规范标准，调查研究两者的符合度，为语言文字规范标准制定和辞书编纂修订提供借鉴。

四、研究特色

首先，语言文字是人类最重要的交际和思维工具，是记录和传承文化的最重要的符号系统。经济社会和信息技术的快速发展对语言文字工作提出了许多新的要求。语言文字作为信息的主要载体，应该适时准确地回应时代的要求，语言文字的规范化、标准化、信息化关系到语言文字的健康发展，也影响着国家的政治经济和信息化水平。因而，应该加大语言文字规范化工作力度，以适应当今世界信息化的潮流。

《国家中长期语言文字事业改革和发展规划纲要（2012—2020年）》［以下简称《规划纲要（2012—2020年）》］指出："语言文字是人类最重要的交际工具和信息载体，是文化的基础要素和鲜明标志，是促进历史发展和社会进步的重要力量。"要深入开展研究、积极采取措施，"增强国家语言实力，提高国民语言能力"。

国家语言能力是指一个国家掌握利用语言资源、提供语言服务、处理语言问题等方面的能力的总和，是国家实力的重要组成部分，主要表现为一个国家对语言资源的拥有能力、语言使用及服务能力、语言资源开发利用能力、国民语言能力、语言人才储备能力、语言管理能力和语言

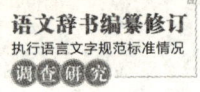

影响力等。国家语言能力对内具有强大的凝聚力、号召力，对外具有隐性的渗透力、同化力，并日益成为推动经济发展和科技创新、保障国家安全的关键要素。

其次，国家语言实力的提升需要增强语言文字的规范化、标准化、信息化，制定科学的语言文字规范标准，同时编纂修订符合规范标准的字典辞书，"国无辞书，无文化之可言也"。字典、词典对知识的存储和传播作用无与伦比，为了壮大国家的语言实力，也应该重视字典、词典的编纂和修订，语言文字规范标准与字典词典的编纂修订应该实现良性互动，共同促进国家语言实力的增强和国民语言能力的提高。

《规划纲要（2012—2020）》指出："加强对教材、图书（特别是辞书）、影视剧等文化产品和信息技术产品语言文字使用的监督检查。"本书对最新编纂和修订的语文辞书执行语言文字规范标准的情况进行调查研究，探索语文辞书与语言文字规范标准之间的关系，提出在辞书编纂修订中需妥善处理语言文字规范化的相关问题。

规范型的字典辞书在推广落实语言文字规范标准方面具有不可忽视的重要作用，能够积极有效地促进和引导社会语言生活和谐发展，为提升国家语言能力、构建和谐语言生活服务。

五、篇章结构

本书分为绪论、正文和结语三大部分。绪论部分主要介绍了研究的理论意义和实践意义、研究现状、研究方法、篇章结构的安排。正文部分共分为五章，为本书的重点。第一章是《汉语拼音方案》及相关标准与《新华字典》《现代汉语词典》符合度调查；第二章是《通用规范汉字表》及相关字表与《新华字典》《现代汉语词典》符合度调查；第三章是《普通话异读词审音表》及修订稿与《新华字典》《现代汉语词典》符合度调查；第四章是《现代汉语词典》执行《第一批异形词整理表》情况调查；第五章是推广落实语言文字规范标准的建议。

语音是语言的物质外壳，所以在进行符合度调查时，本书把语音符合度调查放在第一位。文字是记录语言的符号，是人类文化得以传承和储存的有效载体，从这个角度来讲，语文辞书也是人类文化的一个具象，因此，本书将文字（异体字）符合度的调查放在第二位。词形是在已成形的规范文字的基础上进一步规范的部分，因此，词形符合度调查放在最后。

第一章 《汉语拼音方案》及相关标准与《新华字典》《现代汉语词典》符合度调查

第一节 《汉语拼音方案》

一、汉字注音的发展历程及《汉语拼音方案》的制定

(一) 汉字注音的艰苦探索

汉字是一种表意文字,但字音是汉字必不可少的要素之一,因此,如何记录和标注汉字读音,就成为汉语汉字研究的一项重要任务。自先秦古籍注疏的出现至汉末反切的发明,我国古代语言学家对汉字注音进行了艰苦的探索。颜之推《颜氏家训·音辞》云:"夫九州之人,言语不同……自《春秋》标齐言之传,《离骚》目楚辞之经,后有扬雄著《方言》,其书大备,然皆考名物之异同,不显声读之是非也。逮郑玄注六经,高诱解《吕览》《淮

南》，许慎造《说文》，刘熙制《释名》，始有譬况、假借以证字音耳，而古语与今殊别，其间轻重清浊犹未可晓，加以外言、内言、急言、徐言、读若之类，益使人疑。"

颜之推概括了早期汉字注音的发展过程。《春秋》《离骚》时期，我国文化不够发达，古籍通过师徒授受，文字读音口耳相传，还没有注音的迫切要求。但是口耳相传毕竟受到时空的限制，自汉代起，人们就开始了给汉字注音的艰苦探索。

反切出现以前，人们还没有认识到汉字音节是可以切分的，为汉字注音只能给出一个相同或相近的读音。这些注音方法归纳起来大致可以分为两类：一是通过直音、譬况、读若、声训、分析声符等注音方法来为汉字注音，这种方法总的来说是用相同或相近读音的字给另一个汉字注音，可以叫作综合注音法；二是对汉字的音节采取分析的方法，通过描写汉字某些音素的发音部位或发音方法来给汉字注音，这种方法没有直接注出汉字的读音，只是描述了这个汉字音节的某些比较突出的特点，可以叫作分析注音法。

直音是用同音字来注音，陈澧《切韵考·通论》云："古人音书，但曰读若某，读与某同。然或无同音之字，则其法穷；或虽有同音之字，而隐僻难识者，则其法又穷。"譬况则是取音近字来比拟，顾炎武《音学五书·音论》引赵宧光《说文长笺》说："古无音切二法，音声之道无边，而同音者甚少，故许氏但有读若，若者犹言相似而已，可口授而不可笔传也。"分析声符也是这一类的注音方法,《说文解字》里分析了大量的形声字,形声字声符在造字之初大致代表那个字的读音,指出形声字的声符也就注出了读音。后来随着语音的发展,很多形声字的声符不能揭示字的读音,成了鲁迅先生所说的"不十分谐声的谐声字"(《门外文谈》)了,而且声符注音只能适用于形声字。声训是一种释义兼注音的训诂方法,用与被解释的字音同义近的字训释被解释字,训释字与被释字之间是音义兼通的关系。这类综合注音法有很大的局限性,陈澧《切韵考·通论》指出:"孙叔然始为反语,以二字为一字之音,而其用不穷,此古人所不及也。"

分析注音法是通过分析汉字音节某部分的发音部位和发音方法来教人读出汉字的读音。

《春秋公羊传·庄公二十八年》:"《春秋》伐者为客,伐者为主。"何休注:"伐人者为客,读伐长言之,齐人语也。见伐者为主,读伐短言之,齐人语也。"

《春秋公羊传·宣公八年》:"曷为或言而,或言乃。"何休注:"言乃者内而深,言而者外而浅。"

《淮南子·说山训》:"牛车绝辚。"高诱注:"辚读近蔺,急舌('急舌'疑为'急气'之误)言之乃得也。"又《俶真训》:"牛蹏之涔。"高诱注:"涔读……(原文有误),急气闭口言也。"又《墬形训》:"北方……黑色主肾,其人惷愚。"高诱注:"惷,读人谓惷然无知之惷也,笼口言乃得。"

《淮南子·修务训》:"胡人有知利者,而人谓之駤。"高诱注:"駤读似质,缓气言之,在舌头乃得。"又《本经训》:"飞蛋满野。"高诱注:"蛋……读近殆,缓气言之。"

《释名·释天》:"天,豫、司、兖、冀以舌腹言之,天,显也,在上高显也。青、徐舌头言之,天,坦也,坦然而高也。"又:"风,兖、豫、司、冀横口合唇言之,风,氾也,其气博氾而动物也;青、徐言风,蹙口开唇推气言之,风,放也,气放散也。"

横口、蹙口、开唇、合唇、舌头、舌腹、笼口、闭口、推气、长言、短言、内、外、深、浅、急气、缓气等术语,都是对汉字读音发音部位和发音方法的分析,根据后人研究,主要涉及声母、韵头、韵尾。① 由于当时人们还不能切分音节,上述术语分析的对象是汉字的囫囵音节,是一段音流,包含几个音素。汉字一个字一个音节,各个音素的发音部位和发音方法都不相同,一个音节的发音部位和发音方法是变动不居的,只有一个音素的发音部位和发音方法才是稳定的。古人用发音部位和发音方法来描写音节而不是音素,这样导致术语众多(音节多于音位)、意义含混,"益使人疑",认识到这一点,我们就不必拘泥于古人那些发音术语的具体所指了。但是,这样的分析有助于人们审辨音理、分析语音结构,对后来反切二分音节以及等韵学的发明无疑是有启发作用的。

---

① 见周祖谟:《问学集·颜氏家训音辞篇注补》,中华书局,1966 年版,第 406~410 页。

（二）反切的发明和应用

在我国古代语言学家努力探索汉字注音的基础上，汉末，在佛教影响下，反切注音法[①]出现了。反切注音法是利用汉语双声、叠韵的原理，用两个字来拼出另一个字的读音。其直接来源是我国古代的"二合音"法。宋代沈括《梦溪笔谈·艺文二》云："切韵之学，本出于西域。汉人训字，止曰'读若某字'，未用反切。然古语已有二声合为一字者，如'不可'为'叵'，'何不'为'盍'，'如是'为'尔'，'而已'为'耳'，'之乎'为'诸'之类，似西域二合之音，盖切字之原也。"而前人对汉字注音的探索，特别是对汉字发音部位和发音方法的分析也为汉字反切注音的出现打下了基础。

《说文解字》继承我国古代民间"二合音"的方法来注明汉字读音，如"铃，令丁也"，令丁切铃；又"鸠，鹘鸼也"，鹘鸼切鸠。许慎还创立"皆声"来标明字的读音，如"窃，盗自中出曰窃。从穴从米，卨廿皆声。廿，古文疾；卨，古文偰"[②]。"二合音"和"皆声"字都包含着反切原理，黄侃在《声韵说略》中认为"皆声""以两声作字，是作字时且含有反切之理矣"。不过许慎没有将这些方法普遍运用于他所解说的文字的注音。

即便是有了这样的反切原理的萌芽，没有佛教的传入

---

① 关于反切的起源，历来有两类看法：一是认为起源于中国本土，二是认为起源于梵文。

② 窃，古文写作穴下为廿、米、卨并列于下，见《说文解字》"窃"字。

第一章 《汉语拼音方案》及相关标准与《新华字典》《现代汉语词典》符合度调查

与梵文的影响,反切注音也难以出现。在梵文传入我国以前,人们还不会自觉地切分汉字音节,"二合音"还只是偶然的应用,人们尚未有意识地将所有的汉字分声、韵两部分,直到齐梁时期,人们认识双声、叠韵还有困难,《南史·谢庄传》记载:"王玄谟问庄:何为双声?何为叠韵?答曰:玄、护为双声,礅、碻为叠韵。"没有汉字音节的声、韵二分,反切就不可能出现。

佛教传入中国后,人们接触到梵文字母,悟出汉字音节也可以分析为声、韵两部分,才将原有的"二合音"反切原理发展到自觉分析声、韵的实践阶段,这样,反切才具有了普遍意义,反切注音成为比较科学的"自觉运用拼音原理,建立在对汉字的读音进行科学分析基础上的"[①]汉字注音方法,能够应用于一切汉字的注音,使汉字读音冲破"口耳"限制,为汉字书面记音和韵书的出现准备了条件,也为汉语汉字的语音规范提供了依据。

虽然反切是比较科学的注音方法,但是它不便于人们掌握,因而人们又想出种种办法来为反切服务,唐宋等韵图就是为分析反切的声、韵、调服务的,这使反切越来越繁复。而且,由于汉字本身不表音,汉字字音发展了,而反切上下字与被切字的读音也在变化,后人为了读出古代反切,给反切规定了种种方法,使反切这种本来简单明了的注音方法逐渐脱离实际,一般人更难以掌握了。

等韵学是我国古代的语音学,可以帮助人们准确拼读

---

① 唐作藩:《音韵学教程》,北京大学出版社,1987年版。

反切。它用"等"的概念来区分汉语的声类和韵类,用"五音""七音""清、浊"分析字母(声母)的发音部位和发音方法,用"等、呼"分析韵母的开合圆展,进一步促进了人们对汉语音节和声、韵的认识。劳乃宣《等韵一得·外训》云:"等韵之学,以审音为主,不尚考据,专重人声。"

人们在运用反切注音的同时,依然使用直音法。直音法简单明了,十分方便,不需要任何特殊训练就可以掌握。陆德明《经典释文》、孔颖达《五经正义》、朱熹《四书集注》《诗集传》、陈彭年《广韵》、丁度《集韵》以及《康熙字典》等皆采用直音法。

汉语声调"四声"被发现以后,人们将直音法加以改进,创造了"纽四声法",增加了直音、譬况的准确度和适用范围。纽四声法是对直音法的改进。唐玄度《九经字样》多采用纽四声法注音,如"亨,音赫平",即"亨"的读音就是"赫"字读平声,又如"亥,孩上""贯,关去""鬱,氳入"。纽四声法打破了声调的束缚,所受的限制要比直音法少,可以比较自由地选择常用字,但依旧有局限。如"三"几乎没有同音字,如果要注音,就只好用比它冷僻的"伞"或"散"之类,《四角号码新词典》注"三"就是"伞阴平",这种方法达不到注音的目的。

反切是在汉字音节声、韵二分的条件下产生的注音方法,纽四声法是在声调能从汉字音节中切分出来的条件下产生的注音方法,这些注音方法与当时的学术背景、人们对汉字音节的认识和分析密切相关。

（三）音标化注音的探索与成熟

汉字音标化注音的探索开始于明朝。明朝中国与西洋各国通商，万历年间，一些天主教徒为传教来到中国，带来了西洋的语音学知识。为了学习汉语，这些天主教徒常用拉丁字母和罗马字母给汉字注音。第一个用拉丁字母拼写汉字读音的是意大利人利玛窦（Matteo Ricci），他是天主教耶稣会传教士，1605年（明朝万历三十三年）在北京出版了《西字奇迹》一书。罗常培根据该书的汉字与拉丁文对照的译文，整理出一个包括26个声母和44个韵母的汉语拼音方案。1626年，法国耶稣会传教士金尼阁（Nicolas Trigault，1610年来华）在杭州出版了《西儒耳目资》，这是一部最早用音素字母给汉字注音的字汇。他的拼音方案是在利玛窦方案的基础上修改而成的，后人称之为"利、金方案"。利玛窦和金尼阁的尝试打开了汉字音标化、音素化注音的大门。

其后各式各样的拼音方案如雨后春笋般出现，从清朝到中华人民共和国成立，几百年间出现了几十种拼音方案。比较著名的有清末"切音字运动"、民国"注音字母运动"、五四时期的"国语罗马字运动"、20世纪30年代开始的"拉丁化新文字运动"等。

这些音标化注音的注音字母主要有汉字笔画式、速记符号式、拉丁字母式、数码式、自造符号式等形式；从音节的拼音方式看，有声韵双拼制、音素制、三拼制等。

清末"切音字运动"以卢戆章为代表，其《一目了然初阶》以音标形式讲述厦门音、"官话"音和其他方言语音。其字母有汉字笔画式的,有拉丁字母式的,还有速记符号等其他形式,是一种混合式的注音字母,在福建厦门一带十分流行。

民国"注音字母"于1913年研制,1918年正式公布实施,是我国第一套法定的汉语拼音字母。这套字母采用的是汉字笔画式的自制符号,基本做到了一个字母代表一个音素,但是还有一些表示多音素的字母没有完全音素化,所采用的声、韵双拼制是对我国传统的反切注音、记音的继承和发展。

"国语罗马字"是五四新文化运动的产物,赵元任发表《国语罗马字母的研究》一文,提出详细的"国语罗马字的草稿",特点是限用26个拉丁字母,声调用字母拼法上的变化表示,不造新字母,不加符号。这是比切音字运动和注音字母运动时期任何一个拉丁字母式方案都要完善的方案,这个"草稿"给后来拟定国语罗马字方案提供了基础。论文中提出了25条"凡是拟国语罗马字的应该注意的原则"。汉字改革的主流也由汉字笔画式逐渐转为拉丁字母式。1928年9月,大学院院长蔡元培正式公布《国语罗马字拼音法式》。

"拉丁化新文字运动"是中国共产党人继承五四时期文字改革的拉丁化方向,受苏联少数民族文字拉丁化运动的启发而兴起的。发起人是旅苏的中国共产党人瞿秋白、吴玉章、林伯渠、肖三、王湘宝(刘长胜)等。早在1921年,瞿秋白在苏联时就着手研究汉字的拉丁化问题。那时,苏联远东地区的少数民族掀起了拉丁化的文字改革

第一章 《汉语拼音方案》及相关标准与《新华字典》《现代汉语词典》符合度调查

运动。瞿秋白在这一运动的影响下，研究了中国历史上的各种文字改革方案，写成了《拉丁化中国字》的草稿。1927年大革命失败后，瞿秋白再度前往苏联，与在苏联的吴玉章、林伯渠、肖三等人继续研究文字改革方案。经过几年的研究，于1929年写成《中国拉丁化字母方案》，在莫斯科出版。1938年3月，国民党的中央宣传部发表了关于拉丁化的公文，认为"中国字拉丁化运动在纯学术之立场上，加以研究，或视为社会运动之一种工具，未尝不可"，正式宣布拉丁化解禁。

"国语罗马字"和"拉丁化新文字"较之"注音字母"晚出，它们克服了"注音字母"的非音素化弊病，完全采用音素化字母。而且，由于采用的是拉丁字母，有利于少数民族创制文字，开展国际文化交流，为《汉语拼音方案》的制定和应用打下了基础。

1955年，"现代汉语规范问题学术会议"在北京召开，大会的主旨是研讨现代汉语和汉字的统一规范问题。这次大会公布了《汉语拼音方案》，这是用拉丁字母拼写现代汉语普通话语音的方案，是我国语言文字工作者在总结注音识字和拼音字母运动经验、集中广大人民群众的智慧并参考国外拼音文字长处的基础上制定的，1958年由全国人民代表大会第五次会议通过，是现代汉语语音规范的法定方案，能够很好地适应汉语注音和记音的需要，是一个比较完善的记录汉语语音系统的拼音方案。《汉语拼音方案》的公布，使汉字注音、记音走上了音标化道路。

汉字注音的发展反映了人们对汉字音节的认识，反切

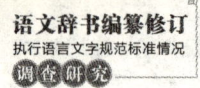

出现以前，人们是以音节为基本单位认识字音的，读音、注音、记音都是以一个音节为基本单位，不能切分（或者说不能自觉地切分）；反切出现后，人们已经能够主动地将一个汉字的音节分为声、韵两部分；纽四声法表明人们能将一个音节分析为声、韵、调；而注音字母和汉语拼音方案则是在人们将语音切分到音素、音位时出现的注音记音方法。

外国文化的传入，不同文明的碰撞是学术得以发展和变化的重要推动力，从汉字注音的发展过程中我们可以看到，没有拼音化的梵文的传入，汉字反切注音便难以产生；没有表音文字拉丁字母、罗马字母的传入，汉字音标化、音素化注音也难以出现。

《汉语拼音方案》颁布60余年来，已经深入社会生活的方方面面，成为人们不可或缺的文化工具。2018年5月，《汉语拼音方案》颁布60周年纪念座谈会在北京举行。教育部副部长、国家语委主任杜占元指出，《汉语拼音方案》继承了往圣先贤两千多年来对汉语语音分析和注音方法的探究，建基于19世纪末以来波澜壮阔的语文运动，功成于中华人民共和国成立以后，是在毛泽东、周恩来以及陈毅、吴玉章等老一辈革命家亲自指导下研制并颁布推行的，既承继历史，又发展创新，既是许多代人智慧的结晶，又充分发挥了现代广大知识分子和人民群众的聪明智慧。《汉语拼音方案》是中国文化发展史上具有代表性的成就之一，是社会主义先进文化的典型代表和重要组成部分，是中国特色语言文字事业的开山之举、奠基之作。它造福社会，服务世界，联结古今，融通中外，影响深远。60年来，推行《汉语拼音方案》与简化汉字、推广普通话这三大语言文字工作任务，共同为普及国民教育、提高国民素质做出了重大贡献，有力地维护了国家统一、民族团结和社会稳定。

杜占元指出，《汉语拼音方案》在研制和推行过程中积累了许多宝贵的经验，其关键在于始终坚持马克思主义的立场、观点和方法，博采众智；始终坚持传承与创新相统一、民主与集中相统一、民族性与国际性相统一、学术性与实用性相统一。这些经验弥足珍贵，值得我们在今后的工作中高度重视和认真借鉴。

杜占元强调，当前中国特色社会主义进入了新时代，这样一个新时代赋予了语言文字事业发展新内涵，提出了新任务、新要求。要进一步发挥汉语拼音在农村和民族地区等教育薄弱区域的基础工具作用，推动普通话基本普及，开展推普脱贫，为实现"语同音"的千年梦想打通"最后一公里"；要进一步发挥汉语拼音在信息技术与人工智能发展中的基础作用，提升国家通用语言文字信息处理智能化水平；要加强语言文字规范标准建设，加强汉语拼音理论和实际应用研究，加强语言文字事业人才培养建设……助力文化强国建设和人类命运共同体的构建，为中华民族伟大复兴做出更大的贡献。

二、《切韵》系韵书语音规范的历史经验

（一）语音规范的迫切要求

语言文字的统一是国家民族统一的重要标志，语言文字的规范化是语言文字走向统一的必由之路。"言语不通""文字异形"是我国古代社会语言文字生活的精练概括，这种情况严重影响了国家统一、民族团结和人们的社会生活。历代王朝为了加强自身统治，都十分重视语言文字的规范。

秦统一六国以前，"言语异声，文字异形"，秦统一六国后，制定"书同文"政策，以国家政权的力量推行文字规范；李斯、赵高、胡毋敬作《仓颉篇》《爰历篇》《博学篇》等字书，整理了前代文字，确立了小篆的法定地位，为统一文字做出了重要贡献。

西汉《尉律》："学童十七以上始试，讽籀书九千字乃得为吏；又以八体试之，郡移太史并课最者，以为尚书史。书或不正，辄举劾之。"与秦朝一样，西汉也出现了大量的字书；东汉用汉隶刻写五经文字立于洛阳太学，史称"熹平石经"，三国时魏国也在洛阳太学立"三体石经"，分别以古文、小篆、隶书刻写儒家经典，让各地学者作为取则；许慎《说文解字》集两汉文字学研究之大成，将文字作为一个体系，进行了系统全面的研究。这些文字政策和文字学研究有力地促进了汉字的规范化，从秦汉到魏晋六朝，汉字逐渐形成了以小篆、隶书、楷书为标准的形体规范。在上古汉语中，一个字往往就是一个词，

规范了汉字以后，客观上对词汇也有规范作用。

语音是语言文字的要素之一，统一语音具有与统一文字同等（甚至更大）的重要性。统一字形虽然对统一字音有促进作用，但是，汉字毕竟不是表音文字，只要字同形，即使语不同音也可以进行书面交流；人们认识汉语语音非常困难，历代语音描写和记录充满神秘色彩，与阴阳五行和音乐概念混淆，术语众多，影响了人们对语音的正确认识，加之汉字科学注音方法相对晚出，这些都阻碍了汉语"语同音"规范的形成和实施。汉语在反切、韵书产生以前不可能有统一的语音规范标准。

（二）《切韵》出现以前的汉语读音

我国历史悠久、国土辽阔，语言分歧主要表现在语音方面。《礼记·王制》称"五方之民，言语不通"，《孟子·滕文公上》直斥许行为"南蛮𫛢舌之人"，王充《论衡》称"古今言殊，四方谈异"，说明了我国古代社会言语交际受方言影响的困难局面。汉语语音存留在人们的口耳之间，各地语音千差万别，没有客观、统一的标准。

就书面语来说，由于汉字不能直接表音，反切出现以前，人们用直音、读若、譬况、声训以及分析声符等办法为汉字注音，这些方法记录的读音很不准确，也不一致，读者读书仍然可能言人人殊；读音流传则主要通过师徒授受，不同方言和师承往往造成一字数读。

东汉末年，佛教传入我国，人们在学习佛经的过程中接触到印度语音学"声明"，受此启发，我国学者也开始用音节内部分声（辅音）、韵（元音及韵尾，包括声调）

的办法分析汉字字音，创造了反切注音、记音的办法，使汉字字音的分析和记录走上了比较科学的道路。反切出现以后，人们可以比较精细地分析每个汉字的字音，为专记字音的韵书的出现准备了条件。但是即便如此，由于没有统一的语音规范，汉魏六朝人给古书注音仍然音读各异。陆德明《经典释文》是汉魏六朝集大成的经典音义著作，收集前代230余家音义材料，其音注有古音、旧音、方音、世音、俗音、今音，有各派师承的不同读音，还有"如字"音、假借音、协韵音、别义破读音等，反映了当时语音的复杂和分歧，这种现象的存在不利于经典的流传和人们的交往。如《庄子·渔父》："被发揄袂。"《经典释文·庄子音义》："揄，音摇，又音俞，又褚由反，谓垂手衣内而行也；李音投，投，挥也，又士由反。"但陆德明并不认为一字多音都是正确的，"或出于浅近"，但记录以"传示闻见"。他把相对规范通行的读音选作"首音"，体现了一定的规范意识。① 《沈兼士学术论文集》中的《汉魏注音中义同换读发凡》一文认为，汉魏注音"多含有不固定性，随文义之便而设，所注之音，往往示义；释义之训，亦往往示音。后世纂辑字书者别裁去取，然后音义之界始严"。

自三国时期魏国李登《声类》的出现到隋代陆法言《切韵》的问世，三四百年间，"音韵蜂出"，可是它们

---

① 陆德明的"首音"情况也很复杂，有的是他心目中的规范读音，有的是通过读音确定意义。

第一章 《汉语拼音方案》及相关标准与《新华字典》《现代汉语词典》符合度调查

"各有土风,递相非笑"(《颜氏家训·音辞》),"各有乖互",在《切韵》问世以后就一一湮灭不传了,"惟陆生《切韵》盛行于世"(孙愐《唐韵序》)。

(三)《切韵》的注音

《切韵·序》:"今声调既自有别,诸家取舍亦复不同……各有乖互……因论南北是非、古今通塞,欲更捃选精切,除削舒缓。"《切韵》吸取了前代韵书的经验教训,对前代韵书增益取舍,兼包南北古今之音,是集大成的韵书著作。

顾炎武《音学五书·音论》载:"《广韵》之中,或一字而各韵至三收四收五收,又或一字而本韵中至两收三收,或各义,或同义,盖古人之音必有所本。如《汉书》则服虔一音,应劭一音,如淳一音,孟康一音,晋灼一音;《庄子》则简文一音,司马彪一音,李轨一音,徐邈一音。作韵之人并收而存之书,不惟以给作诗之用,盖所以综异闻、备多识,而不专于一师之学也。"顾炎武认为《切韵》的"作韵之人""不专于一师之学",符合《广韵》作为读书音综合音系定韵注音的实际,而说"并收"各家之音,则有欠妥当。

《广韵》对各家注音"捃选精切,除削舒缓",是有所取舍的。如"沴",《说文解字》:"沴,水不利也。从水,㐱声。"《汉书·五行志》:"唯金沴木。"如淳注:"沴音拂戾之戾,义亦同。"《汉书·五行传》:"六沴之作。"韦昭注:"谓皇极五行之气相沴戾不和,音持轸反。"《尚书大传》:"维时洪范,六沴用咎。"郑玄注:"沴,殄也。"为声训,"沴"与"殄"音同或音近。陆德明《经典释文》引李轨音"丽",徐邈音"待显反",郭象音"奴结反"。《切韵》只采用如淳的注音"戾",注反切为"郎计切"一音。再如上文所举"揄"字,《经典释文》收集了五个读音,而《广韵》仅收"羊朱切"一音。《切韵》"捃选精切,除削舒缓",其余读音则均被舍去。

《集韵·序》评《广韵》"多用旧文,繁略失当",说明《广韵》继承前代注音并且进行过删繁就简的处理,而《集韵》本身则"务从该广",以"广异闻,备多识",不宜作为语音规范。

同样以"沴"为例,《集韵》五收"沴"字:①上声轸,止忍切,今音 zhěn,源于《说文解字》的声符分析,另《汉书·孔光传》:"六沴之作。"韦昭注:"谓皇极五行之气相沴戾不和,音持轸反。"②去声霁,郎计切,今音 lì,源于《汉书·五行志》如淳注"沴音拂戾之戾"。③上声铣,徒典切,今音 tiǎn,《尚书大传》:"维时洪范,六沴用咎。"郑玄注:"沴,殄也。"为声训示音,"沴"与"殄"音同或音近。陆德明《经典释文》引徐邈,音"待显反",与"徒典切"同音。④去声至,力至切,今音 lì,来源不详,与"郎计切"同音。⑤入声屑,乃结切,今音 nié,《集韵》所注"乃结切"乃"涅"字形误,《康熙字典》:"涅,《集韵》'沴'或作'涅'。"

由此看来,《切韵》对于前代读音并不是有音必录,而是"参校方俗,考核古今"(《颜氏家训·音辞》),唯其如此,才能起到规范语音的作用。

《切韵》释义以《说文解字》为本,《说文解字》若无再引他书,反映出对古代汉字、词汇规范的继承;《切韵》注音,把同音字集中成一个"小韵",注一个反切,便于识字辨音。"韵书作者,逐字注音,记以反切,此与今之希望国音统一者命意相似。"①

由于《切韵》是经过刘臻、颜之推等当时的高官硕儒讨论而定的编写条例,"向来论难,疑处悉尽",作者又"博问英辩","取诸家音韵、古今字书","剖析毫厘,分别黍累","捃选精切,除削舒缓",保证了该书的学术质量;而"论南北是非、古今通塞",使该书兼顾了古今南北的语音,利于被各地使用者接受,保证了《切韵》作为语音标准能够得到广泛的认可;《切韵》成书以后,"历代增修,虽有《切韵》《唐韵》《广韵》之异名,而无改,唐宋用以取士,谓之官韵,与九经同颁,无敢出入"。历代王朝将《切韵》系韵书定为官韵,又给予了其作为语音规范的制度保障。

(四)《切韵》系韵书的语音规范作用

《切韵》兼顾古今、调和南北,使各地读书人都能接受,对汉语语音的规范产生了极为深刻广泛的影响。读书人凭借它认识生字,注解古书,在写诗作文时定押韵、调平仄。

隋朝建立后废除了魏晋以来的门阀世族制度,通过科举考试选拔人才,使普通百姓也得到了通过读书获官受爵

---

① 钱玄同:《钱玄同音学论著选辑》,山西人民出版社,1988年版,第3页。

的权利。全国性的科举考试必须有统一的语言文字规范，《切韵》适应了这一规范的要求。由于隋朝国祚短暂，《切韵》的语音规范未能充分发挥作用。

唐朝继承隋朝的科举制度，极大地激发了人们的读书热情，开创了我国历史上辉煌的盛唐时代。统治者要在全国范围内选拔人才，就必须有一个全国通用的选拔标准，当时的选举标准可以概括为"四才"，即"身、言、书、判"，其中"言、书"关涉语言文字，"言"要求"言辞辨证"，对语言语音规范提出了要求（《新唐书·选举志》）。唐代的语言文字规范更为丰富完备，整理前代经典文字、语音、训诂的有陆德明的《经典释文》，儒家经典方面有孔颖达的《五经正义》，文字规范方面有颜师古的《五经定本》和《字样》，语音方面有陆法言的《切韵》系韵书，等等。

封演《封氏见闻记》载："陆法言与萧、颜诸公定南北音，撰为《切韵》……以为文楷式。国初，许敬宗等祥议，以其韵窄，奏合而用之。"王国维《书吴县蒋氏藏唐写本唐韵后》云："唐人盛为诗赋，韵书当家置一部，故陆、孙二韵，当时写本当以万计。"唐仪凤二年（677），长孙讷言笺注《广韵》说："此制酌古沿今，无以加也。"王仁煦《刊谬补缺切韵·自序》云："陆法言《切韵》，时俗共重，以为典规。"唐代郭知玄、王仁煦、孙愐等人在陆法言《切韵》的基础上增字加注，到《广韵》出现以前，见于记载的《切韵》系韵书就有 20 多种，这些韵书继承了陆法言《切韵》的体例，又有增益和变革。

第一章　《汉语拼音方案》及相关标准与《新华字典》《现代汉语词典》符合度调查

景德四年（1007）十一月十五日，宋真宗敕命刊正《切韵》，将唐代的增字加注予以确认，"仍令摹印，用广颁行，期后学之无疑，俾永代而作则。宜令崇文院雕印，送国子监依九经书例施行"。大中祥符元年（1008）六月五日，宋真宗再颁诏令，把刊正的《切韵》定名为《大宋重修广韵》，作为"悬科取士"的"考核程准"，足见《广韵》作为文学语言语音规范的权威地位。

尽管《切韵》的出现使汉字有了一个统一客观的记录字音的标准，但是，反切是用汉字切音而不是用音标记音，而且反切用字也并不统一，操不同方言的人根据自己的反切上下字的读音仍然可能切出一个字的不同读音。

为了弥补这个缺陷，唐宋等韵学家发明了等韵图。[①]等韵学通过描述声母的发音部位、发音方法和韵母的等、呼、洪、细等办法来具体分析《广韵》的反切，达到审音正音的目的。《龚自珍全集》："等韵明而天下之言语明。"夏燮《述韵·序》："等韵明而后古音之当然与其所以然无不明。"直到清朝还有为《广韵》服务的韵图，它们力图描绘出《广韵》汉字的实际音值。然而这种方法十分复杂，非专门之学不能为功，遂使等韵学逐渐成为一门绝学。汉字注音的极端困难，使《广韵》的语音规范作用难以发挥。直到现代语音学的建立，汉字注音才走出这个尴尬的境地，汉语拼音和国际音标可以精确地描写和记录汉字字音，使汉语语音规范化走上正轨。

---

① 见李新魁：《汉语等韵学》，中华书局，1982年版，第44～49页。

就当时的社会历史条件来看，《切韵》系韵书的语音规范能对"读书音"产生直接作用，通过教育、科举和文学作品逐渐向社会底层扩展，达到语音规范的目的。

宋代徐铉给《说文解字》注音采用《唐韵》的反切，后人注解古书多采用《说文解字》的意义解说和注音，而语音标准实际上是《唐韵》。此后，人们给古书注音不再像汉魏六朝那样"各有所本"，直到现代，字典辞书注解古字还主要以《广韵》的注音为准绳。从隋到宋的几百年间，诗文用韵与《广韵》基本吻合，也反映了《广韵》作为文学语言语音规范的实际效果。

《切韵》系韵书是我国隋唐到宋末（《中原音韵》出现以前）期间的语音规范，尽管由于时代的局限，其作用十分有限，但不能忽视。总结其经验教训，古为今用，对现在和将来的语言文字规范工作不无裨益。

秦汉以来的语言文字政策、字书和《说文解字》的问世，以及后来《切韵》系韵书的出现，对形成和推行语言文字规范产生了极为重要的影响。当然，由于社会历史条件、技术手段、民众的接受基础以及语言文字本身的研究水平的限制，在我国古代社会推行语音规范跟当今语文规范化的成效不可同日而语，但是语音规范的现实要求却是异代一揆的。

战国时期，孔子、孟子、荀子和许多的"士"都曾经周游列国，游说诸侯。《论语·述而》载："子所雅言，《诗》《书》，执礼，皆雅言也。"说明先秦时期，在官宦与读书人中间就存在一种共同语——雅言。扬雄在《方言》

里多次提到的"通语""凡语"等概念,以及后来出现的"官话",都说明我国从先秦以来,在社会上层即统治阶级及其附属阶层"士"之间就有一种前后传承的共同语存在,随着社会的发展、教育科举的推行,其影响范围逐渐扩大。

尽管规范的语言文字是人们交际的需要和主观愿望,又符合社会发展和统治者加强统治的客观要求,但是在对语言文字进行规范的时候还必须适应语言文字自身的规律。研究历史上对语言文字的规范,有利于当今语言文字规范标准的制定,有利于现在及以后语言文字规范工作的展开。语言文字的规范工作不可能一蹴而就,而是一个动态发展的过程,要不断地根据变化的情况修订新的语言文字规范。

综观中外历史,当外来民族入侵并取得统治权的时候,这个民族不是极力推行本国本民族的语言文字,就是主动使本民族的语言文字适应被入侵国的语言文字,目的都是以语言文字的统一达到政治文化的统一。

语言文字是最重要的交际工具和文化、信息载体,《说文解字》《广韵》等古代典籍在推动我国语言文字的统一上发挥了极为重要的规范作用,为国家的统一和民族传统的形成发挥了重要的文化认同作用,我们在重视和努力探索它们的语言文字学术价值的同时,也不应该忽视它们在我国民族文化史上的文化凝聚力。

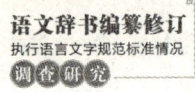

三、《汉语拼音方案》的基本情况

1958年2月11日，第一届全国人民代表大会第五次会议批准颁布《汉语拼音方案》。该方案是现行重要的国家语言文字规范标准之一，在国内外的许多领域都得到了广泛应用，在推动我国经济社会文化发展方面所起的作用是显而易见的。60余年来，汉语拼音的推行取得了丰硕的成果，已经成为识读汉字、学习普通话、培养和提高阅读及写作能力的重要工具，成为改革和创制少数民族语言文字的重要依据，成为编制盲文、手语、旗语、灯语的重要基础，广泛应用于中文文献排序检索以及工业、科技领域的型号和代号等多个领域。随着现代信息技术的普及，汉语拼音输入法被普遍使用，汉语拼音渗透到社会生活的方方面面，不可或缺。汉语拼音作为拼写中国人名、地名的国际标准，作为各外文语种在指称中国事物、表达中国概念时的重要依据，作为我国对外交流的文化桥梁，广泛用于对外汉语教学、对外交流等领域。作为一种科学、方便、实用的语言文字工具，汉语拼音为我国经济和社会生活的现代化、信息化提供了极大的便利，为我国扫除文盲、普及教育、发展科技、提高信息化水平做出了重要贡献，在社会主义现代化建设中发挥了无可替代的积极作用。

首先，字母表有什么作用呢？字母表不是《汉语拼音方案》中可有可无的内容，它有相当重要的作用。第一，明确了该方案的构成材料是拉丁字母，而不是其他字母；

第一章 《汉语拼音方案》及相关标准与《新华字典》《现代汉语词典》符合度调查

第二，明确了每个拉丁字母的读音；第三，明确了汉语拼音字母的体式，分为印刷体、手写体、大写、小写四种体式，表中只列出了印刷体的大写和小写体式，而且字母体式采用的是罗马体，没有采用哥特体，这样与手写体接近；第四，明确规定了每一个字母的先后顺序，这是用拼音字母做索引的基本依据。

其次，为什么不用汉字作为汉语拼音的符号而要采用拉丁字母呢？这涉及字母形式的问题，在汉字注音史上对此有过激烈的争论。《汉语拼音方案》不采用汉字作为注音字母，有以下原因：第一，作为注音工具，符号应该简单，使用方便，而汉字笔画结构十分复杂，认识一个汉字已经不易，再用作注音符号，掌握起来就更加困难了；第二，拼音字母作为推广普通话的工具，应该具有统一读音标准的作用，由于汉字是非拼音的文字，读音往往随方言而异，很不统一，所以如果采用汉字作为注音工具，难以起到统一语音的作用，不利于普通话的推广；第三，理想的注音工具应具有精确描写和分析语音结构的功能，然而汉字是以一个囫囵的整体代表汉语音节的，所以用汉字注音无法准确细致地描写汉语语音系统。基于以上原因，1955年10月，中国文字改革委员会拟订的四个汉字笔画式的拼音方案最终还是被否决了，中华人民共和国成立前在我国有相当大的影响的汉字式注音字母也没有被采用。经过反复讨论，中国文字改革委员会最后选定了具有国际性的拉丁字母。

最后，为什么要采用拉丁字母作为汉语拼音方案的字

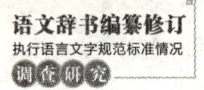

母基础呢？这可以从以下几个方面来认识：

第一，拉丁字母是国际性文字。拉丁字母是目前世界上最通用的字母，全世界有117个国家采用拉丁字母作为全国性的正式文字。拉丁字母在历史上先后经历了罗马帝国时期、文艺复兴时期和欧洲殖民扩张三次大的传播，影响遍布全球六大洲。世界上有五大文字体系，其中汉字和印度文字都只在亚洲传播，阿拉伯文字主要在亚洲和非洲传播，斯拉夫文字主要在欧洲和亚洲传播，而拉丁字母则遍布全世界。

第二，拉丁字母是世界上应用最广泛的字母，许多现代科学技术术语广泛使用拉丁字母作为代号。当然，拉丁字母的这一功绩与英语在国际上的广泛通行分不开，当今世界上大量的科技出版物都是用英文写成的，计算机程序语言几乎无一例外都以英语编写。因此，采用拉丁字母作为注音工具，无疑为我国与世界各国的文化交流架起了一座方便之桥。从当下我国对外汉语教学所取得的成就来看，以拉丁字母为基础构成的汉语拼音方案发挥了非常大的作用，汉语拼音字母成为外国友人学习汉语离不开的"拐棍"。

第三，拉丁字母笔画简单，构形清楚，阅读和书写都极为方便。

第四，拉丁字母是音素制字母，便于对语音作精细的分析和描写，采用拉丁字母，无论分音还是合音都非常方便。

第五，采用拉丁字母给汉字注音在我国有相当长的传统,从 17 世纪初开始,近四百年来,拉丁字母先后被用作汉字注音符号,拼写各地方言,制定我国的拼音文字,所以拉丁字母在我国有着悠久的历史传统和广泛的群众基础。用拉丁字母制定《汉语拼音方案》,既可以借鉴前人经验,又便于推广应用。

因此我们说采用拉丁字母是最佳选择。

为了使用方便且符合国际习惯,拼音字母的排列顺序也遵从拉丁字母的传统顺序,从 a 起始到 z 结束,这个今天看来很简单的问题在《汉语拼音方案》拟订之时是几经推敲的。我国传统的"字母"受梵文字母的影响,是按照发音部位来排列的,远至宋代的 36 个字母,近至现代的注音字母、国语罗马字都是如此。《汉语拼音方案》在几经推敲后,才于 1957 年的修正草案中正式确定了字母顺序。

《汉语拼音方案》的普及得益于我国语言文字政策法规强有力的支持和保障。60 多年来,国家采取多种举措推行《汉语拼音方案》。一是制定颁布了《汉语拼音正词法基本规则》《中国地名汉语拼音字母拼写规则》《少数民族地名汉语拼音字母音译转写法》《中国人名汉语拼音字母拼写法》《〈汉语拼音方案〉的通用键盘表示规范》等一系列与《汉语拼音方案》配套的规范标准,以利于社会应用。二是通过一系列政策法令和规范性文件,对新闻出版、地名标志、体育活动、商店牌匾、商品包装等领域规范使用汉语拼音提出了明确要求,不断加大推行力度。三是坚持在基础教育阶段开展汉语拼音教学,广泛开展"注音识字、提前读写"教学实验,努力提高国民的汉语拼音能力。

四、《汉语拼音方案》的缺陷

任何事物的产生发展都是当时社会历史条件的反映,受到时代条件的限制,《汉语拼音方案》的制定在当时是合理可行的,但当前时代条件、文化环境和人们的文化知识水平已经发生了极大的变化,《汉语拼音方案》的功能缺陷渐渐暴露。《汉语拼音方案》急需修订,形成科学、合理、适应形势变化的新方案,充分发挥汉语拼音的功能,满足经济社会发展的需要,满足信息化的需要,满足中国走向世界的汉字应用需要。

（一）字母表和汉语拼音字母名称音

字母表采用26个拉丁字母作为汉语拼音字母,《汉语拼音方案》用注音字母标注汉语拼音字母的名称音,国家标准局、中国文字改革委员会联合发布的《汉语拼音字母名称读音对照表》（国标〔1982〕339号）列出了"汉语拼音字母"和"字母名称读音",其中"字母名称读音"下列三项,即"汉语拼音""注音字母""国际音标",都表示汉语拼音字母的名称音,不用通行的国际音标,也不用拉丁字母的名称音,在今天人们已经不熟悉注音字母的条件下,这种标音是无效的。笔者认为可以用两种方式称呼这些字母,一是直接按照习惯的呼读音读,如 b 读作 bo, v 读作 vei 等;二是按照英语字母的名称音（国际音标）读,现在的学生在小学阶段就开始学习英语,用英字母的名称音容易掌握，对英语学习也是一种帮助。其实这套呼读音中的很多读音与英文字母的读音大同小异，如F、J、K、L、M、R、S等，还与一些拼音字母的读音相似，如A、E、I、N、O、U、X等，其他字母的读音也多半是拼音字母读音加一个元音拼合而来，因此我们可以认为这套呼读音就是一套杂凑的汉语拼音字母读音，这样26个拼音字母就有汉语拼音字母名称音、呼读音和英文字母名称音三套读音，而拼音字母名称音没有任何实用价值，增加了学习负担，学生（包括其他使用者）容易混淆。2017年3月21日中国青年网报道的"老师教拼音引争议，教授称这种读法为名称音，是字母表的正确读法"就是这种混乱情况的反映。

在现行拼音教学中，有人教名称音（如《拼音字母歌》），有人教呼读音，还有人教英文字母的读音，还没有形成规范，比较混乱。

如果作为标准，我们认为只需要一种字母读音即可，就汉语拼音而言，呼读音好一些，另外，英文字母读音也可以作为称呼，但是不作为标准。拼音字母名称音是在大多数国人不熟悉英语的情况下设定的，现在26个英文字母的普及程度不亚于拼音字母，所以我们认为名称音根本没有推行的必要。

（二）声母表

声母有21、22、23个之说，《汉语拼音方案》有声母21个，黄伯荣、廖序东主编的《现代汉语》有声母22个［在《汉语拼音方案》21个声母的基础上加上零声母（o、 y、w)]，有些语文教材认定声母为 23 个，即是在《汉语拼音方案》21 个声母的基础上加上 y、w。y、w 是什么成分？《汉语拼音方案》和很多教材界定不清，让人无所适从。《汉语拼音方案》没有提到零声母的问题，胡裕树主编的《现代汉语》和黄伯荣、廖序东主编的《现代汉语》有零声母的讲解。

(三) 韵母表

韵母表的问题最多也最突出。

1. 韵母分歧

韵母有 35、38、39 个的分歧，《汉语拼音方案》韵母表有 35 个，没有列出－i [ɿ]、i－ [ʅ]、er 和 ê [ɛ]，胡裕树主编的《现代汉语》列出 38 个（将－i [ɿ]、i－ [ʅ] 排成一个，如果分开，也是 39 个），黄伯荣、廖序东主编的《现代汉语》韵母 39 个（在《汉语拼音方案》35 个的基础上增加了－i [ɿ]、i－ [ʅ]、er 和 ê [ɛ]）。

《汉语拼音方案》韵母表后面的说明（下面括号内数字是《汉语拼音方案》说明的序号），我们认为都存在一些问题：

(1) "知、蚩、诗、日、资、雌、思"等字的韵母用 i，即知、蚩、诗、日、资、雌、思等字拼作 zhi、chi、shi、ri、zi、ci、si。

既然 "'知、蚩、诗、日、资、雌、思'等字的韵母用 i"，为什么《汉语拼音方案》韵母表不列出？zhi、chi、shi、ri 中的 i 和 zi、ci、si 中的 i 与其他声母跟 i 相

第一章 《汉语拼音方案》及相关标准与《新华字典》《现代汉语词典》符合度调查

拼（如 bi、pi、mi、ji、qi、xi）是一样的吗？我们知道，这是三个不同的元音和韵母，《汉语拼音方案》未作说明。

（2）韵母ㄦ写成 er，用作韵尾的时候写成 r。例如："儿童"拼作 ertong，"花儿"拼作 huar。

既然"韵母ㄦ"写成 er，为什么韵母表里找不到？原因似乎是这个韵母独立成音节，不能跟任何声母拼合。所有韵母是 er 的常用汉字都来源于《广韵》日母之部及与之部同用的支、脂两部（支、止、志、纸、至等韵）字，这些字原本是有声母的（即日母），所以不再跟其他声母拼合。至于这些字是如何从日母之部演变为 er 的，则不是《汉语拼音方案》需要说明的。《现代汉语》教材、普通话语音教科书和播音发音教材一般把它列在 10 个单韵母中，即在发音过程中，口型不变化，舌位不移动，没有动程。按开、齐、合、撮四呼排列，er 排在开口呼。既然 er 是单韵母，那么 an、en、in、ang、eng、ing、ong 算哪类韵母？

（3）韵母ㄝ单用的时候写成 ê。

《汉语拼音方案》里没有 ê 这个符号，"韵母ㄝ"在韵母表里也找不到，如果这个韵母归入"e"，也会出现混淆。ê [ɛ] 在 i、ü 后面组成 ie、üe，其写法跟读作 [ɤ] 的 e 一样，这样一来，ie、üe 里面的 e 与单独的 e 以及在 en、ei、eng、ueng、er 等韵母中的 e 不一样，但是书写符号相同。

（4）音节改写或加写 y、w，i、u、ü 前面没有声母的时候，改写或加写 y、w。y、w 是什么成分？是声母、韵母还是其他什么成分？《汉语拼音方案》除了字母表里有这两个符号以外，没有任何说明。

（5）iou，uei，uen 前面加声母的时候，写成 iu，ui，un。

"iou，uei 省写成 iu，ui"，iu 常常会被人误解为是 i 和 u 的合音，也就是发音时从 i 滑向 u，ui 也会被人误解为是 u 和 i 的合音，发音时从 u 滑向 i，在实践中，这样的例子很多。uen 简写成 un 的情况跟 ueng、ong 产生纠结，ueng 是 uen 的后鼻音，uen 简写为 un，相应地，ueng 就可以简写为 ung，但是，如前所述，ung 又进一步改写为 ong，而这个韵母对应的前鼻音 un 却没有相应地改为 on。而没有简写的 ueng 还保持原状，成为一个独立的韵母，这样就造成了上文所述 ueng 与 ong 的矛盾，以及 eng，ieng（ing），ueng、ong（我们认为 ueng、ong 实为一个韵母），üeng（iong）四呼对应五个韵母的情况。

（6）"在给汉字注音的时候，为了使拼式简短，ng 可以省作 ŋ"，这种情况笔者没有见过，实际上在当前条件下，这样简写反而是繁难的。这是在 20 世纪 50 年代没有电脑（或者电脑不普及）、拼音主要靠手写和印刷的情况下的省写，信息化条件下的今天，文字、拼音主要使用电脑输入，这样简写已不合时宜。这条说明应该取消，ê、ü 这些超出字母表和电脑键盘外的符号都不适应信息化条件下的电脑输入，都应该解决。

2. 韵母分类

现行《现代汉语》教材在讲解韵母的时候，往往把韵母分为三类：单元音韵母、复元音韵母、鼻音韵母。[①] 单元音韵母、复元音韵母是以元音多少为标准的，而鼻音韵母是以音色为标准的，即有鼻音韵尾的韵母。用两个标准来划分一个事物，不符合分类学的基本原理。应该用一个标准，如以元音多少为标准，将所有韵母分为单元音韵母和复元音韵母。除一般认定的 10 个单元音韵母外，an、en、in、ang、eng、ing 都应该算单元音韵母，只是这些韵母在发音的时候气流通道不同，因而出现前鼻音和后鼻音的区别。ong 有些特殊，仅仅按拼音符号看，ong 是 u 的后鼻音，应该跟 ang、eng、ing 一样，属单元音韵母；但是注音字母写作 ㄨㄥ，ㄨ 即 u，ㄥ 即 eng，ㄨㄥ 就是 ueng，那这个韵母就应该是复元音鼻音韵母。除这 16 个单元音以外，其他 23 个韵母都是复元音韵母。如果以韵尾划分，有鼻音韵尾的是鼻音韵母（传统上叫作阳声韵），有 16 个；没有鼻音韵尾的是阴声韵，有 23 个。

3. 韵母四呼

改写的韵母是按改写后的还是按其本来面目归入四呼？如 -i [ɿ]、i- [ʅ]、ê [ɛ]、ong、iong，从《汉语拼音方案》的排列来看，-i [ɿ]、i- [ʅ] 没有专门的符号，用 i 一个符号表示，但其实际音质相差很大。从分布

[①] 胡裕树：《现代汉语》（第二版），上海教育出版社，1995 年版。

的角度看，i、-i［ɿ］、i-［ʅ］三个韵母属于互补关系，但是三种读音使用一个符号，不符合汉语拼音音素化原则，而且 i 属于齐齿呼，-i［ɿ］、i-［ʅ］属于开口呼，用一个符号表示音质相差较大的三个韵母会造成一些使用困难。《汉语拼音方案》为了调和这一矛盾，强行规定 zi、ci、si、zhi、chi、shi、ri 七个为整体认读音节，同样的情况还有 ê［ɛ］，在《汉语拼音方案》里并没有这样一个符号，但是 ê［ɛ］在 i、ü 后面组成 ie、üe，其写法跟读作［ɤ］的 e 一样，这样一来，ie、üe 里面的 e 与单独的 e 以及在 en、ei、eng、ueng、er 等韵母中的 e 不一样，这样就造成 ya 可以拼读，而 ye 却不能拼读，如果能够明确 ye 是 yê，yue 是 yüê，那么 ye、yue 就可以像 ya、you 一样进行拼读了。总之，《汉语拼音方案》没有做到"一音一母"，即"一个符号表示一个音素，一个音素只用一个符号表示"。ong 排列在开口呼，是 ung 的改写（但《汉语拼音方案》并没有说明，一些教材用"ong、iong"表示"［uŋ］、［yŋ］"，没有采用"ung、üng"，是为了使字形清晰，避免手写体 u、ü 和 a 相混），注音字母为 ㄨㄥ，ㄨ即 u，国际音标为［uŋ］，从实际读音看，ong 是以 u 开头的，属于合口呼；iong 排列在齐齿呼，是 üng 的改写，注音字母为 ㄩㄥ，ㄩ即 ü，国际音标为［yŋ］，从实际读音看，iong 是以 ü 开头的，属于撮口呼，《汉语拼音方案》的排列与一般的四呼概念不吻合。胡裕树主编的《现代汉语》照搬《汉语拼音方案》，黄伯荣、廖序东主编的《现代汉语》按它们的实际读音将 ong 排在合口呼，将 iong

排在撮口呼。这样一来，汉语四呼就出现了矛盾，是按实际语音确定还是按改写以后的确定，没有统一。《语言文字规范手册》（语文出版社，2006年第四版）关于汉语拼音的标准除了《汉语拼音方案》，还有《ISO—7098文献工作——中文罗马字母拼写法》《汉语拼音正词法基本规则》《中国人名汉语拼音字母拼写法》《中国地名汉语拼音字母拼写规则》等，但也没能很好地解决这一问题。而《汉语拼音方案》和一些权威教材之间相互矛盾，让人无所适从。

eng、ing、ueng、ong、iong 的注音字母分别是ㄥ、丨ㄥ、ㄨㄥ、（ㄨㄥ）、ㄩㄥ，对应开口呼、齐齿呼、合口呼、撮口呼，这组韵母还原后应该是 eng、ieng、ueng、üeng，从注音字母看，ueng、ong 对应的都是ㄨㄥ，应该是一个韵母，但是《汉语拼音方案》分为两个。再看其他几组韵母：an、ian、uan、üan 是 an 的四呼，en、in、un、ün 还原后是 en、ien、uen、üen，是 en 的四呼，eng、ieng、ueng、üeng 是 eng 的四呼，这样就符合语音系统性原则，但是《汉语拼音方案》中却多出一个 ong。

ong 和 ueng 的注音字母都写作ㄨㄥ，从注音字母的角度看，应该是相同的，但是《汉语拼音方案》分为两个韵母。在普通话里，ong 不能独立成为音节，而 ueng 却不跟任何声母拼合，郭锡良《汉字古音手册》（商务印书馆，2010年版）将 ong 和 ueng 并列，认为 ong 和 ueng 是一个韵母，只是因为《汉语拼音方案》分为两个，才将

其并列。历史上，ong 和 ueng 有共同的来源，ueng 独立成为音节，零声母形式为 weng，跟其他声母拼合的时候为 ong。从音理上看，ueng 是 eng 的合口呼，发音时，口型是由 u 滑向 eng，有一个动感的过程，而发 ong 的时候，即发 u 时气流通过后鼻腔，没有滑动的过程，ong 相当于 ueng 的急读，而 ueng 相当于 ong 的缓读。综合上述理由，我们认为，ong 和 ueng 应该合并为一个韵母 ong。

4. ü 的电脑输入

ü 在 26 个拼音字母之外，且在通用电脑键盘上没有相应的字母键，因而广受诟病。有人建议用字母表中的 v 来表示，这不失为一种较好的解决方案，现行的拼音输入法也是这样处理的。ü、ê 这些超出字母表和电脑键盘外的符号都不适应信息化条件下的电脑输入，都应该解决。

5. m、n、ng、hm、hng 的分类

m、n、ng、hm、hng 在《新华字典》《现代汉语词典》等辞书里可以独立成为一个音节，标注一些叹词、应答词的读音，那么它们是声母、韵母还是别的什么成分？《汉语拼音方案》没有说明。m、n 属于字母，声母表里也有，而字母表、声母表、韵母表里都没有 ng，是什么成分？hm、hng 又该如何看待？《现代汉语词典》和《新华字典》在 hm 后面加说明"h 跟单纯的双唇鼻音拼合的音"，在 hng 后面加说明"h 跟单纯的舌根鼻音拼合的音"，这些说明也表明这种方式的特殊性，跟其他声母

第一章 《汉语拼音方案》及相关标准与《新华字典》《现代汉语词典》符合度调查

（辅音）与韵母（元音）拼合的方式不同，但是对这种不同和特殊性并没有具体的说明，处于混沌状态，不是规范标准应该出现的。m、n 是字母还是声母？或者是别的什么成分？《新华字典》在呣 ḿ 后面加说明"单纯的双唇鼻音"，这个"单纯的双唇鼻音"是辅音还是元音？是声母还是韵母？不得而知。m 这个音节下的三个字，《新华字典》只在第二个字的注音后面说明，第一个、第三个字却没有说明，体例不统一。《现代汉语词典》没有对这个音节所列的三个字作出任何说明。n 和 ng 音节下都有 4 个音节，也没有任何说明。

这些音节该怎么读（是读名称音，还是呼读音，抑或是字母音）？或怎么拼读？《汉语拼音方案》没有说明。m、n 属于字母，声母表里也有，而 ng 在字母表、声母表和韵母表里都没有，是什么成分？hm、hng 这样的音节如何看待？m、n 是字母还是声母？或者是别的什么成分？在实际应用中，这些音节的语音往往十分含混，大体上分两类：一类是 m，一类是 n、ng。这两类往往可以通用，即 n 读为 ng 或 ng 读为 n，m 与 n、ng 也可通用。根据这些特点，我们似乎可以在普通话音系声、韵、调三个成分之外，再设一类表示应答的含混叹词的成音节鼻辅音，名称可以叫作成音节鼻辅音或成音节鼻音声母。这些成分虽然不能直接归入声母或韵母的类别，但都是鼻辅音或含有鼻辅音。汉语鼻辅音一般认为是浊声母，发音时声带要振动，因而可以有声音，这些声音可以表示一定的意义。

6. 关于 yo

《汉语拼音方案》《现代汉语》《语言学概论》教材等都没有 yo 和 io 的说明，《汉语拼音方案》韵母表里有 35 个韵母，还有后面的一些说明，全部筛选出来应该是 39 个韵母，这些韵母的拼写形式，《新华字典》《现代汉语词典》与《汉语拼音方案》是吻合的，但是，在《新华字典》和《现代汉语词典》中，有 yō 和·yo 这样的音节，怎么看待这些音节？yō 和·yo 中的 y 是声母还是韵母？

《新华字典》《现代汉语词典》《辞源》等字典、词典中有 yō 和 yo 这样的音节，相应地有"哟、唷、㘈、唷"等字，表示一些语气或描摹一些声音。y 不是声母，其用法是放在齐齿呼和撮口呼前面分隔音节，一般是在齐齿呼前面改写 i 为 y 或加写 y，在撮口呼前加写 y，yo 应该属于改写 i 为 y，yo 还原后应该是 io，属于纯元音韵母（复韵母），但是，在各种有关韵母的论述中都没有讲解 io，如果我们承认 io 是一个韵母，即 o 的齐齿呼，那么，普通话韵母就应该有 40 个，如果不承认，那么 yo 这个音节作何解释？似乎不能因为它用作语气词和象声词而忽略其存在。

根据韵母表后面的说明："（4）i 行的韵母，前面没有声母的时候，写成 yi（衣），ya（呀），ye（耶），yao（腰），you（忧），yan（烟），yin（因），yang（央），ying（英），yong（雍）。……ü 行的韵母，前面没有声母的时候，写成 yu（迂），yue（约），yuan（冤），yun（晕）；ü 上两点省略。"那就是说 y 不是声母。

第一章 《汉语拼音方案》及相关标准与《新华字典》《现代汉语词典》符合度调查

在拼音教学中,一般这样处理,如果 i 独立成为音节或 i 后面没有其他元音,就在 i 前面加 y,如 yi(衣)、yin(因)、ying(英)等,如果 i 后面还有其他元音,就把 i 改写为 y,如 ya(呀)、ye(耶)、yao(腰)、you(忧)、yan(烟)、yang(央)、yong(雍)等,所有 ü 开头的韵母,前面如果没有声母,都直接加 y。

yō 和·yo 中的 y 是什么呢?不管是韵母表还是其后说明都没有界定,根据前面的分析,yō 和·yo 不可能是 o 独立成为音节而像 i 和 ü 那样直接加 y,因为 o 本身可以独立成为音节而不需要另外加其他符号,因而 yō 和·yo 中的 y 就只能是 i 的改写,所以 yō 和·yo 这两个音节的原形就应该是 iō 和·io,由两个元音组成,属于复元音韵母,但是韵母表里却没有这个韵母。

(四)声调符号

声调符号最简单,但是《汉语拼音方案》规定"声调符号标在音节的主要母音(母音这个概念似乎没有元音通行)上",不适合电脑输入,有人提出用 1、2、3、4 标在音节之后,在今天这是一种较好的解决办法。另外,在 m、n、ng、hm、hng 这些音节中,没有母音(元音),《现代汉语词典》和《新华字典》是将声调符号标在 m、n、ng 等几个双唇鼻音、前鼻音和舌根鼻音上的,与《汉语拼音方案》的规定不一致。声调符号是在 20 世纪五六十年代,电脑和信息化技术不成熟的条件下,拼音书写主要靠手写的情况下使用的,当今电脑基本普及、信息化条件成熟,四声标调已经不适应时代的要求了,应该予以

修订。

（五）隔音符号

隔音符号是在 a、o、e 开头的开口呼音节连接在其他音节后面，如果两个音节的界限发生混淆，用隔音符号（'）隔开，例如：pi'ao（皮袄）。使用单引号的右半部分"'"作为零声母开口呼音节前面的隔音符号，输入便捷，分隔章节醒目。

根据周有光《音节分界问题》的统计，在 34978 个词中，仅出现 2172 个可能混淆的音节，占统计数的 6.26%，而这些可混音节中又有 95% 是齐齿呼、合口呼、撮口呼韵母，所以这 95% 的齐齿呼、合口呼、撮口呼韵母使用了 y、w 之后，可混音节就很少了（《拼音》1956 年 8 月号）。因而有人建议增加零声母符号，隔开音节之间的界限。

《汉语拼音方案》和通行的讲解拼音的教材以及字典、词典都在上述五个部分存在一些问题，其配套的一些规范标准如《汉语拼音正词法基本规则》《中国人名汉语拼音字母拼写法》《汉语拼音字母名称读音对照表》也存在一些问题，这些问题有的受限于制定方案时的现实条件（如信息时代和计算机技术的普及），有的受限于人们的认识（如汉语拼音字母名称音，认为既然是"汉语"拼音，那么就应该有"汉语"名称音，等等），在当前的社会条件下不利于人们的认识、理解和应用，应该及时修订，以更好地服务于我们的生活、学习和研究。

第一章 《汉语拼音方案》及相关标准与《新华字典》《现代汉语词典》符合度调查

五、《汉语拼音方案的通用键盘表示规范》

2001年6月发布实施的《汉语拼音方案的通用键盘表示规范》是为满足语言文字信息化的要求,为中文信息处理汉语拼音输入的需要制定的,对《汉语拼音方案》的字母表、声母表、韵母表、声调符号及隔音符号在通用键盘上的表示作了规定,解决了一些《汉语拼音方案》与电脑通用键盘输入之间的矛盾,消除了一些通用键盘输入《汉语拼音方案》有困难的 ü 行韵母和 ê、声调符号、隔音符号等替代表示的混乱状况。

对于26个字母、21个声母和其他韵母的表示,相应的字母直接敲击相应的键或组合键就可以了。

暂不规定声母 zh、ch、sh 的简写形式 ẑ、ĉ、ŝ 的键位替代表示。

这套规范规定表示 ü 行韵母(ü、üe、üan、ün)时,可以省略两点写成 u 表示的,在通用键盘上用键位 U 表示,比如 xu(虚),依次敲入 x 和 u 即可。不能省略两点,仍需写作 ü 的,在通用键盘上用键位 V 替代表示,比如 nü(女),依次敲入 n 和 v 即可。

暂不规定声母 ng 的简写形式 ŋ 的键位替代表示。

韵母 ê 在通用键盘上用 E 加 A 组合键位替代表示。

汉语拼音中的阴、阳、上、去四个声调符号"—""/""v""\"依次用数字键 1、2、3、4 替代表示,轻声用 5 表示,数字放在音节字母之后,比如 guójiā(国家),就表示为 guo2jia1;xiōngdi(兄弟)表示为 xiong1di5。

57

汉语拼音中的隔音符号"'"用"'"键替代表示，如 xi'an（西安）就表示为 xi'an。

据时任教育部语言文字信息管理司王铁琨副司长称，这套规范在实施中只需对键盘、软件的设计略作调整，就能极大地方便汉语拼音的输入，在信息产业、信息技术教育中能起很大的作用。

对于上述规定，我们认为多数是恰当的、合理的、实用的，但是也有一些可以进一步修正的条目，如"暂不规定声母 zh、ch、sh 的简写形式 ẑ、ĉ、ŝ 的键位替代表示"，反映了 zh、ch、sh 的简写形式 ẑ、ĉ、ŝ 在通用键盘上输入的困难，而在实际应用中，ẑ、ĉ、ŝ 在当今条件下几乎没有任何价值，应该予以取消。同样的情况还有"暂不规定声母 ng 的简写形式 ŋ 的键位替代表示"，也应该予以取消。

"韵母 ê 在键上用 E 加 A 组合键位替代表示。" ê 写作 EA，不伦不类。

如 ie 后面的 e 原本应该是 ê，如果 ie 用电脑输入成为 iEA。üe 后面的 e 原本也应该是 ê，当 ü 不能省略两点的时候，改写为 V，üe 就要改写为 VEA；当 ü 能省略两点的时候，改写为 u，üe 就要改写为 UEA，字母大写小写混杂。

《汉语拼音方案》和汉语拼音的一般书写习惯是用小写字母，ü 和 ê 的键盘输入改成大写，也不符合拼音的书写习惯。

另外，《汉语拼音方案的通用键盘表示规范》规定

"汉语拼音中的阴、阳、上、去四个声调符号'—''/''v''\'依次用数字键1、2、3、4替代表示,轻声用5表示,数字放在音节字母之后"。我们认为轻声其实不标号更好。因为《汉语拼音方案》规定轻声原本就是不加任何符号的,在实际应用中也是如此。在人们的认识中,汉语只有四声(古代平、上、去、入,近现代阴、阳、上、去),轻声并不是一个独立的声调,不是与阴、阳、上、去并列的第五个声调,《汉语拼音方案》对轻声的规定与键盘输入没有矛盾,人们已经习惯了这种方式,再规定"轻声用5表示"纯属多余。

"汉语拼音中的隔音符号''',用'''键替代表示,xi'an(西安)就表示为xi'an。"

《汉语拼音方案》规定的隔音符号"'"是汉语标点符号单引号的右半部分,在通用键盘上键位很明确,不影响输入。《汉语拼音方案的通用键盘表示规范》规定"用'''键替代表示"'","'"应该是英语标点符号单引号的右半部分,一般叫作半角符号,与汉语标点符号单引号的右半部分"'"同用一个键位,只需用"Shift"键转换汉字输入和英文输入即可,我们认为完全不必将"'"用"'"键替代表示,因为我们不是将汉字文档转换为英文文档,另外"'"和"'"这两个符号形体几乎完全相同,电脑输入或手写不能区分,很容易混淆。

我们认为《汉语拼音方案的通用键盘表示规范》在解决《汉语拼音方案》的矛盾、混乱上很不彻底。王铁琨副司长所谓"这套规范在实施中只需对键盘、软件的设计略作调整",做了哪些调整？产生了哪些方便？起到了哪些作用？我们不得而知。我们认为《汉语拼音方案的通用键盘表示规范》弥补了《汉语拼音方案》的一些漏洞，但是这些弥补多数是无效的，解决上面列举的问题的根本出路恐怕还是《汉语拼音方案》本身的修订。

第二节 《新华字典》《现代汉语词典》的编纂修订

一、《新华字典》的编纂修订

《新华字典》是中华人民共和国成立后第一部新型的规范性字典，1950年由新华辞书社开始编纂，魏建功主编，1953年由人民教育出版社出版。魏建功是北京大学教授，在音韵、文字和古籍整理方面都有卓越的成就，曾兼任新华辞书社社长，在主持编纂字典之初，他就确定了《新华字典》的"十大特色"：①就实际语言现象编定，②以音统形，③以义排词，④以语分字，⑤以用决义，⑥广收活语言，⑦由音求字，⑧由义选词，⑨适合大众，⑩精选附录，使之成为适合广大民众语言文字基本需要的工具书。《新华字典》于1953年10月面世，全书70万言，收录6840个字，其特点是"以音绝字、以字统义、以义统词"。这是中华人民共和国成立后由国家出版的在内容和形式上都具有新特点的小型语文工具书。1957年6月商务印书馆发行新 1 版后，至今一直由商务印书馆出版。出版后曾多次重排和修订。截至目前，《新华字典》前后累计修订出版了 11 版，印数已近 6 亿册，成为全世界发行量最大的语文辞书。

从出版至今的 60 多年里，《新华字典》以其规范性、科学性、实用性取得了很好的社会效益。就规范性而言，《新华字典》在 20 世纪 50 年代问世之初，在推动全社会的语言文字规范工作方面起到了积极作用，在相当长的一段时期内，它几乎是社会语言文字生活中最为通行的规范依据。随着时间的推移、民众文化水平的提高、语言文字研究的深入和语言文字规划部门的细致工作，语言文字的规范标准逐渐以法规形式相继出台，这些规范标准的形成是语言使用者、语言研究者、辞书编纂者和政府语言文字机构共同努力的结果。《新华字典》与时俱进，在修订过程中贯彻了国家语言文字政策，反映了国家语言文字规范标准，促进了我国语言文字的规范化，一直在整个社会的语言规范中起着举足轻重的作用。2011 年 6 月，《新华字典》（第 11 版）出版，其修订说明："本次修订……以贯彻执行国家语言文字规范为重点。"第 11 版收单字 13000 余字，与《现代汉语词典》（第 6、7 版）所收单字基本一致。

二、《现代汉语词典》的编纂修订

《现代汉语词典》是我国第一部规范性的语文词典，由中国社会科学院语言研究所编纂，著名语言学家吕叔湘、丁声树曾先后主持工作,由商务印书馆出版,郭沫若题签书名。

1956年2月6日,国务院在《关于推广普通话的指示》中,责成中国科学院语言研究所(即今中国社会科学院语言研究所)编写以确定普通话词汇规范为目的的中型现代汉语词典。中国社会科学院语言研究所、新华辞书室、文字改革委下属的中国大辞典编辑处共同组成了《现代汉语词典》编辑室。1958年6月正式开始编纂,1960年印出"试印本"征求意见,1965年印出"试用本"送审稿,1973年内部发行,1978年正式发行第1版,收词约5.6万条。

1983年,《现代汉语词典》推出第2版,收词5.6万条,也被称为"重排本"。

1993年,《现代汉语词典》开始第二次修订工作,此后20多年间历经5次修订。

1996年,《现代汉语词典》第3版出版,附录中增加了西文字母开头的词,贯彻新的普通话异读词审音规范,同音节字头排列改为按笔画排列,异形词不再采用并列出条的方式。第3版收词6.1万条。

2002年,《现代汉语词典》第4版即第3版的增补本面世,针对很多外文字母词频见于报章书籍的现象,增补本选择了140余条较常用的"西文字母开头的词语"增补到附录中,以满足读者查考的需要。此外,利用这次增补机会,2002年版《现代汉语词典》还根据国家有关部门的规定,对一些字形作了修正,使其规范性进一步提高。

第一章 《汉语拼音方案》及相关标准与《新华字典》《现代汉语词典》符合度调查

根据国家 2002 年公布的《第一批异形词整理表》，2002 年版《现代汉语词典》将词汇区分为规范词和异形词，并将规范词列为推荐使用的正条，收词 6.1 万余条。

2005 年，《现代汉语词典》第 5 版出版，这次修订从 1999 年开始，历时 6 年，共收词 6.5 万余条，对同音同形词、离合词等进行重新审视，贯彻了《第一批异形词整理表》的要求，在区分词与非词的基础上全面标注词类。

2012 年 6 月，《现代汉语词典》第 6 版出版，该版修订遵循《现代汉语词典》引导规范的一贯宗旨，并以通用性为原则，吸收了有关专家学者的最新研究成果，依照规范标准审慎地确定了字形、字音；对字头的简繁、正异关系进行了梳理；还增加单字 600 多个（以地名、姓氏及科技用字为主），共收各类单字 1.3 万多个。增收新词语和其他词语 3000 多条，增补新义 400 多项，删除少量陈旧的词语和词义，共收条目 6.9 万多条。

《现代汉语词典》第 6 版的修订坚持以学术研究为先导，注重修订工作的科学性、系统性。从收字、收词、释义、用例等各个环节设立了十几个相关专题，并逐一进行调查研究。修订时充分利用各类语料库选收或检验新词、新义和新的用法，力求反映近些年来词汇发展的新面貌和相关研究的新成果。第 6 版遵循促进现代汉语规范化的一贯宗旨，除全面正确贯彻以往国家有关语言文字和科学技术等方面的规范和标准外，还注意吸收和反映近些年来国家语言文字工作委员会组织专家学者制定、修订的有关字形、字音等方面的规范标准的最新成果。

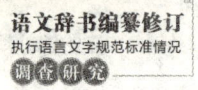

第 6 版修订参照国家语言文字委员会《汉语拼音正词法基本规则》修订课题组和《普通话轻声词儿化词规范》课题组的意见，对条目的注音作了修订。此外，还按类别，针对口语词、方言词、文言词、专科词、外来词、西文字母词等，对释义进行了全面的检查和修订。据专家介绍，第 6 版还配合释义增补了近百幅古代器物等方面的插图，并根据有关标准和新的研究成果对检字表和附录作了修订。

2016 年 9 月，《现代汉语词典》第 7 版出版，收词近 7 万条，"本次……主要修订内容为：全面落实 2013 年 6 月由国务院公布的《通用规范汉字表》；增收近几年涌现的新词语 400 多条，增补新义近 100 项，删除少量陈旧和见词明义的词语"。这是当前最新的修订本。

《现代汉语词典》总结了 20 世纪以来中国白话文运动的成果，第一次以词典的形式结束了汉语长期以来书面语和口语分离的局面，第一次对现代汉语词汇进行了比较全面的规范。

《现代汉语词典》在辞书理论、编纂水平、编校质量上都达到了一个新高度，是辞书编纂出版的典范之作。它的发行量之大、应用面之广，为世界辞书史上所罕见；它对现代汉语的统一与规范，对研究、学习与正确应用现代汉语，对扩大中国与世界各民族的交往都有着重要的影响。

《现代汉语词典》出版后，成为广大师生尤其是中小学师生、研究人员、记者、编辑、播音员、主持人、文秘甚至法官等社会各界人士必备的语文工具书,成为高考阅卷、播音主持、报刊编辑、法律裁定和制定、修订国家有关语言政策法规的重要依据。

《现代汉语词典》不仅是全世界华人学习现代汉语最重要的工具书之一,同时也被誉为世界上许多国家和地区人民学习和研究汉语的"圣经"。至今,《现代汉语词典》除中国内地版以外,还拥有新加坡版、韩国版和香港版等多个版本。

《现代汉语词典》还为各类汉外辞书的编纂提供了很好的汉语蓝本。20世纪80年代以来,各种汉外词典如雨后春笋般涌现,其中一个很重要的原因就是《现代汉语词典》的出版。所以,《现代汉语词典》不仅在国内,而且在国际上都起到了"推广普通活,促进汉语规范化"的积极作用。

《现代汉语词典》以规范性、科学性和实用性为主要特点,在社会主义文化建设中发挥了重要作用,深受广大读者欢迎,在海内外享有很高的声誉,先后荣获中国社会科学院优秀科研成果奖、国家图书奖、国家辞书奖、吴玉章人文社会科学奖、中国出版政府奖图书奖等。

《现代汉语词典》正式出版后,先后经历了6次修订,每次都是在保持原有优点的基础上进一步完善,以求精益求精。

《现代汉语词典》肩负着国家赋予的为推广普通话、促进汉语规范化服务的任务。对已经制定颁行的语文规范标准,它要贯彻执行;对尚未形成标准的语言文字应用,它要根据语言发展规律和约定俗成的原则明确规范导向，引导读者使用，并为规范标准的制定创造条件；对已有规范标准中不够完善的地方，它还要加以补充和适当修正，使之更加完善，从而为这些标准的修订准备条件。语言是不断发展的，著名语言学家、《现代汉语词典》首任主编吕叔湘先生曾经指出："凡是'现代'词典都要跟上时代，不断修订。"《现代汉语词典》需要及时反映汉语的发展，不断促进汉语的规范化。

三、商务印书馆对语言文字规范化的贡献

1897年，商务印书馆在上海成立，它是中国现代出版业中历史最悠久的出版机构，在中国近现代史上，与北京大学同时被誉为中国近代文化的双子星。商务印书馆成立之初就以"昌明教育、开启民智"为己任，历来重视与语言文字规范化有关的出版工作，先后编纂出版了《辞源》《新华字典》《现代汉语词典》《英华大词典》等具有国际影响力的辞书，使我国成为名副其实的"辞书王国"。

早在中华人民共和国成立以前，商务印书馆就已经出版了《国语辞典》《国音常用字汇》《标准语大辞典》等与语言文字规范有关的辞书，为我国的语言文字规范化工作做出了积极的贡献。

中华人民共和国成立以后，在党和政府的语文工作政策指导下，商务印书馆为语言文字规范化工作做了更多新的、更加重要的努力和贡献，总是及时地依照有关规定对辞书内容进行修订。《新华字典》现在已经出版了第11

第一章 《汉语拼音方案》及相关标准与《新华字典》《现代汉语词典》符合度调查

版,《现代汉语词典》出版到了第 7 版,作为"通往传统文化的桥梁"的《辞源》也经历了三次修订。商务印书馆还出版了《通用规范汉字字典》等规范性辞书,不仅在辞书编纂修订方面执行推广语言文字规范标准,同时还对语言文字规范工作进行研究,出版了大量有关图书杂志,如《中国语文》《方言》《古汉语研究》等,为有关规范标准的制定提供了重要的参考依据。

在 20 世纪五六十年代,国家有关部门颁布了多种语言文字规范标准。《新华字典》1957 年由商务印书馆出版了新 1 版。在出版前,编者依照《汉字简化方案》(1956)采用了简化字,还按照《第一批异体字整理表》(1955)的规定整理了《新华字典》涉及的异体字。在《汉语拼音方案》(1958)正式公布以后,商务印书馆改变了新 1 版按照注音字母排序的方法,改用汉语拼音字母顺序,重新调整了《新华字典》的字头排列顺序,于 1959 年推出了第 2 版。在 60 年代,随着《普通话异读词三次审音总表初稿》(1963)、《简化字总表》(1964)及《印刷通用汉字字形表》(1965)的公布,《新华字典》第 4 版(1965)和其他辞书也都相应地做了部分内容调整,充分落实了这些规范标准的要求,为读者提供了符合当时语言文字规范标准的字典辞书。

《现代汉语词典》于 1958 年开始编写,是按照国务院 1956 年发布的《关于推广普通话的指示》的要求编写的,这是一部以确定词汇规范为目的的中型词典。经过 20 年的努力(其间经历"文化大革命",被迫中断了很多年),

于1978年由商务印书馆正式出版了《现代汉语词典》第1版。在编写过程中,《现代汉语词典》逐一采用了国家在20世纪50年代和60年代颁布的以上有关语言文字规范的规定,还执行了70年代发布的《中国人名汉语拼音字母拼写法》(1976)、《部分计量单位名称统一用字表》(1977)等,成为当时现代汉语词汇规范的主要依据。

20世纪80年代和90年代,国家又颁布了多种语文规范标准,比如《汉字统一部首表(草案)》(1983)、《中国地名汉语拼音字母拼写规则(汉语地名部分)》(1984)、《普通话异读词审音表》(1985)、《简化字总表》(新版,1986)、《现代汉语常用字表》(1988)、《现代汉语通用字表》(1988)、《出版物上数字用法的规定》(1995)、《标点符号用法》(1995)、《汉语拼音正词法基本规则》(1996)、《现代汉语通用字笔顺规范》(1997)、《GB 13000.1字符集汉字笔顺规范》(1999)、《GB 13000.1字符集汉字字序(笔画序)规范》(1999),等等。商务印书馆编纂与修订的《新华字典》《现代汉语词典》等辞书,均依照其中的主要标准作了相应的修改,模范地执行了这些规范标准。比如《现代汉语词典》第3版(1996)和《新华字典》第7版(1990)、第8版(1992)、第9版(1998)都依照《普通话异读词审音表》订正了部分字词的读音,依照《简化字总表》《现代汉语常用字表》《现代汉语通用字表》修订了部分字形和字序,等等。

2000年10月31日第九届全国人民代表大会常务委员会第十八次会议通过了《中华人民共和国国家通用语言

第一章 《汉语拼音方案》及相关标准与《新华字典》《现代汉语词典》符合度调查

文字法》。这部法律是依照宪法制定的,目的在于"推动国家通用语言文字的规范化、标准化及其健康发展,使国家通用语言文字在社会生活中更好地发挥作用,促进各民族、各地区经济文化交流"。在新的形势下,商务印书馆对所出版的辞书、学术著作和多种杂志提出了更高的要求。进入 21 世纪,虽然国家颁布的有关语言文字的规范标准不多,主要是《第一批异形词整理表》(2001),但是,2004 年出版的《新华字典》第 10 版依照有关语言文字标准规定对字典作了全方位的订正,不仅依照《第一批异形词整理表》对字典涉及的异形词作了相应的整理,还按照国家的有关规定重新编制了《部首检字表》,依照《汉字统一部首表(草案)》制定部首 201 部,依照《GB 13000.1 字符集汉字笔顺规范》和《GB 13000.1 字符集汉字字序(笔画序)规范》编排字序,依照《现代汉语通用字表》修改了部分字形。

《现代汉语词典》第 4 版(2002)依照《第一批异形词整理表》调整了部分词形,第 5 版(2005)又依照以上国家历次颁布的相关标准作了进一步的细致梳理,力求没有疏漏。商务印书馆 2001 年出版的《新华词典》(第 3 版)不仅依照《普通话异读词审音表》《简化字总表》《现代汉语通用字表》等修订了部分字音、字形,它作为一部语文兼百科的中型辞书,还认真遵守了国家有关部门在百科方面的许多规定和标准。商务印书馆出版的以应用为目的的辞书如《应用汉语词典》,以及其他"新华"系列辞书如《新华正音词典》《新华拼写词典》《新华写字字典》

《新华多功能字典》等,更是为配合国家推行有关语文规范标准编写的,是对有关标准的直接的、细致的注释和说明。此外,商务印书馆还出版了大量外语类工具书,包括"牛津"系列、"朗文"系列、"新时代"系列、"精选"系列以及其他英语、法语、日语、德语、俄语、西班牙语等很多语种的辞书,比如《牛津高阶英汉双解词典》《新时代汉英大词典》等,这些辞书也都认真遵守了国家有关语言文字方面的规范标准。

商务印书馆不仅在遵守语言文字规范标准方面是楷模,还在规范标准的研究方面作了认真的、积极的探索,为国家相关标准的制定提供了重要的参考。以《现代汉语词典》为例,这部由两位语言学大师、中国科学院哲学社会科学部委员、中国社会科学院一级研究员吕叔湘先生和丁声树先生先后担任主编的权威辞书,其权威性是学术界公认的,历来是国家有关语言文字规范标准制定的重要参考依据。比如,《现代汉语通用字表》纠正的《第一批异体字整理表》的10多处错误、新版《简化字总表》纠正的旧版的少量错误以及《第一批异形词整理表》的制定等,都参考了《现代汉语词典》。

此外,商务印书馆还出版了大量研究语言文字规范问题的图书,比如北京师范大学中国大辞典编纂处的《识字正音三千五百字表》、中国文字改革委员会普通话语音研究班的《普通话轻声词汇编》、李宇明等的《汉字规范问题研究系列丛书》、高更生的《现行汉字规范问题》、苏培成的《语言文字应用探索》等,这些图书都是我国语言文

第一章 《汉语拼音方案》及相关标准与《新华字典》《现代汉语词典》符合度调查

字规范化研究工作值得重视的成果。《中国语文》《方言》《语言科学》《古汉语研究》等语言文字研究专业杂志也由商务印书馆出版，推动了语言文字的科学研究和语言文字规范标准的执行。

商务印书馆作为我国最重要的出版机构之一，还与我国语言文字规范的制定和权威研究单位（如国家语言文字工作委员会、教育部语言文字应用研究所、新闻出版总署、中国社会科学院语言研究所、北京大学中文系、中国辞书学会等）保持着密切的联系与合作，及时反馈国家有关语言文字规范的实行情况，同时提出了不少有建设性的意见，从出版者的角度，为我国语言文字规范工作的完善和全面实行做出了重要的贡献。

四、《新华字典》《现代汉语词典》贯彻执行规范标准基本情况

由于《新华字典》《现代汉语词典》是为推广语言文字规范标准（在一定意义上，它们本身也是一种规范标准，其作用甚至超越了规范标准条文）而编写和修订的，为实现语言文字规范化、标准化、信息化服务，因而《新华字典》《现代汉语词典》与规范标准随时都处于互动之中，《新华字典》《现代汉语词典》的多次修订，最重要的目的之一就是适应新的规范标准，规范标准的制定和修订，最重要的参考资料也是通行的字典、词典。《新华字典》《现代汉语词典》是规范标准的具体体现，也是语言文字规范化、标准化要求与社会语言文字应用之间的桥

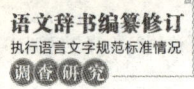

梁。因而，凡是字典、词典能够体现的规范标准，一般都要在字典、词典中予以落实，当然，字典、词典除了落实语言文字规范化、标准化要求以外，还要传承文化，体现语言文字的一些特殊运用，所以，字典、词典与规范标准之间也不能简单地画等号。

《新华字典》《现代汉语词典》的凡例是对全书基本体例的说明，其中许多条目都反映了规范标准的要求。例如《现代汉语词典》第5版凡例1.1称："本词典所收条目分单字条目和多字条目。单字条目用比较大的字体。多字条目按第一个字分列于领头的单字条目之下。"而在第6版中将"单字条目用比较大的字体。多字条目按第一个字分列于领头的单字条目之下"改为"单字条目用比较大的字号。多字条目放在【】内"。凡例是词典内容标注的一个关键，凡例指引越清晰，学习和查阅也就越便利。严格意义上来说，凡例也是编纂法。"字体"意为同一种文字的各种不同形体，如汉字手写的楷书、行书、草书，印刷的宋体、黑体。而"字号"意为排版印刷上用来表示汉字大小的编号。从初号到八号，初号字最大，八号字最小，最常用的是五号字。《现代汉语词典》将"字体"改为"字号"，纠正了概念上存在的错误。"多字条目放在【】内"的调整更加简洁明了，符合凡例的编纂要求，而且与全书编纂法紧密相连。

《新华字典》《现代汉语词典》的注音也更加规范，比如"坏"，《现代汉语词典》第5版读音为 pī，在义项中又注明"'坏'另见592页 huài"，同时在"坏"义项中注明

"另见1035页pī'坯'";而第6版、第7版中对"坏"的义项解释中删除了"'坏'另见592页huài"这一条,但是在"坏"的义项后注明"'坏'〈古〉又同'坯'pī"。第6版、第7版这样调整更加合乎规范,同时兼顾了文字演变和文化传承。《现代汉语词典》是现代汉语的词汇规范,第6版、第7版这样处理,是为了照顾古代存在的一些释义和用法,而这两个字之间的关系本就比较复杂。"坏""坯"原本是一组异体字,"坯"在《说文解字》中释为:"再成者也,一曰瓦未烧,从土不声。芳梧切。""坯"在《广韵》中释为:"芳杯切。"《集韵》《韵会》释为:"铺枚切。"《正韵》释为:"铺枚切。并音胚。"《尔雅·释山》释为:"山再成曰坯,一曰山一成。又山名。"《尔雅义疏》释为:"坯者,当作坏。"《说文解字》只作"坏",没有"坯",所以说应作"坏",读作"坯"。而"壞"《康熙字典》释为:"胡怪切。自毁也。毛氏《韵增》:凡物不自败而毁之则古壞切,如鲁恭王壞孔子宅之类是也。物自败则胡怪切,如《春秋传》鲁城门壞之类是也。""壞"简化为"坏",这是假借。可见坯、坏、壞三者关系较为复杂。《现代汉语词典》第6版、第7版将此删掉,后在"坏"的义项下明确标注"'坏'〈古〉又同'坯'pī"。笔者认为《现代汉语词典》这样安排能够让学习汉语者瞬间清楚二者之间的关系,汉字本就博大精深,这一调整为现代读者减少了不必要的干扰,在使用过程当中也更为简洁明了。

《现代汉语词典》第6版、第7版完善了以往注音明显不符合人们日常语言习惯的地方，特别是一些外语借词，汉语音译的外语借词不可能完全使用外语读音，必须按照汉语语音系统予以改造和规范，这样就造成音译的借词读音不一致，这正是普通话语音规范的重要内容。如：

"打的"：《现代汉语词典》（第5版）注音为"dǎdí"：打车，注明口语情况中使用。第6版、第7版改为"dǎdī"：打车。第11版《新华字典》也注音为："的 dī，（外）'的士'（出租车）的省称：打的。"另外，从使用频率来看，"dǎdī"在日常生活中使用更频繁，2016年发布的《普通话异读词审音表（修订稿）》征求意见稿也将"打的"注为"dǎdī"，这是《普通话异读词审音表》语音规范适应《新华字典》《现代汉语词典》注音的一个例子。

"拜"：《现代汉语词典》（第5版）只有一个读音 bài，注音为 bàibài，表示再见"拜拜"。事实上我们绝少听到有人这么念，日常生活中人们一般都念 báibái。第11版《新华字典》和第6版、第7版《现代汉语词典》都为"拜拜"的"拜"设立了字头，读音为 bái，"拜拜"的注音改为 báibái。

"戛纳"："戛"在《新华字典》《现代汉语词典》以往的版本中只有一个读音 jiá，而我们熟悉的戛纳（法，Cannes）电影节该怎么念？是 jiánà 还是 gānà？第11版《新华字典》和第6版、第7版《现代汉语词典》进一步规范了"戛纳"的读音，为这个法国地名设立了字头"戛"，音 gā。

"啫喱"：《现代汉语词典》（第5版）及以前的版本没

有收"啫"字。食品、化妆品中常用的啫喱在词典中没有一席之地，词典不能及时反映现实的语言生活，收词滞后。第11版《新华字典》和第6版、第7版《现代汉语词典》为"啫喱"的"啫"设立了字头，读音为 zhě，"啫喱"注音为 zhělí。"咖喱"在第6版、第7版中注音为 gālí，可日常生活中"喱"往往轻读，建议《现代汉语词典》将来修订时把注音改为 gālí 或者 gāli，这样修改可以做到一个字在相同或基本相同的情况下的读音是一致的。第11版《新华字典》和第6版、第7版《现代汉语词典》改变读音既考虑了语言在人们日常生活中的具体使用频度，也尊重了语言事实，所做的语音修订更符合大众语言习惯。

  第11版《新华字典》和第6版、第7版《现代汉语词典》在方言词语注音上更加规范。比如："虎不拉"，伯劳鸟，其中"虎"在第5版《现代汉语词典》中注音为 hù，第6版没有 hù 音，相应地也没有"虎不拉"这个方言词，只有一个 hǔ 的读音（分两个字头，可以认为是同形词）。第6版对此所做的改动依据何在？同一个方言词语注音不同，那么它依据什么来注音的呢？很显然，属于北方方言的词语肯定都是以北京语音为标准音来注音的，选择哪一个方音仍然依据北京语音，问题是"十里不同乡，百里不同俗"，北京辖有4个城区，4个近郊区，8个远郊区和2个县，如此宽广的地域范围内，同一个方言词语的读音有可能在北京的东城和西城都是存在差异的，距北京市中心不足五十里的东面的燕郊、西南的涿州等地都

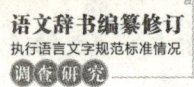

念成"虎不拉"hǔbulǔ,据调查发现,北京的很多地方都是读这个音。由此观之,"虎"hǔ音在北京音中和普通话中的读音是一致的,hù的读音从何而来,无从知晓。即便北京所辖的很小的一个区域内流行该音,但是普通话规定某方言的读音不应该借鉴通行地域小的读音,因为这样的读音不仅不能代表该词语在北京多数地方的读音,还给人们造成了一定的负面影响,比如增加了多音字的"库存",给人们的学习和日常生活带来了不便。第6版、第7版《现代汉语词典》对该词语读音的修订给我们的启示是,如果所收北方方言存有读音差异且存有普通话读音,第6版、第7版标注读音时最好用它的普通话读音,这样做既符合方言的实际读音,又有利于推广普通话工作,能够对方言词汇和语音向普通话靠拢起到积极的引导作用,在字典、词典中也尽可能地减少了多音字的存在,在一定程度上给汉语使用者减少了负担,更加有利于读音规范化。《普通话异读词审音表》及其修订稿都没有收录这个方言词和方言读音,第6版、第7版《现代汉语词典》删去第5版的"虎不拉",反映出字典、词典向语言文字规范标准靠拢的倾向。

第6版、第7版《现代汉语词典》收词上也更加符合人们的语言需求,比如"聘",原本有8个义项,分别是"聘金""聘礼""聘请""聘任""聘书""聘问""聘用""聘约"。而第6版、第7版在此基础上新增了"聘期"这个新的义项,指聘用的期限。"聘期"一词依托"聘任制"产生。"聘任制"指用人单位运用合同(契约)形式聘用

第一章 《汉语拼音方案》及相关标准与《新华字典》《现代汉语词典》符合度调查

工作人员的一种任用制度，又称"聘请制"或"合同聘任制"，它是我国干部任用的一种形式，分为选聘和招聘两种。招聘，以劳动人事部1984年年初发出的《关于做好招聘工作的通知》为据，实行聘任制。由此可以推断，"聘任制"的使用时间大概在1984年，而依托"聘任制"产生的"聘期"也大概在此阶段。教育部语用司1992年10月26日发布的《高等教育自学考试命题工作规定》："命题教师在聘期内不得参与任何形式的与该课程自学考试有关的辅导活动。"当中以文件形式明确使用"聘期"一词。后来，"聘期工作总结""大学生村官聘期考核""事业单位聘期考核""教师聘期考核总结""大学生村官聘期述职""聘期内个人总结"等频繁出现。第6版、第7版《现代汉语词典》新增"聘期"这一义项，是伴随着"聘任制"的出现应运而生的，与时俱进，解决了人们的语言使用需求。

《现代汉语词典》是负有国家语言文字规范化使命的中型语文辞书，具有学习和查考的作用。从1956年始编试印本起，已积累了半个多世纪的编纂经验和成就，足可写一部《现代汉语词典》编纂史。聚焦第6版、第7版，可以看到《现代汉语词典》的特色：其一是"促进汉语规范化"的编写初衷始终不改，可视为语言文字规范标准的实践者，其严格贯彻国家语言文字规范标准；其二是在规范化的指导下始终与时俱进。不过《现代汉语词典》《现代汉语规范词典》与《普通话异读词审音表》的差异要小于《新华字典》与《普通话异读词审音表》的差异。因其差异较小，若单单将《现代汉语词典》《现代汉语规范词典》与《普通话异读词审音表》进行比较会稍显单薄。所以，笔者将四者结合起来，一同进行参照比较，以促使《现代汉语词典》与《普通话异读词审音表》向更加规范的方向发展。

第三节 《汉语拼音方案》在《新华字典》《现代汉语词典》中的执行情况调查

一、字母表及字母读音的调查

《新华字典》《现代汉语词典》不涉及字母读音，所用拼音字母形式符合字母表里的字母，"ê"在《新华字典》中独立成音节，有8个字（词），表示招呼、应答、感叹等，读音比较模糊，字形基本一致，都有一些异读。"ê"在《现代汉语词典》中也独立成音节，有4个字（词），字形一样，读音含混，都有异读。"ê"不是字母表里的字母，韵母表中也没有这个符号，只出现在韵母表的说明中。这是《新华字典》《现代汉语词典》与《汉语拼音方案》不一致的地方。

"ü"，字母表里没有这个符号，"ü"自成音节或与其他元音、鼻音组成韵母，不便于电脑输入，故用键盘上的"V"表示"ü"，比较方便快捷，但只用于汉字的拼音输入。

第一章 《汉语拼音方案》及相关标准与《新华字典》《现代汉语词典》符合度调查

"v"，字母表附有说明："v 只用来拼写外来语、少数民族语言和方言。"但是，根据笔者的调查，《新华字典》和《现代汉语词典》有使用"v"的情况，既没有拼写外来语，也没有拼写少数民族语言和方言。虽然不能说《新华字典》《现代汉语词典》与《汉语拼音方案》不吻合，但是可以判断"v"在《新华字典》《现代汉语词典》中就是一个多余的字母。用 26 个拉丁字母来记录普通话的语音音素和音位会存在问题，因为字母总数比普通话音素少，因而出现了一些一个符号表示几个音素、一些读音需要增加符号以及合用几个符号来表示等情况，这个"多余"的字母是不是可以让它承担一个标音的任务呢？比如用它来表示"ü"，电脑键盘汉字拼音输入法已经这样做了，但是在《汉语拼音方案》中这种做法还没有被承认。

二、声母表

声母表后附有说明："在给汉字注音的时候，为了使拼式简短，zh ch sh 可以省作 ẑ ĉ ŝ。"这样的省写方式，在《新华字典》和《现代汉语词典》中都没有出现，笔者在其他任何地方也没有发现这样的简写形式。在实际拼写的时候，这些符号难以输入，zh、ch、sh 的简写形式 ẑ、ĉ、ŝ 也是无用的，笔者认为这三个简写形式完全可以废弃。

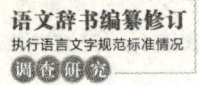

三、韵母表

（一）关于 yo

韵母表有 35 个韵母，加上后附的说明，共有 39 个韵母。关于这些韵母的拼写形式，《新华字典》《现代汉语词典》与《汉语拼音方案》是吻合的，但是在《新华字典》《现代汉语词典》中有 yō 和·yo 这样的音节。如何看待这些音节？yō 和·yo 中的 y 是声母还是韵母？

韵母表后附有说明："(4) i 行的韵母，前面没有声母的时候，写成 yi（衣），ya（呀），ye（耶），yao（腰），you（忧），yan（烟），yin（因），yang（央），ying（英），yong（雍）。……ü 行的韵母，前面没有声母的时候，写成 yu（迂），yue（约），yuan（冤），yun（晕）；ü 上两点省略。"那就是说 y 不是声母。

在拼音教学中，一般这样处理：如果 i 独立成为音节或 i 后面没有其他元音，就在 i 前面加 y，如 yi（衣）、yin（因）、ying（英）等；如果 i 后面还有其他元音，就把 i 改写为 y，如 ya（呀）、ye（耶）、yao（腰）、you（忧）、yan（烟）、yang（央）、yong（雍）等；所有 ü 开头的韵母，前面如果没有声母，都直接加 y。

yō 和·yo 中的 y 是什么呢？韵母表及其后附的说明都没有界定。根据前面的分析，因为 o 本身可以独立成为音节而不需要另外加其他符号，所以 yō 和·yo 中的 y 就只能是 i 的改写，yō 和·yo 这两个音节的原形就应该是 iō 和·io，属于复元音韵母，但是韵母表里却没有这个韵母。

（二）关于ŋ

韵母表后附有说明："（6）在给汉字注音的时候，为了使拼式简短，ng可以省作ŋ。"ŋ借用的应该是国际音标符号［ŋ］，表示汉语拼音中的后鼻音ng，这样省写在当时有一定的合理性，但是，在输入电脑时因为键盘上并没有这样的符号，这样简写反而不方便。在笔者的调查中，除了标注国际音标，汉语拼音注音、记音基本不用这种简写形式。《新华字典》《现代汉语词典》也没有这样的简写形式。

（三）关于m、n、ng、hm、hng

《新华字典》《现代汉语词典》里都有m、n、ng、hm、hng这样一些音节，它们是什么成分？m、n、ng我们可以理解为成音节鼻辅音字母，m是双唇鼻辅音，n是前鼻辅音，ng是后鼻辅音。hm、hng怎么理解？是h与m、ng相拼吗？h是声母，m、ng是不是韵母？既然m、n、ng是成音节鼻辅音字母，显然不能再视为韵母，那么它们是声母吗？如果是声母，两个声母相拼不符合人们对汉语拼音的一般认知。而且两个都是声母的话，hm、hng就成了复辅音声母，汉语是没有复辅音声母的。

《汉语拼音方案》《新华字典》《现代汉语词典》对这些音节都没有说明，应及时修订。

四、声调标注

《汉语拼音方案》规定："声调符号标在音节的主要母

音上。轻声不标。"

《现代汉语词典》和《新华字典》中的姆 m、【姆妈】mmā、呒 m 和呣 m 都在 m 上标调，唔 ń、嗯 ń、嗯 ň、嗯 ǹ 都在 n 上标调，唔 ńg、嗯 ńg、嗯 ňg、嗯 ǹg 也都在 n 上标调，不符合《汉语拼音方案》的规定，因为 m、n 并不是母音，更谈不上主要母音。

m、n、ng、hm、hng 这些音节没有母音（元音），《现代汉语词典》《新华字典》是将声调符号标在 m、n、ng 等几个双唇鼻音、前鼻音和舌根鼻音上的，与《汉语拼音方案》的表述不一致。

另外一种情况也应该引起注意，如【阿昌族】Achāngzú,【阿斗】ADǒu,【阿拉伯人】Alābórén,【阿拉伯数字】Alābóshùzì,【阿 Q】AQ,【埃博拉出血热】Aibólāchūxuèrè，"哀：❹（Ai）姓"等。上面所有的 A 都是音节的主要母音，《汉语拼音方案》要求应该标注相应声调在上方，《现代汉语词典》在这些 A 上方均标注阴平声调。但《ISO 7098 文献工作——中文罗马字母拼写法》在"声调表示法"指出："在一般情况下，声调符号应该标出。但是为了方便也可以省略。"这样一来，在标调问题上，两种规范的规定就出现了矛盾。笔者认为，在出现主要母音大写的同时也要标调的特殊情况下，从汉语音节整体协调角度来看，可以考虑省略声调，也符合《汉语拼音方案的通用键盘表示规范》的规定："汉语拼音中的阴、阳、上、去四个声调符号'ˉ''ˊ''ˇ''ˋ'依次用数字键 1、2、3、4 替代表示。"因为大写字母是顶格书写的，如果再在其上标调，跟其他文字或音节比起来就会不整齐。另外，电脑输入时，小写字母上标声调可以打出，大写字母则打不出。不过，不管标调还是省略，语言文字规范标准的规定应该是协调一致的。

第四节　《汉语拼音方案》及其教学和《现代汉语词典》《新华字典》注音的修订建议

一、《汉语拼音方案》修订建议

拉丁字母作为众多国家采纳的字母方案，各国各民族都会根据自己的实际进行更改，《汉语拼音方案》在不违背学理性和国际惯例的条件下，应该可以增加一些汉语汉文化因素，使其成为真正的汉语拼音的方案。

汉语拼音字母不仅是拼音符号，它在众多场合使用，应该给予标准读音。规范字母读音有待制定标准。英文简写的读英文字母音，拼音简写的读呼读音，RMB 拼音简写读还原（写简写读还原，这是可以做到的），这是写与读之间出现的分歧。

汉语拼音应该废弃现有名称音，是采用英文字母读音还是注音字母呼读音，可以调查讨论以后再确定。可以在字母表里明确字母读音作为标准。

2000 年，第九届全国人大常委会第十八次会议审议通过了《中华人民共和国国家通用语言文字法》，确定了

《汉语拼音方案》作为国家通用语言文字的"拼写和注音工具"的法律地位。2012年,《规划纲要(2012—2020)》确定了2020年的工作目标,明确指出要使"汉语拼音更好地发挥作用"。

在信息化、数字化时代条件下,为了使"汉语拼音更好地发挥作用",就需要完善《汉语拼音方案》。1958年2月11日通过的《中华人民共和国第一届全国人民代表大会关于汉语拼音方案的决议》指出:"汉语拼音方案作为帮助学习汉字和推广普通话的工具,应该首先在师范、中小学校进行教学,积累教学经验,同时在出版等方面逐步推行,并且在实践过程中继续求得方案的进一步完善。"经过60余年的学习、研究和使用,《汉语拼音方案》暴露的问题越来越多,急需全面修订。

笔者认为《汉语拼音方案》的修订大体上应该遵循三个原则:第一,确实不合理的地方需予以修正,可改可不改的不改;第二,所有拼音符号都应该在26个拉丁字母的范围内解决,不增加符号,也不改写,可以用双符号,如zh、ch、shi、er、ng等,至于-i [ɿ]、i- [ʅ]、ü [y]和ê [ɛ]几个超出字母表的音素用什么双写符号,可以广泛调查,征求意见,力求合理;第三,《汉语拼音方案》反映不出又容易模糊混淆的地方,要以"说明"的方式予以澄清,尽可能地消除混乱和模糊。

二、《汉语拼音方案》教学建议

（一）汉语拼音教学情况调查

1. 《汉语拼音方案》不利于教学的情况调查

由于《汉语拼音方案》存在上述一些模糊、矛盾的地方，在拼音教学中容易使教师、学生产生疑问，影响教学效果。

有关16个整体认读音节，由于《汉语拼音方案》没有做到"一母一音"，即"一个符号表示一个音素，一个音素只用一个符号表示"，造成《汉语拼音方案》存在一些矛盾和疑问：

（1）符号 i 在"zhi、chi、shi、ri"中表示 i－［ʅ］，在"zi、ci、si"中表示－i［ɿ］，在"yi、bi、pi、mi、di、ti、ni、li、ji、qi、xi"中表示 i［i］，为了消除这种含混现象，在教学中，规定"zhi、chi、shi、ri、zi、ci、si"为整体认读音节。

（2）用一个符号 e 表示两个元音：e［ɤ］和 ê［ɛ］，韵母表说明规定："韵母ㄝ单用的时候写成 ê。"在 ie、üe 里写作 e，读 ê［ɛ］。这样又产生了矛盾，拼音教学中规定 ye（ie）和 yue（üe）为整体认读音节。

（3）ü 在 y、j、q、x 后面省略两点，写作 yu（ü），在 yuan（üan）、yun（ün）这样的音节中，可能把 üan 读成 uan，把 ün 读成 un，拼音教学中规定 yuan 和 yun 为整体认读音节。

(4) yi、wu、yu、yin、ying 这五个音节也是整体认读音节，yi、wu、yu（i、u、ü）是单元音音节，在发音的时候，气流不受阻碍，口型不能变化，因而不能拼读，但是这三个音节中 y、w 放在声母的位置，给人一种有声母和韵母的印象。yin、ying（in、ing）也是这样，如前所述，in、ing 也是单元音韵母，由于一些权威教材按不同标准把韵母分为单元音韵母、复元音韵母、鼻音韵母三类，似乎 in、ing 属于鼻音韵母，而不是单元音韵母，从书写看也有声母部分和韵母部分，似乎应该拼读，但它们实际上是单元音韵母，在发音的时候，气流不受阻碍，口型不能变化，因而也不能拼读。

16 个整体认读音节其实是为了消除《汉语拼音方案》的一些模糊和矛盾现象而在教学中采用的一种简化和变通处理，这在初等教育阶段是必要的，但是应该在什么时候教给学生这些整体认读音节的真相，目前我们还没看到这方面的实践。

对《汉语拼音方案》中存在的疑问，教师如何看待？在教学中如何解释？教材、字典辞书与《汉语拼音方案》在注音标音上不一致，怎么处理？这些问题都需要认真探索。

2. 中小学拼音教学情况调查

小学汉语拼音教学的声母个数是 21 个、22 个还是 23 个？教给学生的韵母是 24 个，跟 39 个相差 15 个，这种差异是如何造成的？如何看待？在教学中如何处理？教师应该掌握哪些？教给学生哪些？哪些问题应该在低年级模

第一章 《汉语拼音方案》及相关标准与《新华字典》《现代汉语词典》符合度调查

糊化处理而在高年级或初中、高中适当渗透？

上述问题如声母的数量、韵母的数量以及其四呼的归类等，韵母 [ʅ]、[ɿ]、[ɛ]、[ɚ] 如何处理？按《汉语拼音方案》还是按《现代汉语》教材或小学语文教材处理？就目前的情况看，一般学校进行拼音教学的教师主要按照《汉语拼音方案》和教材教学，但是《汉语拼音方案》和教材也没有给出确定的答案，那么教学效果就可想而知了。

3. 大学中文专业汉语教育本科生、研究生及中小学语文教师拼音掌握情况调查

笔者在某校文学院中文专业 10 余年来的教学中，结合教学内容，针对 10 余届在校本科生、语文教育专业硕士和函授本专科学生（在职语文教师）调查了有关汉语拼音的三个基本问题：①汉语拼音声母有多少个？②韵母有多少个？③16 个整体认读音节是哪些，为什么要整体认读？能准确回答的学生几乎没有。进一步调查 [ʅ]、[ɿ] 怎么读，无一人能准确读出，ong、iong 属于四呼中的哪一呼，也无人能正确回答。笔者认为这种情况触目惊心，汉语言教育专业的本科生和学科教学（语文）专业的研究生以及函授本科生（主要是中小学语文老师），有的是在职的语文教师，有的很快就是语文教师，在教学中必然要涉及汉语拼音，自己的知识不完备，怎么教学生呢？其他专业的学生对汉语拼音的掌握，笔者没有调查，想必情况不会好于汉语言教育专业的学生。这是学生在学习汉语拼音约 10 年以后的结果，值得我们深思。

4. 中小学生拼音掌握情况调查

2017年秋季，教育部编小学《语文》（第一册）取消拼音教学，是对汉语拼音教学繁难的一个回应。根据上述我们对汉语拼音及其教学情况的调查，可以看到汉语拼音教学十分零乱枯燥，存在很多问题，不适合在小学低段教学，更不适合在低段全面教学。从现行拼音教学的情况来看，小学一年级进行的拼音教学有几个特点：一是简化，如将39个韵母减少为24个；二是模糊化，如将［ɿ］、［ʅ］、［i］三个韵母用一个符号i表示，将16个音节规定为"整体认读音节"，等等。如此看来，我们在小学阶段教授给学生的就是不完整的汉语拼音知识，在后续的教学中也并没有予以完善，现行教学在小学一年级上期教完拼音后，以后小学中高段、初中、高中再也没有出现拼音教学内容，直到大学中文专业"现代汉语""语言学概论"等课程才在"语音"部分比较全面系统地讲授拼音，而其他非中文专业的学生的拼音水平就一直停留在小学水平，甚至多数学生将所学的零散残缺的拼音知识还给了老师。而大学教材内容不统一，一些教师本身的拼音知识也不完善，导致大学汉语言专业的学生也无人能全面掌握汉语拼音。

什么时候进行拼音教学？小学拼音教什么？如何教？教到什么程度？拼音教学的重点难点有哪些？如何克服？什么时候教给学生全面、系统、科学的拼音知识？这些问题现在还没有答案。

第一章 《汉语拼音方案》及相关标准与《新华字典》《现代汉语词典》符合度调查

(二) 汉语拼音教学建议

《汉语拼音方案》是最重要的国家语言文字规范标准之一,是国际社会普遍认同的汉语普通话拉丁化转写标准,也是人们学习、研究和运用汉语汉字的重要工具。《国家通用语言文字法》第十八条规定:"国家通用语言文字以《汉语拼音方案》作为拼写和注音工具。""初等教育应当进行汉语拼音教学。"

《汉语拼音方案》公布实施以前,从利玛窦等人用拉丁(罗马)字母给汉字注音记音开始,汉语拼音运动已经历了300多年,探索了众多的"拼音方案",其中1918年公布的"注音字母"、1928年公布的"国语罗马字"是《汉语拼音方案》公布之前影响较大的几种方案,1934年罗常培的《国音字母演进史》、1935年黎锦熙的《国语运动史纲》以及1939年陈望道的《中国拼音文字的演进》梳理了20世纪30年代以前汉语拼音研制和研究的历史。

1958年《汉语拼音方案》公布实施以后,一大批学者对汉语拼音及其教学进行了深入研究,取得了大量研究成果,如倪海曙的《中国拼音文字运动史简编》《中国拼音文字概论》《新文字教师手册》。周有光被誉为"汉语拼音之父",主持制定了《汉语拼音正词法基本规则》,著有《汉字改革概论》《中国拼音文字研究》《语言文字学的新探索》等。林焘主编的《中国语音学史》,陆俭明、苏培成主编的《语文现代化和汉语拼音方案》,石锋的《汉语语音教学笔记》,王理嘉的《汉语拼音60年的见证与前瞻》,王均的《再论汉语拼音方案是最佳方案》等成果从汉语拼音运动史、汉语拼音方案、汉语拼音教学等方面对汉语拼音进行了全面深入的研究。

在《汉语拼音方案》实施的同时,小学语文课本就编入了汉语拼音的内容。汉语拼音是识字、阅读、写作、学习普通话以及口语交际的重要工具,同时也广泛运用于信息技术等领域,是小学阶段最重要的学习内容之一,也是小学语文教学的一个难点,对当前及以后的学习起决定作用。经过60余年的教学和使用,《汉语拼音方案》的普及和教学都取得了很大的成就,但是仍然存在着一些问题:《汉语拼音方案》本身有矛盾和模糊的地方;教师的拼音知识欠缺,难以完成教学任务;学生在小学阶段全面系统地掌握拼音知识不符合其心理特征和知识储备的实际……教学方法陈旧、教学步骤混乱、教学目标不明等问题是当前中小学语文教学的短板,我们需要进一步调查研究,制定切合实际、精简高效的拼音教学方案,让学生全面、系统、科学地掌握汉语拼音知识,让汉语拼音更好地为人们的学习、工作和生活服务。

(1) 完善《汉语拼音方案》,消除《汉语拼音方案》本身矛盾模糊的地方。

(2) 大中小学教师掌握完备的拼音知识。其中,大学语言文字学教师和小学语文教师尤其应该全面认识《汉语拼音方案》。

(3) 广泛调查学生学习拼音的实际情况,可以开设一些实验班、实验校,找出适合学生拼音学习的途径。

(4) 在整个义务教育阶段教给学生完整的拼音知识。

三、《新华字典》《现代汉语词典》注音修订建议

《新华字典》《现代汉语词典》在中国人民的心目中占有崇高的地位，也是外国人学习汉语最为重要的工具书之一。《新华字典》《现代汉语词典》的编纂和修订都有十分明确的规范和标准意识，体现了规范标准的要求，因而可以说《新华字典》《现代汉语词典》是语言文字规范标准的具体化，较之规范标准条文更加深入人心，应该充分发挥其功能，与国家语言文字法规政策、语言文字规范标准、语言文字教学研究等一起促进语言文字的规范化、标准化、信息化，提高国民语言能力，增强国家语言实力。

在注音方面，《新华字典》《现代汉语词典》与《汉语拼音方案》之间出现的分歧，已如前所述，这些分歧很多是《汉语拼音方案》本身有矛盾模糊的地方，有些是《新华字典》《现代汉语词典》注音存在的问题，我们建议辞书与规范标准条文之间应该取得一致，虽然辞书和规范标准条文各有适用的对象和条件，不能简单等同，但是也不能出现矛盾的情况。

《新华字典》《现代汉语词典》注音应该落实《汉语拼音方案》及汉语拼音拼写规则的规定，如果某些规定不能落实，应该有具体的说明，或者反馈给规范标准的制定者以作出调整。

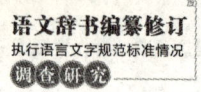

第五节 《汉语拼音正词法基本规则》等汉语拼音拼写规则

《汉语拼音方案》是汉语读音拼写的总规则，与之相应，还有一些汉语拼音的拼写规则：《汉语拼音正词法基本规则》《ISO—7098 文献工作——中文罗马字母拼写法》《中国人名汉语拼音字母拼写法》《中国地名汉语拼音字母拼写规则》《中国各省、直辖市、自治区名称汉语拼音字母缩写表》《中国各民族名称的罗马字母拼写法和代码》《中文书刊名称汉语拼音拼写法》等，其中后三种拼写规则跟字典、词典的注音标音关系不密切，我们暂时不予调查研究。

一、《汉语拼音正词法基本规则》的基本内容

《汉语拼音正词法基本规则》是在《汉语拼音方案》确定的音节拼写规则的基础上进一步规定的词的拼写规则，内容包括分词连写规则、人名地名拼写规则、大写规则、标调规则、移行规则、标点符号使用规则等。为了适应特殊的需要，同时提出一些可供技术处理的变通方式。该标准适用于文化教育、编辑出版、中文信息处理及其他方面的汉语拼音拼写。

《汉语拼音方案》确定了音节的拼写规则。《汉语拼音正词法基本规则》是在《汉语拼音方案》的基础上进一步

第一章 《汉语拼音方案》及相关标准与《新华字典》《现代汉语词典》符合度调查

规定词的拼写的基本要点。涉及《新华字典》《现代汉语词典》的拼写规则主要有：

2.1.1 汉语人名按姓和名分写，姓在前，名在后。复姓连写。双姓中间加连接号。姓和名的首字母分别大写，双姓两个字首字母都大写。笔名、别名等，按姓名写法处理。

2.1.2 汉语地名中的专名和通名分写，每一分写部分的首字母大写。

2.1.3 "老、小、大、阿"等与后面的姓、名、排行，分写，分写部分的首字母分别大写。

2.1.4 已经专名化的称呼，连写，开头大写。

2.2.2 专名与通名的附加成分，如是单音节的，与其相关部分连写。

2.2.3 已专名化的地名不再区分专名和通名，各音节连写。

不需区分专名和通名的地名，各音节连写。

2.3 非汉语人名、地名的汉字名称，用汉语拼音拼写。

2.4 人名、地名拼写的详细规则，遵循 GB/T28039《中国人名汉语拼音字母拼写规则》《中国地名汉语拼音字母拼写规则（汉语地名部分）》。

3.2 专有名词的首字母大写。

由几个词组成的专有名词，每个词的首字母大写。

3.3 专有名词成分与普通名词成分连写在一起

的，是专有名词或视为专有名词的，首字母大写。

4.3 分写的拼写单位（按词或语节分写的表示一个整体概念的结构），缩写时以词或语节为单位取首字母，大写并连写。

4.3 为了给汉语拼音的缩写形式做出标记，可在每个大写字母后面加小圆点。

4.4 汉语人名的缩写，姓全写，首字母大写或每个字母大写；名取每个汉字拼音的首字母，大写，后面加小圆点。

5.1 声调符号标在一个音节的主要元音（韵腹）上。韵母 iu、ui，声调符号标在后面的字母上面。在 i 上标声调符号，应省去 i 上的小点。

5.2 "一、不"一般标原调，不标变调。

在语言教学等方面，可根据需要按变调标写。

5.3 ABB、AABB 形式的词语，BB 一般标原调，不标变调。

有些词语的 BB 在语言实际中只读变调，则标变调。

5.4 在某些场合，专有名词的拼写，也可不标声调。

根据我们的调查，《现代汉语词典》很好地贯彻了这些拼写规则，不过也有个别规则没有执行，如："4.3 为了给汉语拼音的缩写形式做出标记，可在每个大写字母后面加小圆点。"《现代汉语词典》中部分以西文字母开头的词语没有按这个规则拼写，如 GB（国家标准）就没有在每个大写字母后面加小圆点。当然，从《汉语拼音正词法基本规则》的表述看，这些规则也是可执行可不执行的。

《新华字典》的情况比较特殊，因为《新华字典》收录解释的对象主要是字，很多《汉语拼音正词法基本规则》规定的拼写规则都不适用，因而《新华字典》执行《汉语拼音正词法基本规则》的情况没有《现代汉语词典》彻底，有些拼写规则《新华字典》可以执行，实际注音的时候却没有执行，如人名、姓氏、地名及其他专有名词首字母的大写规则，在《新华字典》中都没有执行。《现代汉语规范词典》（第3版）也没有执行专有名词首写字母大写的规则。

二、专有名词注音

《汉语拼音正词法基本规则》主要规定了词语的大写、连写、标调等规则，其中，专有名词首字母大写的条款比较多，《新华字典》和《现代汉语词典》在大写规则的执行上存在较多问题。《现代汉语词典》（第6版、第7版）的凡例指出："专名和姓氏的注音，第一个字母大写。"符合《ISO－7098文献工作——中文罗马字母拼写法》《汉语拼音正词法基本规则》《中国人名汉语拼音字母拼写法》《中国地名汉语拼音字母拼写规则》等标准对字母大写的规定。《现代汉语词典》也基本贯彻了这一规定，如【阿伏伽德罗常量】注音为"Āfújiādéluóchángliàng"，【阿斗】【阿拉伯人】【阿拉伯数字】等，第一个音节首字母都大写，但是我们也发现第6版、第7版内部存在自相矛盾的现象，如【阿尔茨海默病】第 6 版注音为"ā'ěrcíhǎimòbìng"，因德国医生阿尔茨海默（Alois Alzheimer）最先描述而得名。【阿尔茨海默病】中的第一个字母"ā"没有大写。【成也萧何，败也萧何】第 6 版的注音为"chéngyěxiāohé，bàiyěxiāohé"，第 7 版仍旧，这个成语中，"萧何"是人名，属于专有名词，不符合大写规定，而第 5 版注音为"chéngyěXiāoHé，bàiyěXiāoHé"。第 6 版、第 7 版将第 5 版的大写改为小写，恐怕是根据该词比喻义"借指事情的成败或好坏都是由同一个人造成的"，把"萧何"理解为一般名词，义为"同一个人"。我们认为这是很不恰当的，这个成语来源于"萧何"，事件也与"萧何"的关系极为密切，第 6 版、第 7 版的改动模糊了这个成语的来源，并且，要正确理解这个成语，还必须明确"萧何与韩信"这两个历史人物以及他们之间的关系，第 6 版、第 7 版的修订掩盖了大量的信息。

《新华字典》的凡例没有关于专有名词首字母大写的说明。《新华字典》的所有注音都没有大写，即使专用于姓氏、地名的字也不大写，如"俱 jū 姓"，在《新华字典》中"俱 jū"只有一个义项："姓。""泌 bì"也只有一个义项："［泌阳］地名，在河南省。"第一个字母都是小写，相应的这些音义在《现代汉语词典》中即便是作为字头单字也都是大写。在执行专有名词首字母大写的规定上，《现代汉语词典》有这种意识，但在实际标注的时候存在不彻底的情况，而《新华字典》则没有专有名词首字母大写的意识，这可能是因为《新华字典》主要是注解"字"而不是"词"，因而不关注大写，但是在相同的情况下，《现代汉语词典》却贯彻了大写规则。我们认为，《新华字典》《现代汉语词典》都是影响巨大的有广大受众的辞书，在注音方面应该一致。

三、《ISO－7098 文献工作——中文罗马字母拼写法》《中国人名汉语拼音字母拼写法》《中国地名汉语拼音字母拼写规则》等拼写规则

这些拼写规则是《汉语拼音方案》和《汉语拼音正词法基本规则》的补充，适用于不同场合。

现将《ISO－7098 文献工作——中文罗马字母拼写法》抄录如下：

1. 应用的范围和领域

本国际标准说明现代汉语，即中华人民共和国法定语言普通话（见国务院 1956 年 2 月 6 日颁布的《关于推广普通话的指示》）的罗马字母拼写法原则。

2. 拼音

中华人民共和国全国人民代表大会（1958 年 2 月 11 日）正式通过的汉语拼音方案，被用来拼写中文。转写者按中文字的普通话读法记录其读音。

3. 音节形式

3.1 每个汉字代表一个音节，每个音节有四个声调，也可以没有声调。汉语的一个词可以由一个或几个音节组成。

3.2 在普通话声韵拼合总表里，在所有音节的上面都标出第一声符号。第一声是任意选择的，用来表明声调符号须标在哪一个字母上面。

4. 声调表示法

4.1 四个声调符号表示如下：

——第一声

——第二声 ʹ

——第三声 ˇ

——第四声 ˋ

4.2 轻声，有时也叫第五声，不标调。

4.3 由于后一音节引起的变调，不予表示。

4.4 在一般情况下，声调符号应该标出。但是，为了方便也可省略。

5. 大写字母

虽然汉字没有大写小写之分，但是在转写时一般使用大写字母于下列场合：

5.1 句子开头与传统诗词每行开头的字母。

5.2 专有名词，例如：

——人名、地名、商标；

——团体、组织、单位等名称；

——民族名称；

——著作、期刊、艺术作品等的标题；

——特定范围用语：节日、朝代、年号、重要日期等。

6. 标点

现代汉字里使用的绝大多数标点符号和罗马字母文字所用相同,对转写者没有困难。这些符号是:

．，；？！（）〔〕 ——…… 〈〉《》

但是在汉字里还用到下面的符号:。、「」""''标在下面的·——～～～

转写者可按它们在转写成汉语拼音的文本中的写法照搬过来。但也可将这些标点符号改写如下:

。→．

、→，

""''→""或''

标在下面的·（着重号）→在印刷时用斜体字,在打字时下面加横线,或在必要的时候加""或''。

标在下面的＿＿（专名号）,在专名下面标的横线→专名用大写字母。

标在下面的～～～（书名号）,在书名、刊号或章名下面的曲线→在印刷时用斜体字,在打字时下面加横线（意思指大写）。

7. 数字

用汉字书写的数字,一般译成汉语拼音。阿拉伯数字仍写成阿拉伯数字（用于记数、日期、价格等）。

《中国人名汉语拼音字母拼写规则》《中国地名汉语拼音字母拼写规则》等拼写规则适用于用汉语拼音字母拼写中国人名和地名。

《中国人名汉语拼音字母拼写法》有如下规定:

一、中国人名分汉语姓名和少数民族语姓名。用汉语拼音字母拼写姓名，汉语姓名按照普通话拼写，少数民族语姓名按照民族语拼写。

二、汉语姓名拼写法如下：

（一）汉语姓名分姓氏和名字两部分。姓氏和名字分写。（杨/立，杨/为民）

（二）复姓连写。（欧阳/文）

（三）笔名（化名）当作真姓名拼写。

（四）原来有惯用的拉丁字母拼写法、并在书刊上常见的，必要时可以附注在括弧中或注释中。

三、少数民族语姓名按照民族语，用汉语拼音字母音译转写，分连次序依民族习惯。

《少数民族语地名的汉语拼音字母音译转写法（草案）》可以适用于人名的音译转写。

四、姓名的各个连写部分，开头都用大写字母。

五、汉语姓名在对外的文件书刊中可以省略调号。

《中国地名汉语拼音字母拼写规则》规定了汉语地名的"分写和连写""数词的书写""语音的依据""大小写、隔音、儿化音的书写和移行""起地名作用的建筑物、游览地、纪念地和企事业单位等名称的书写"，此外还有"附则"："各业务部门根据本部门业务的特殊要求，地名的拼写形式在不违背本规则基本原则的基础上，可作适当的变通处理。"

通过上面的引文，我们可以看到，这些拼写法基本上都是对《汉语拼音方案》和《汉语拼音正词法基本规则》的补充，根据笔者的调查，《新华字典》《现代汉语词典》都比较忠实地执行了这些规则。

第二章 《通用规范汉字表》及相关字表与《新华字典》《现代汉语词典》符合度调查

第一节 《通用规范汉字表》的基本情况

一、《通用规范汉字表》

《通用规范汉字表》是教育部、国家语言文字工作委员会组织语言文字专家历时十余年研制的，于2013年6月由国务院正式发布实施。这是继1986年国务院批准重新发布《简化字总表》后的又一重大汉字规范，是最新、最权威的"规范汉字"标准，是对《中华人民共和国国家通用语言文字法》规定的"国家推行规范汉字"的具体落实。

中华人民共和国成立以后，关于汉字规范的制定工作主要体现在1955年1月中国文字改革委员会（今国家语言文字工作委员会）发布的《汉字简化方案（草案）》。

第二章 《通用规范汉字表》及相关字表与《新华字典》《现代汉语词典》符合度调查

1955年12月发布的《第一批异体字整理表》是由中华人民共和国文化部和中国文字改革委员会联合发布的,并且决定从1956年2月1日起在全国实施。发布时明确指出:"从实施日起,全国出版的报纸、杂志、图书一律停止使用表中括号内的异体字。但翻印古书须用原文原字的,可作例外。一般图书已经制成版的或全部中分册尚未出完的可不再修改,等重排版再版时改正。机关、团体、企业、学校用的打字机字盘中的异体字应当逐步改正。商店原有牌号不受限制。停止使用的异体字中,用作姓氏的,在报刊图书中可以保留原字,不加变更,但只限于作为姓氏用。"那个时期,《第一批异体字整理表》中括号内的异体字原则上就属于"不规范字",在通用层面书写现代汉语文本时,不能使用异体字,这是中华人民共和国成立后我国的第一个汉字规范。

其后,中国文字改革委员会(今国家语言文字工作委员会)分别于1956年10月编印《第二批异体字整理表(初稿)》,1965年1月发布《印刷通用汉字字形表》。1964年3月,中国文字改革委员会、文化部、教育部发布《关于简化字的联合通知》,扩大了类推简化的范围,同年5月发布《简化字总表》,1965年11月编印《异体字整理稿(修订稿)》,1976年12月发布《第二批异体字整理表(征求意见稿)》等异体字规范,这是"书同文"在我国的具体体现,可见国家致力于语言文字规范工作所做出的努力。

在20多年的时间里,国家有关部门发布了众多文字规范，由于规范众多，而且各规范之间可能存在相互矛盾的地方，不便于贯彻执行，需要对这些文字规范进行修订、调整和整合。教育部、国家语言文字工作委员会组织语言文字专家，在以前文字规范的基础上，历时十余年研制出《通用规范汉字表》，于 2013 年 6 月由国务院正式发布，该字表整合优化了我国 50 多年来的汉字规范，《第一批异体字整理表》《第二批异体字整理表》《简化字总表》《现代通用汉字表》《现代常用汉字表》等文字规范不再使用。但是由于时代的进步和社会语言生活的变化，加之字表研制的方法和手段也有新的进展，《通用规范汉字表》在定量、分级、收字和编排体例等方面，对原有规范都有所调整和补充。原有汉字规范已使用了 50 多年，社会用字也相应地发生了一些变化，有必要从汉字使用的实际情况出发对之前的成果进行整理。《通用规范汉字表》发布后，我们要充分学习和了解最新的成果，并与其他被整合的文字规范相互参照，切实掌握规范汉字。《通用规范汉字表》的附表 1《规范字与繁体字、异体字对照表》体现了规范汉字与繁体字、异体字之间的对应关系，还顾及了文字传承和阅读古书的需要。

《通用规范汉字表》作为一种国家标准，应尽可能简洁明确。为了更好地贯彻字表，商务印书馆出版了王宁主编的《〈通用规范汉字表〉解读》和《通用规范汉字字典》，人民出版社出版了李行健主编的《〈通用规范汉字表〉使用手册》，将字表的规范具体化、实用化，使其可以跟字表结合使用。《通用规范汉字表》虽然没有明确严格区分异体字和非异体字,但我们认为对严格异体字仍应按照严格异体字处理;从应用的角度出发,把表中仍有应用价值的非严格异体字调整为规范字,或在特定的意义上调整为规范字,并对其应用范围加以限定。

李行健主编的《〈通用规范汉字表〉使用手册》附录《规范字与繁体字、异体字对照表》说明中的第四条,明确指出该表对《通用规范汉字表》进行了调整,收录了794组共计1023个异体字。在对部分义项和用法上可作规范字使用的"仝、苏、堃、修"等异体字,加注说明其使用范围和用法。《通用规范汉字表》是目前最权威、最规范的文字规范,是《国家通用语言文字法》的具体体现,它做出的一些调整是规范性的字典、词典重点关注的内容,《现代汉语词典》的修订也将其作为重要参考。2016年9月出版的《现代汉语词典》(第7版)修订的主要内容就是"全面落实2013年6月由国务院公布的《通用规范汉字表》"。

由王宁主编的《通用规范汉字字典》在凡例中指出:"《通用规范汉字表》中列出的异体字,经查证与正字确实没有严格异体关系且在现代仍有使用价值的,《通用规范汉字字典》将其恢复为规范字。"如"瞋"在《通用规范汉字表》中为"嗔"的异体字,《通用规范汉字字典》将其调整为规范字,义为"发怒时睁大眼睛",不再作为"嗔"的异体字,该字典也在"瞋"和"嗔"字头下分别作了提示。

《通用规范汉字表》中列出的一部分异体字,经查证与正字确实没有异体关系且为生僻字，在现代使用价值很小，《通用规范汉字表》既未收为规范字，又未列入异体字的，《通用规范汉字字典》不再将其括在正字之后，也不加任何提示，如"挼"在《通用规范汉字表》中为"挪"的异体字，"挼"和"挪"读音和意义均不同，该字典不再将其视为异体关系。由于"挼"为罕用字，不再收入字表。

在《通用规范汉字表》中被确认为异体字，但是出于人名、地名和科技用字的特殊需要，仍列入三级规范字表，但限定只能专用。如"吒"在《通用规范汉字表》中为"咤"的异体字。《通用规范汉字表》将其在特定用法上调整为规范字，规定该字可用于姓氏人名，读 zhā，如"哪吒"。读 zhà 时仍用"咤"，用于"叱咤"chìzhà，同"叱吒"，现在规范词形写作"叱咤"。

《通用规范汉字表》将《现代汉语词典》和《新华字典》某些未列出的异体字列出，如"肛"，《通用规范汉字表》列出其异体字〔疘〕。

在《通用规范汉字表》中，"荡"表示"动摇""清除""冲洗""闲逛"义时，"盪"是"荡"的异体字。《现代汉语词典》（第 6 版）在释义"荡"时，异体字所适用的义项为："⑤广阔；空阔；平坦。⑥姓。"说明《现代汉语词典》的释义是细化的，将"荡"分为"荡1""荡2""荡3"三个字头，其相应的异体字也逐一罗列。《现代汉语词典》修订的过程也是释义趋于规范严谨的过程，只是每个字词的规范力度有大小差别而已。

第二章 《通用规范汉字表》及相关字表与《新华字典》《现代汉语词典》符合度调查

《通用规范汉字表》是《中华人民共和国国家通用语言文字法》的配套规范,是记录现代汉语的通用规范字集,体现了现代通用汉字在字量、字级和字形等方面的规范,共收录汉字 8105 个。字表分三级:一级字表收字 3500 个,主要满足基础教育和文化普及的基本用字需要。二级字表收字 3000 个,使用度仅次于一级字表。一、二级字表合计收字 6500 个,主要满足出版印刷、辞书编纂和信息处理等方面的一般用字需要。三级字表收字 1605 个,是姓氏人名、地名、科学技术术语和中小学语文教材文言文用字中未进入一、二级字表的较通用的字,主要满足信息化时代与大众生活密切相关的专门领域的用字需要。

2013 年 6 月 5 日国务院同意教育部、国家语言文字工作委员会组织制定的《通用规范汉字表》,并予以公布。《通用规范汉字表》是在此前发布施行的《简化字总表》《第一批异体字整理表》《现代汉语常用字表》《现代汉语通用字表》的基础上整合而成的最新的通用语言文字集,《通用规范汉字表》发布使用以后,《简化字总表》《第一批异体字整理表》《现代汉语常用字表》《现代汉语通用字表》等字表不再使用。

中国政府网、浙江在线教育频道、《北京青年报》报道:

2009 年 8 月,教育部语信司王翠叶处长在和网友互动时曾指出国家制定《通用规范汉字表》的背景和意义主要基于两点:

第一是为了更好地满足新世纪语言生活的需要。21世纪的中国社会语言生活发生了很大的变化，社会用字的范围发生了很大的变动，每个人都有不同的文字观念和需求，出现了多元化、开放性的特点。特别是信息化的快速发展，各行各业都需要信息储存和交换，生僻字在字库里找不到，会产生很多问题，这是信息化带来的新问题，对汉字标准化也就提出了新的要求，可以说各个领域的汉字应用需要制定一个汉字规范。

第二是为了贯彻落实《国家通用语言文字法》。这个法律的第三条规定：国家推广普通话、推行规范汉字。到底哪些是规范汉字呢？我们如何使用呢？

《通用规范汉字表》是为了贯彻落实《国家通用语言文字法》，我们过去已有的规范标准，是分散的几个字表，要落实贯彻这个法，就需要有一个明确的范本。《通用规范汉字表》发布以后，社会一般应用领域的汉字使用应以字表为准，原有关字表（《第一批异体字整理总表》《现代汉语常用字表》《现代汉语通用字表》《简化字总表》）停止使用。

《通用规范汉字表》主要内容及形成过程：《通用规范汉字表》将所收全部汉字分为三个级别。其中一级字表为常用字集，收字3500个，主要满足基础教育和文化普及的基本用字需要。二级字表收字3000个，使用度仅次于一级字。三级字表收字1605个，是姓氏人名、地名、科学技术术语和中小学语文教材文言文用字中未进入一、二级字表的较通用的字，主要满足信息化时代与大众生活密切相关的专门领域的用字需要。

据了解，《通用规范汉字表》是在1955年以来我国发布的几个主要字表的基础上制定的，主要根据其使用频率来确定入选一、二级字表的汉字。《通用规范汉字表》公布后，社会一般应用领域的汉字使用应以此表为准，原有相关字表将停止使用。为了维护社会用字的基本稳定，《通用规范汉字表》原则上不恢复繁体字；将类推简化的范围严格限定在字表以内，以保持通用层面用字的系统性和稳定性；允许字表以外的字有条件地使用，但不类推简化。

人民网教育频道北京8月12日电（记者姜颖）：

今天，教育部语信司王翠叶处长和参与调研《通用规范汉字表征求意见稿》的两位语言专家王立军、陈双新做客人民网教育频道，谈《通用规范汉字表》对百姓生活带来的影响，征求大众意见。

在谈到近几年来网上和报刊上激烈讨论的繁体字恢复问题时，陈双新从三个角度对不恢复繁体字进行了解析。

首先，从书写工具的角度来说，汉字是用来记录的工具，作为一个工具来说越简便越好，老百姓还是觉得简化字方便。

其次，考虑到广大使用者的习惯。60岁以下的人基本上都是从学简化字开始的,然后一直到现在。如果这么常用的工具发生了很大的变化,老百姓使用起来是极为不方便的,所以说要保证它的稳定性。

其实这几年有人支持恢复繁体字的一个原因是跟传统文化挂钩。这个说法表面上挺有道理,但实际上,辩证地看,繁体字是不是真的对保留传统文字就有好处,简化字对保留传统文字就没有好处?其实不是这样的,这次《通用规范汉字表》收了8300字,原来2235个简化字,而且跟其他的汉字使用都是一样的,另外这些简化字也不是新造的,而是历代老百姓使用的。比如说从小学学古文、唐诗,简化字和繁体字记录的表意上有区别吗?很多的诗句字没有任何的障碍,但是你认得字你了解其中的意思吗?更多的是古代文化总的方面,包括官职、立法等等,这些东西不了解,那你对传统文化、古书的理解就很有限。

最后,关于信息化的问题。很多人都说现在用字都电脑化了,很少手写。其实手写字还是很常见的,你写一手漂亮的字给人的印象会非常好。还有,今天大家都有手机,经常发短信。笔划多的字在手机上是不能显示的。比如说力量的量,这个横划比较多,在手机上显示就重了。还有应酬的酬,这个竖划就不能在手机上很好地显示,这些字因为非常复杂,所以在手机里面显示非常模糊。

所以说对于一个汉字的使用者和学习者来说,简化字是非常便于使用的。汉字简化是汉字发展的一个

第二章 《通用规范汉字表》及相关字表与《新华字典》《现代汉语词典》符合度调查

总趋势，并不是今天生造的，是符合发展规律的。

《国家通用语言文字法》颁布第十七条对允许繁体字、异体字保留或使用的特殊情形作了规定：①文物古迹，②姓氏中的异体字，③书法、篆刻等艺术作品，④题词和招牌中的手书字，⑤出版、教学、研究中需要使用的，⑥经国务院有关部门批准的特殊情况。

2001年1月《中华人民共和国国家通用语言文字法》颁布实施，明确规定推行规范汉字，同时也明确保留或使用繁体字的范围。2013年6月5日国务院公布《通用规范汉字表》，含附表《规范字与繁体字、异体字对照表》，一般应用领域的汉字使用以规范字表为准。

《通用规范汉字表》是在整合《简化字总表》《第一批异体字整理表》《现代汉语常用字表》《现代汉语通用字表》等字表的基础上制定的。

1956年1月，国务院公布《汉字简化方案》；1964年3月，中国文字改革委员会、文化部、教育部联合发布《关于简化字的联合通知》。《简化字总表》分成三个表：第一表所收的是352个不作偏旁用的简化字，这些字的繁体一般都不用作其他字的偏旁，个别能作其他字的偏旁，也不依简化而简化。如"習"简化为"习"，但"褶"不简化为"衤+习"。第二表所收的是132个可作偏旁用的简化字和14个简化偏旁。第三表所收的是应用第二表的简化字和简化偏旁作为偏旁得出来的简化字。1986年10月，国家语言文字工作委员会经国务院批准重新发布了《简化字总表》，并作了个别调整。调整后的《简化字总表》实收简化字 2235 个,其中不作简化偏旁用的简化字 350 个,可作简化偏旁用的简化字 132 个和简化偏旁 14 个,应用可作简化偏旁用的简化字 132 个和简化偏旁 14 个得出来的类推简化字 1753 个。

《第一批异体字整理表》是 1955 年 12 月 22 日由文化部和中国文字改革委员会联合发布的新中国第一个汉字规范,1956 年 2 月 1 日起在全国实施。该表内列 810 组字,每组最少 2 个字,最多 6 个字,共 1865 字。根据从简从俗的原则,从中选出 810 个作为正体,淘汰了 1055 个异体字。比如"橹—艣艫樐"为一组具有正字与异体字关系的字,该表将"橹"定为正字(即规范字、标准字),"艣艫樐"是被淘汰的异体字。该表发布后,不仅精简了汉字的字数,而且有效地遏制了汉字使用中的字体混乱现象,对新中国语言文字规范产生了重要作用。《通用规范汉字表》整合了《第一批异体字整理表》以后,该表即停止使用。

《现代汉语常用字表》是 1988 年 1 月 26 日由国家语言文字工作委员会、国家教育委员会联合发布的,目的是适应语文教学及其他方面的需要。字表分常用字(2500 字)和次常用字(1000 字)两个部分。选字原则是:①根据汉字的使用频率,选取使用频率高的字;②在使用频率相同的情况下,选取学科分布广、使用度高的字;③根据汉字的构字能力和构词能力,选取构字能力和构词能力强的字;④根据汉字的实际使用(语义功能)情况斟酌取舍。其后,国家教育委员会颁布的基础教育教学大纲规定

第二章 《通用规范汉字表》及相关字表与《新华字典》《现代汉语词典》符合度调查

基础教育阶段的识字量为 3500 字，完全等同于本字表。

《现代汉语通用字表》由国家语言文字工作委员会、新闻出版署于 1988 年 3 月 25 日发布。共收 7000 字，包括《现代汉语常用字表》的 3500 字。该表主要依据 1965 年颁布的《印刷通用汉字字形表》制定，根据实际需要，删去《印刷通用汉字字形表》中的 50 字，增收 854 字。同时，该表依据《印刷通用汉字字形表》确定的字形标准，规定了汉字的字形结构、笔画数和笔顺。此后，印刷通用汉字字形即以此表为准。

二、规范汉字与非规范汉字

在汉字学术语体系中，异体字是汉字字际关系的术语之一，它和通假字、分化字等其他字际关系的术语共存。在理论上，我们应该对异体字有清晰的界定，不能混淆异体字和其他字际关系术语的界限。裘锡圭先生所界定的异体字是彼此音义相同而外形不同的字。严格意义上，只有读音、意义和用法完全相同，在使用中可以互相替换的字才能称为异体字，也就是一字的异体。但是我们一般所说的异体字往往包括只有部分用法相同的字。严格意义的异体字可以称为狭义异体字，部分用法相同的字可以称为部分异体字，也即非严格异体字，二者合在一起就是广义的异体字。从理论和实践两个层面来讲，在汉字学学科理论中，异体字只指严格异体字；在汉字整理和应用中，异体字才可以包括严格异体字和非严格异体字，但在语言文字实践应用中，异体字往往难以截然划分，有时甚至无须截然划分。异体字是一个非常复杂的问题，它是历史发展的产物，汉字发展的时代久远，很多不同时代的字往往积淀在一个共时层面上，情况错综复杂。从汉字的使用情况来看，当一个字在记词职能上能够涵盖另一个字或几个字时，这些字组通常被视为异体字关系。从20世纪50年代起，汉字整理工作便开始加强，如何科学地界定异体字，对于辞书编纂和修订都起着至关重要的作用，也关系到汉语字典辞书的实用性和科学性。

异体字是人们为同一个词造的几个形体不同的字，不同的造字方法、造字理据都可能产生异体字，这些字读音、意义和用法完全相同，可以互相替换。要注意的是，有些字在《说文解字》中是异体字，但后来由于语言文字的发展演变，或者由于习惯用法的不同，就变成两个字或是部分异体字。有的字按其本义没有异体字，而当它们引申或者假借为别的意义时就有异体字。但异体字与我们了解的同形字有区别，同形字与异体字相反，是意义、用法不同而形体相同的字，同一个字就记录了两个词。造成同形字的原因有两个：一是在替两个不同的词造字的时候"不谋而合"。二是在文字发展过程中字形起了变化，特别是在隶变之后，一些原来不同的字形体变得一样了。同时，异体字也不同于假借字，假借字分两种，其中"本无其字"的假借专指假借，而"本有其字"的假借指通假字，本质上都是用本来为A义造的A字来表示B义。

规范汉字与非规范汉字是在新的语言文字条件下产生的字际关系术语，我们可以将所有的汉字一分为二，即规

第二章 《通用规范汉字表》及相关字表与《新华字典》《现代汉语词典》符合度调查

范汉字和非规范汉字,任何一个字不是规范汉字就是非规范汉字。

所谓"规范汉字",《〈通用规范汉字表〉解读》是这样界定的:"'规范汉字'是指经过系统整理、由国家发布、通行于中国大陆现代社会一般应用领域的标准汉字。"规范汉字是指经过整理简化并由国家以字表形式正式公布的简化字和未被整理简化的传承字。

与"规范汉字"相对的是"不规范汉字",主要包括已经被简化的繁体字、已经被废除的异体字、已经被废弃的"二简字"和乱造的不规范的简体字和错别字。

繁体字也称繁体中文,1935年的《第一批简体字表》(没有通行)称之为正体字,欧美各国称之为传统中文(Traditional Chinese),一般是指在汉字简化运动中被简化字所代替的汉字,有时也指汉字简化运动之前的整个汉字楷书、隶书书写系统。繁体中文至今已有3000多年的历史,直到1956年前一直是世界各地华人通用的中文标准字。繁体字与简体字是共时共生的关系,即汉字(汉字这个名称来源于汉代,即中国文字只有到汉代以后才有汉字之称,但是为了表述方便,我们把汉代以前的文字也称为汉字)产生之初,很多字就有繁体和简化的不同形体,如在《甲骨文字典》中,一个字往往会有几个形体,有的笔画多,有的笔画少,就可以视为繁体与简体的差异,在此后的各个历史时期,这种现象也一直存在。但是,本书所说的繁体字与简化字主要是指20世纪五六十年代,由国家公布实施的《简化字总表》中的简化字与相应的繁体

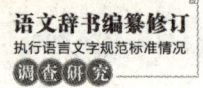

字之间的对立。

近代成规模的汉字简化运动最早发生在太平天国时期，简化字主要来源于历朝历代的古字、俗体字、异体字等以及行书与草书的楷书化。1935年国民政府教育部颁布《第一批简体字表》，但因考试院院长戴季陶反对而搁置。1956年1月28日，国务院全体会议第二十三次会议通过《国务院关于公布汉字简化方案的决议》，我国大陆开始全面推行简化字，20世纪70年代曾经过一批"二简字"，后被废除。

汉字大规模简化也造成了一些问题，主要是打破了原来汉字的造字理据，使汉字成了"不象形的象形字、不表音的形声字"，在社会上也出现了一些不同的意见，如："汉字简化后，親不见，愛无心，產不生，厰空空，麵无麦，運无车，導无道，兒无首，飛单翼，有雲无雨，開関无门，鄉里无郎。可巧的是：魔仍是魔，鬼还是鬼，偷还是偷，骗还是骗，贪还是贪，毒还是毒，黑还是黑，赌还是赌，贼仍是贼！"这样的段子比较流行，值得语言文字工作者认真反思。

目前仍然使用繁体字的地区有中国台湾地区、香港特别行政区和澳门特别行政区，汉字文化圈诸国如新加坡以及马来西亚等海外华人社区多为繁简体并存，中国内地在文物古迹、姓氏异体字、书法篆刻、手书题词、特殊需要等情况下保留或使用繁体字。

所谓"异体字"，是与"正体字"（规范字）相对的概念。读音、意义和使用功能相同而只有字形不同于正体字

第二章 《通用规范汉字表》及相关字表与《新华字典》《现代汉语词典》符合度调查

的汉字就是"异体字"。例如,"峰—峯""凳—櫈""朵—朶""泪—淚"等字组中,后者皆为前者的异体字。异体字、繁简字难以截然划分,严格意义上的异体字,其职能不由正体字承担,是汉字的冗余,给学习、记忆和使用带来负担,所以有必要限制其使用。

第二节 《通用规范汉字表》对《简化字总表》《第一批异体字整理表》《现代汉语常用字表》《现代汉语通用字表》的整合与修订

《简化字总表》规定了简化字的标准,《第一批异体字整理表》规定了选用字的标准,《印刷通用汉字字形表》规定了印刷宋体字的字形标准,《现代汉语常用字表》《现代汉语通用字表》又规定了字量字级的标准,这些规范已经涵盖了汉字字形、字量、字级等各个方面,极大地促进了汉字的规范化、标准化。但是,在过去几十年的使用过程中,这些字表也暴露了一些矛盾和问题,《通用规范汉字表》继承了以往的汉字规范,其不仅是做了汇集性的工作,还有以下贡献:

第一,将原有分散、各自独立的规范文本整合为一体,给全社会提供了一个可以遵循的通用规范汉字的范本。《国家通用语言文字法》第三条规定:"国家推广普通话,推行规范汉字。"《通用规范汉字表》就是这个"规范汉字"的实体。原有的《简化字总表》或《现代汉语通用规范汉字表》都不能承担"规范汉字"的职责。《通用规范汉字表》既有规范字的主表,又有体现繁简、正异对应关系的附表,能将"推行规范汉字"落到实处。

第二,《通用规范汉字表》解决了原有字表规范中存在的相互矛盾的问题。已有的汉字规范是20世纪50年代至80年代陆续制定的,难免存在前后说法不一、相互矛盾之处。例如,《简化字总表》中的个别繁体字形恰恰是《第一批异体字整理表》中被淘汰的异体字形。如寶、鬧、墻在《第一批异体字整理表》中被分别当作寳、閙、牆的异体字淘汰,而到了《简化字总表》中,简化字宝、闹、墙对应的繁体字恰恰是寶、鬧、墻(即被认为是繁体正字),这样,《简化字总表》和《第一批异体字整理表》就发生了矛盾。对于类似的问题,《通用规范汉字表》均一一梳理,加以纠正,让使用者不再有无所适从之虞。

第三,《通用规范汉字表》的研制以大规模平衡语料库和专业语料库为基础,利用现代信息技术考查汉字使用频度。使用的科学先进的研制手段,胜过以往历次规范的研制,统计方法也更加先进,因而得到的结果也更加贴近语言文字的实际使用状况,具有更高的科学性和实用性。

第四,《通用规范汉字表》能更好地满足信息化时代语言生活的迫切需求,这突出体现在三级字表的设立和新调整的45个异体字上。在当今社会生活中,信息的贮存和检索已经数字化,计算机无法处理不规范的用字。部分汉字的使用频率不高,不能进入一、二级字表,但是它们在姓氏人名、地名、科技术语等特殊领域出现的频率却相

第二章 《通用规范汉字表》及相关字表与《新华字典》《现代汉语词典》符合度调查

对较高,在中小学语文教材文言文中也较常出现。这类字过去进不了《通用规范汉字表》,给使用者造成不便,现在它们被纳入三级字表,就有了"规范字"的合法身份,那些不便就可以避免了。①

字表(包括《简化字总表》《第一批异体字整理表》《现代汉语常用字表》《现代汉语通用字表》等)和字典、词典一直都在互动,一般中小型工具书五至七年修订一次。《通用规范汉字表》参考的《新华字典》(第10版)是2004年出版的,现在发行的是2011年的第11版,收录了1.3万多个单字。《通用规范汉字表》参考的《现代汉语词典》(第5版)是2005年出版的,第6版是2012年修订的,共收录字词6.9万多个。2016年9月出版的第7版《现代汉语词典》,所收字词加起来近7万个。这些字典、词典所收字词包括《通用规范汉字表》的全部8105个字,远远超出了字表的字数。

一、《通用规范汉字表》对《简化字总表》的整合与修订

《通用规范汉字表》没有收录《简化字总表》中的31个简化字,这些简化字有的没有被普通话吸收,有的是有正体字的异体字,有的是废除的旧称用字,还有的是没有实用价值的文言用字。这些字在《新华字典》和《现代汉

---

① 参见张书岩:《〈通用规范汉字表〉对以往汉字规范的继承与发展》,载于《中国教育报》,2013年8月30日。

语词典》中有的被立为字头，有的被放在字头后面作为异体字，有的没有收录。

如绸，在"绸（chōu）绎"的意义上写作"抽绎"，在"丝绸（chóu）"的意义上写作"丝绸"，在《现代汉语词典》（第 6 版）中被立为字头，《新华字典》与之相同。《现代汉语词典》（第 7 版）没有将"绸"立为字头，但其还是绸的异体字，写作繁体字"紬"。

鲶是鲇的异体字，《通用规范汉字表》没有收录，《现代汉语词典》（第 6 版）只将其作为鲇的异体字，没有立为字头，《新华字典》与之相同。

铊，《现代汉语词典》（第 6 版）收录了此字，立为字头，《新华字典》与之相同，《现代汉语词典》（第 7 版）完全没有收录。

《通用规范汉字表》在坚持简化政策、不恢复繁体字的前提下，对"一简对多繁"的繁体字与简化字的关系作了分解说明，帮助读者了解简化字与繁体字在形体、读音、意义和用法上的对应。具体而言，繁体字的对应以字为单位，凡一个繁体字对应多个简化字的，分解为多项，音不同的分别列出各项的拼音，标音一律采用《汉语拼音方案》，只标注主要读音和以音别义的音。如简化字"发"，对应两个繁体字"發 fā、髮 fà"，繁体字的形体、读音、意义和用法差异很大，《通用规范汉字表》附录《规范字与繁体字、简化字对照表》将"发"对应两个繁体字"發 fā、髮 fà"，没有对应的异体字。再如"干"对应三个繁体字"～gān、乾 gān、幹 gàn"，"～gān"没有

第二章 《通用规范汉字表》及相关字表与《新华字典》《现代汉语词典》符合度调查

相应的异体字,"乾 gān"有两个异体字"乹、乾","幹 gàn"有一个异体字"榦"。《通用规范汉字表》附录《规范字与繁体字、简化字对照表》一共分解了这种 96 个"一简对多繁"的简化字与繁体字的关系。[①]

《简化字总表》第二表所收的是可作为简化偏旁用的简化字 132 个和简化偏旁 14 个,繁体字里如果有这些可作为简化偏旁用的简化字和简化偏旁,可以类推简化,俗称"类推简化字",但是这些类推简化字没有明确的限制范围,在实际使用中出现了一系列的问题。《通用规范汉字表》遵照国务院 1986 年"今后,对汉字的简化应持谨慎态度,使汉字的形体在一个时期内保持相对稳定"的精神,对类推简化采取了严格控制的原则,收录了 226 个类推简化字,其中 166 个被《新华字典》和《现代汉语词典》收录,51 个被其他辞书收录,9 个是使用频度较高的姓氏人名和科技用字。[②]

根据笔者的抽样调查,《新华字典》和《现代汉语词典》没有与《简化字总表》不符合的情况,二者均很好地执行了《简化字总表》的规范。

二、《通用规范汉字表》对《第一批异体字整理表》的整合与修订

我们一一考查《通用规范汉字表》对《第一批异体字

---

① 参见《〈通用规范汉字表〉解读》,商务印书馆,2013 年版,第 30~45 页。
② 参见《〈通用规范汉字表〉解读》,商务印书馆,2013 年版,第 47~48 页。

整理表》的调整及在《新华字典》《现代汉语词典》中的反映。

(一) 确认26个原调整的异体字为规范字

(1) 将"挫、愣、邱、彷、诃、诓、桉、凋、菰、溷、骼、缴、澹、薰、黏、划、於、晔、晖、奢、鲙、镕、翦"23个字调整为规范字。

《现代汉语词典》和《新华字典》都将"挫、愣、邱、彷、诃、诓、桉、凋、菰、溷、骼、缴、澹、薰、黏、划、於、晔、晖、奢、鲙、镕、翦"立为字头,虽然我们不能说凡是《新华字典》《现代汉语词典》立为字头的都是规范字,但是我们可以认为,《现代汉语词典》和《新华字典》已经承认了这些规范字的地位。

(2) 将"雠、䜣、阪"三个字在特定意义上视为规范字。

《现代汉语词典》和《新华字典》也都将"雠、䜣、阪"立为字头,"雠"作为字头,意义是"校雠",同时"雠"也是"仇"的异体字;"䜣"作为字头,意义是"姓",同时"䜣"也是"欣"的异体字;"阪"作为字头,主要用作"大阪,日本地名",同时"阪"也是"坂"的异体字。

(二) 新调整45个异体字为规范字

《通用规范汉字表》对《第一批异体字整理表》调整的45个异体字和繁体字可以分为如下两类:

(1) 《通用规范汉字表》将"皙、瞋、噘、蹚、凓、

勠"6个字调整为规范字,不再作为"晰、嗔、撅、趟、栗、戮"的异体字,具体情况如下:

皙 xī 义为人的皮肤白。不再作为"晰"的异体字。

瞋 chēn 义为发怒时睁大眼睛。不再作为"嗔"的异体字。

噘 juē 义为噘嘴。不再作为"撅"的异体字。

蹚 tāng 义为蹚水、蹚地。不再作为"趟"的异体字。

溧 lì 义为寒冷,严肃。不再作为"栗"的异体字。

勠 lù 义为合力、齐力。不再作为"戮"的异体字。

《现代汉语词典》2012年第6版和2016年第7版对这些字的处理一模一样。如果是规范字,字典、词典就应该将其立为字头,以确立其规范字的地位;如果是异体字,根据《新华字典》《现代汉语词典》的"凡例",在字头后括号里加星号表示。这6个字在《新华字典》《现代汉语词典》中都列为字头,应该视为规范字,但其在《第一批异体字整理表》中被视为异体字,说明《新华字典》和《现代汉语词典》(第6版,2012年6月修订)都没有落实《第一批异体字整理表》的标准。《新华字典》《现代汉语词典》把这6个字列为字头,其实是给了它们规范字的地位,而《新华字典》(第11版,2011年6月修订)、《现代汉语词典》(第6版,2012年6月修订)出版的时候,《通用规范汉字表》还没有发布,我们是否可以认为《通用规范汉字表》是顺应了《新华字典》《现代汉语词典》对这6个字的处理?字典、词典在编纂修订的时候,也是经过了十分周密的调研,参考了众多的语料,反映了语言文字应用的实际情况，《通用规范汉字表》这种顺应《新华字典》《现代汉语词典》的处理是十分必要的，体现了语言文字"约定俗成"的原则。

《新华字典》《现代汉语词典》皆收录单字 10000 多个，与《通用规范汉字表》收字 8105 个在数量存在较大差距，虽然不能说凡是《新华字典》《现代汉语词典》列为字头的都是规范字，但是我们认为，《通用规范汉字表》收录的 8105 个字都应该在《新华字典》《现代汉语词典》中列为字头，以确定其规范字的地位。

（2）《通用规范汉字表》将"迺、桠、耑、钜、昇、陞、甯、颺、袷、麲、仝、甦、邨、氾、堃、犇、穌、迻、铲、缐、鼇、脩、絜、扞、喆、祕、頫、赀、叚、勛、棻、蒐、淼、椀、豀、筅、澂、剳、吒"39 个字在特定用法上调整为规范字，具体情况如下：

迺 nǎi，用于人名、地名。

桠 yā，仅用于姓氏人名、地名和科学技术术语，如"五桠果科"。其他意义用"丫"。

耑 duān，用于姓氏人名，读 duān。读 zhuān 时用"专"。

钜 jù，用于姓氏人名、地名。

昇 shēng，用于姓氏人名，如毕昇。

陞 shēng，用于姓氏人名、地名。

甯 nìng，用于姓氏人名。

颺 yáng，用于姓氏人名。

袷 qiā，用于"袷祥"。读 jiá 时用"夹"。

第二章 《通用规范汉字表》及相关字表与《新华字典》《现代汉语词典》符合度调查

斪 qū，用于姓氏人名。

仝 tóng，用于姓氏人名。

甦 sū，用于姓氏人名。

邨 cūn，用于姓氏人名。

氾 fán，用于姓氏人名，读 fán。读 fàn 时用"泛"。

堃 kūn，用于姓氏人名。

犇 bēn，用于姓氏人名。

龢 hé，用于姓氏人名。

迳 jìng，用于姓氏人名、地名。

鑪 lú，仅用于科学技术术语，指一种人造的放射性元素（符号为 Rf）。

线 xiàn，用于姓氏人名。

釐用于，姓氏人名，读 xī。读 lí 时用"厘"。

脩 xiū，仅用于表示干肉，如"束脩"。其他意义用"修"。

絜读 xié 或 jié 时均可用于姓氏人名。

扞 hàn，用于表示相互抵触，如"扞格"。其他意义用"捍"。

喆 zhé，用于姓氏人名。

祕 mì，用于姓氏人名。

頫 fǔ，用于姓氏人名，如赵孟頫。

赀 zī，用于姓氏人名和表示计量义。

叚 xiá，用于姓氏人名，读 xiá。读 jiǎ 时用"假"。

勣 jì，用于姓氏人名。

彔 lù，用于姓氏人名、地名。

125

蒐 sōu，仅用于表示草名和春天打猎。其他意义用"搜"。

淼 miǎo，用于姓氏人名、地名。

椀 wǎn，仅用于科学技术术语，如"橡椀"。其他意义用"碗"。

谿 xī，用于姓氏人名。

筦 guǎn，用于姓氏人名。

澂 chéng，用于姓氏人名。

劄 zhá，用于科学技术术语，如中医学中的"目劄"。其他意义用"札"。

吒 zhā，用于姓氏人名，读 zhā，如哪吒。读 zhà 时用"咤"。

"氾、仝、谿、线、甯"这些字曾被视为"泛、同、溪、线、宁"的异体字或繁体字，但是很少有人知道，它们其实原本也可用作姓氏。出于对中国传统家族文化的尊重，在此次发布的《通用规范汉字表》中，这些汉字首次以姓氏人名用字的身份，被保留在三级字表中。但这些字并不能任意使用，只能用于特定的姓氏名或地名。

第 7 版《现代汉语词典》根据《通用规范汉字表》的规定，将这些字的特殊用法的字形分列字头，并给予《通用规范汉字表》规定的特殊用法的读音以及相应的解释和书证，体现了这些特殊用法字形的规范字地位。第 6 版《现代汉语词典》对这些字的处理（包括字形、注音、意义和书证）跟第 7 版一模一样，《新华字典》也基本一致。因而，我们可以认为《通用规范汉字表》顺应了《新华字典》《现代汉语词典》对这些字的处理。

（三）调整10个异体字组的规范字和异体字的关系，将异体字调整为规范字

由于很多异体字使用电脑无法输入，10组规范字与异体字互换的具体情况，本书不再列举。①

《现代汉语词典》和《新华字典》中"衹、祇、秖"在"只"的音义上都没有立为字头，只作为"只"的繁体字、异体字，"祇"作为字头读 qí，意义为土地神。为了响应《通用规范汉字表》，《现代汉语词典》（第7版）应该将"祇"立为字头，体现其规范字的地位。"污"在《现代汉语词典》和《新华字典》中都是字头，符合《通用规范汉字表》的调换。"兔、卮、仝、栀、谥"等字在《现代汉语词典》和《新华字典》中都被立为字头，体现了规范字的地位，"鬧、寳、墻"等字在《现代汉语词典》和《新华字典》中没有被立为字头，只作为"闹、宝、墙"的异体字和繁体字。"祇、鬧、寳、墻"在《通用规范汉字表》的附表《规范字与繁体字、异体字对照表》中也是"只、闹、宝、墙"的异体字和繁体字。"祇、鬧、寳、墻"的通用规范字应该是"只、闹、宝、墙"，《规范字与繁体字、异体字对照表》调整了这些字的正异关系，"祇、鬧、寳、墻"被置于繁体字或异体字栏的首位，是否可以理解为"祇、鬧、寳、墻"是"规范的繁体字"？其实，在我们的认知中，这些繁体字、异体字无所谓规范

---

① 参见《〈通用规范汉字表〉解读》，商务印书馆，2013年版，第61~62页。

不规范,因为它们已经有了对应的规范的简化字,《通用规范汉字表》已经确立了"通用规范汉字"的地位,繁体字、异体字本身是非"通用规范汉字"。

(四)《通用规范汉字表》将原来的异体字组"鹻[鹻]"和"碱[城]"合并为碱[城鹻鹻]

《新华字典》有两组:"硷[鹻、*鹻]"和"碱[城]",与《通用规范汉字表》的规定略有差异;第6版《现代汉语词典》与《新华字典》相同;第7版《现代汉语词典》与《通用规范汉字表》相同,只有一组"碱[城鹻鹻]",没有"硷"字,第7版《现代汉语词典》与《通用规范汉字表》完全淘汰了"硷"字。

(五)《通用规范汉字表》删除了"撚、挼、捼、跐、㛄、騃"6个无法和原正字构成异体关系的罕用字

《新华字典》无论正体还是异体都没有"撚",其对应的正字"拈"读音为 niān,不读 niǎn;"挼"有两个读音:ruó、ruá;不管是正体字还是异体字都没有"捼"字;没有"跐"字;没有"㛄"字;"騃"只有一个读音 ái,不读 sì。①

《现代汉语词典》跟《新华字典》一样,没有收录"撚"字,其对应的正字"拈"读音为 niān,不读 niǎn;"挼"有两个读音:ruó、ruá;不管是正体字还是异体字都没有"捼"字;没有"跐"字;没有"㛄"字;"騃"

---

① 参见《〈通用规范汉字表〉解读》,商务印书馆,2013年版。

只有一个读音 ái，不读 sì。①

这6个异体字在《第一批异体字整理表》与《新华字典》和《现代汉语词典》中的形、音、义及用法差别很大，可以说这6个字没有进入《新华字典》《现代汉语词典》，没有得到认可，或者是《第一批异体字整理表》对这6个字的处理是不恰当的，因而被《通用规范汉字表》删除了，其删除的依据之一应该有《新华字典》和《现代汉语词典》都没有收录这一原因。

三、《通用规范汉字表》对《现代汉语常用字表》《现代汉语通用字表》的整合与修订

《现代汉语常用字表》是由国家语言文字工作委员会、国家教育委员会为了适应语文教学及其他方面的需要于1988年联合发布的，该字表分常用字（2500字）和次常用字（1000字）两个部分。

1988年发布的《现代汉语通用字表》是在1965年1月发布的《印刷通用汉字字形表》的基础上增订而成的，共收字7000个。它们确立了同手写体接近的印刷体及其字形（一般称之为"人民体"和"新字形"），规定了所收汉字的字形结构、笔画数目以及笔顺等，是我们使用新型印刷体和新字形的规范性字法标准，同时也是淘汰异体字、使用简体字的新的补充性标准。

《现代汉语常用字表》和《现代汉语通用字表》在

---

① 参见《〈通用规范汉字表〉解读》，商务印书馆，2013年版。

2013年6月《通用规范汉字表》发布后停止使用。

《通用规范汉字表》共收字8105个，根据字的通用程度和作用，划分为三级字表：

一级字表收字3500个，是使用频度最高的常用字，主要满足基础教育和文化普及层面的用字需要，基本上对应的是《现代汉语常用字表》。一级字表是《现代汉语常用字表》的替代，两者之间略有差异：《现代汉语常用字表》有103个字没有进入一级字表，而是放在了二、三级字表里。《通用规范汉字表》一级字表也有103个字是《现代汉语常用字表》没有的。

二级字表收字3000个，使用频度一般低于一级字表。一级、二级字表共计收字6500个，主要满足现代汉语文本印刷出版用字的需要，一级、二级字表基本上对应的是《现代汉语通用字表》。《通用规范汉字表》一级、二级字表新收了《现代汉语通用字表》以外的56个字，《现代汉语通用字表》有556个字《通用规范汉字表》一级、二级字表没有收录，这556个字中，符合三级字表收录标准的有518个，只有38个[①]没有被《通用规范汉字表》收录。《通用规范汉字表》的字形依据《现代汉语通用字表》确定。

三级字表则是一些专门领域，包括姓氏人名、地名、科学技术术语、中小学语文教材文言文使用的未进入一、

---

① 这些有差异的具体的字参见《〈通用规范汉字表〉解读》，商务印书馆，2013年版。

二级字表的较通用的字，共收字1605个，主要满足与大众生活和文化普及密切相关的专门领域的用字需要。

《通用规范汉字表》是对中华人民共和国成立以来的汉字规范的继承和发展，是一个承前启后、继往开来的汉字规范，是对原有规范的优化整合。"尊重传统，注重汉字规范的稳定性；尊重历史，注重汉字规范的继承性"是研制工作始终贯彻的重要原则，"不造成社会用字新的混乱"是研制者头脑中始终绷紧的一根弦。以下四个方面都体现了《通用规范汉字表》的继承性：

第一，在字量标准方面，从字级设定、字级功能到具体收字，《通用规范汉字表》都与《现代汉语常用字表》《现代汉语通用字表》相对应、相衔接。《通用规范汉字表》的一级字表大致相当于原来的常用字，具体收字仅有103个字有出入，而未进入一级字表的103个原常用字都收进了二级字表。《通用规范汉字表》的一、二级字表大致相当于原来的通用字，部分未进入二级字表的原通用字，除个别没有使用价值的旧术语用字、文言用字等外，都收进了三级字表。

第二，坚持了国家的汉字简化政策。《通用规范汉字表》没有恢复一个繁体字，因《通用规范汉字表》所收字数与《简化字总表》不同，具体收字也略有出入，因而类推出的简化字字数有所改变。

第三，《第一批异体字整理表》是意见较多、分歧较大的一个规范，表中收入的部分异体字和选用字的音义不完全对等，同时也有一些当代流行的异体字没有收入。但该表实施50多年来，人们对它已经比较熟悉，因此经慎重考虑，多方征求意见，最终基本认可原表从实际应用出发对异体字所做的处理，确定不再扩大异体字整理的范围，对原表的异体字仅做了小范围的调整。

第四，尊重《印刷通用汉字字形表》确定的印刷字形规范，在印刷字形方面未做新的调整。

综上所述，《通用规范汉字表》对以往的汉字规范既有继承，又有发展，它的发布是我国语言生活中的大事，必将使我国的语言文字规范工作踏上一个新的台阶。[①]

《现代汉语词典》（第7版）说明："本次……主要修订内容为：全面落实2013年6月由国务院公布的《通用规范汉字表》。"根据笔者的调查，《现代汉语词典》（第7版）在全面落实《通用规范汉字表》方面还存在着一些问题。

教育部、国家语言文字工作委员会历时十余年组织研制了《通用规范汉字表》，2013年6月由国务院正式发布。《通用规范汉字表》是继1986年国务院批准重新发布《简化字总表》后的又一重大汉字规范，是最新、最权威的规范汉字依据。为配合《通用规范汉字表》的实施，商务印书馆于2013年7月出版了由教育部语言文字信息管理司策划并委托编写的《通用规范汉字字典》和《〈通用规范汉字表〉解读》。

---

① 参见张书岩：《〈通用规范汉字表〉对以往汉字规范的继承与发展》，载于《中国教育报》，2013年8月30日。

第二章 《通用规范汉字表》及相关字表与《新华字典》《现代汉语词典》符合度调查

《通用规范汉字表》整合优化了我国 50 多年来的汉字规范，体现了汉字规范的延续性；但是，由于时代的进步和社会语言生活的变化，加之字表研制的方法和手段也有新的发展，《通用规范汉字表》在定量、分级、收字和编排体例等方面，对原有规范都有所调整和补充。原有汉字规范使用了几十年，已为大家所熟悉，《通用规范汉字表》发布后，大家对新旧规范细微的差异不了解，为了帮助读者正确理解和使用规范字，商务印书馆辞书研究中心编写了《通用规范汉字字典》。

《通用规范汉字字典》收录了《通用规范汉字表》的 8105 个字。在信息时代，形、音、义、用、码都是汉字的重要属性，相互之间都有密不可分的联系，《通用规范汉字字典》以准确体现规范汉字的属性及属性关系为主要原则，内容和体例与《通用规范汉字表》高度一致。

《通用规范汉字字典》是介绍规范汉字的，只有记录普通话的字才有资格进入规范字的范围，虽然规范字也可以用来作为音化字记写方音和译音，但那只是附加的职能。因此，该字典不列方言音项和义项，只列普通话的音项和义项，以及已经被普通话吸收的口语常用音项和义项。同时，规范汉字是记录现代汉语的，因此，该字典在通用字范围内一般也不收文言音项和义项，仅对确实已经被现代汉语吸收的文言义项以及在文白异读中现代汉语已经使用的文读音项予以收录。这些体例的设计都体现了规范汉字的现代应用性、社会通用性和国家标准化的性质和精神。

《通用规范汉字字典》以字为单位，其释义角度与词典不完全相同：一方面，字记录单音语素和词，意义是它的要素，应作必要的解释；另一方面，释义为了说明这个字所承担的记词职能，说明它与相关字之间使用上的分工。因此，该字典的义项设置较为简约，以能说明其使用特点和职能分工为度。

该字典的编写从 2008 年开始，与《通用规范汉字表》的每一次修改同步，体现了《通用规范汉字表》研制所遵循的原理与应用规则。

那么《通用规范汉字表》中为什么没有"〇"字？

我们已经知道，在汉字数字中，"零"也可以写作"〇"。有人说，不是常说"汉字是方块字"吗？"〇"是圆的，它怎么算是汉字？

对此，有人回答说，"〇"当然是汉字。要不是汉字，权威的《新华字典》和《现代汉语词典》怎么都收入了"〇"？

支持"〇"进入汉字的有如下理由：

(1)"〇"除了形状不是方的以外，它"已具备"了汉字的基本要素。

读音：líng。

部首：属口部。

字义：①数的空位，比如：二〇一六年；②表示没有数量，比如：〇距离（同"零"中的一些意义一样）。

编码：在"五笔"中，"〇"的字根编码是 IIII。

(2) 以《现代汉语词典》（第 6 版）为例查"〇"。

第二章 《通用规范汉字表》及相关字表与《新华字典》《现代汉语词典》符合度调查

先在"部首检字表"里的"(一)部首目录"中查到三画的、序号为38的"囗"部,按其标出的页数翻到第28页,在"(二)检字表"里的部首"囗"中(左侧下部),第一个就是"〇";

如果没想到"〇"属"囗"部,那可以在第70页的"(三)难检字笔画索引"中查找,"一画"中就是"〇"。

(3) 给了不是方块的"〇"的汉字合法地位后,汉字系统显得更加完美。

"〇"是与"一、二、三……"这组小写汉字数字直接配套的文字,就像"零"与"壹、贰、叁……"配套一样。

鲁迅在《中国人的生命圈》(见《伪自由书》)一文中有这样一句话:"这'生命圈'便完结而为'生命〇'。"这里的"〇"便有双关意义:首先,它是"圈"的形象写法;其次,它是"〇"的本身意义:"没有","生命〇"就是"生命完结"。看来鲁迅是把"〇"看作汉字的。

否定"〇"进入汉字的有如下理由:

(1) "〇"没有收入《通用规范汉字表》的原因可能有两个:一是笔画,汉字的基本特点就是方块字,是由横、竖、撇、捺、点、弯、钩等不同形状的点、线即笔画,按照一定的规则、结构组成的,也就是通常所说的笔画起止,笔顺先后,"〇"的笔画不好归类,不符合汉字笔画的基本特点;二是部首,"〇"没有部首,它就无法通过"部首检字表"来检索。实际上,"〇"是归入"囗"部的,如果看不出其部首为"囗"部,还可以通过"难检

135

字笔画索引"去查。

在《汉语拼音方案》与《新华字典》《现代汉语词典》的注音问题上,也存在着不好归类的尴尬:m、n、ng难以归入字母表、声母表、韵母表中,也可以视为特殊音节。因而,一些在字形上不符合汉字特点的字,也可以归入特殊字符,承认其汉字地位。

《现代汉语词典》:"〇 líng 数的空位,同'零'(多用于数字中):三~六号｜二〇一一年。"

《新华字典》:"〇 líng 数的空位,用于数字中:三~六号｜二〇〇五年。"

语言文字规范应该给一些特殊字符、读音、音节合法的地位,以适应丰富多彩的语言文字生活,适应人民群众的用语用字需求。

(2) 从有关汉字的国家标准来看,《通用规范汉字表》里就没有"〇",这就从根本上排除了"〇"是汉字的说法。然而,"〇"在现代汉语的书写实践中是十分常用、通用的。

(3) 既然"〇"在汉字中非常常见,不如实事求是地把"〇"视为一个特殊的、具有双重意义的"替换汉字"(但并非汉字)的符号:①从字形上,把"〇"视为椭圆字形的阿拉伯数字"0"的正圆化,用于把"0"替换为它最接近的方块汉字;②从字义上,把"〇"视为代表"数的空位"的大写数字汉字"零"的"替字符",用于把"零"替换为它的小写形态。

以上两种说法的分歧在于:

（1）从汉字的国家标准来看，《通用规范汉字表》里就没有"〇"（在"零"字下有个注释："与表数目的汉字一二三四五六七八九连用时可用'〇'替代。"《通用规范汉字表》是把"〇"排斥在"通用规范汉字"之外的，但是又可以使用，没有一个正式的名分）；而官方认可的权威的《新华字典》和《现代汉语词典》都收入了"〇"。

（2）汉字是方块字及其引出的部首、笔画、笔顺问题。

汉字的所有笔画共有32种，其中没有"〇"，"〇"归入部首也有一些困难，虽然《新华字典》《现代汉语词典》将其归入"囗"部，但是，我们知道"囗"有三画，而"〇"却难以分解成三画，从笔顺来看，"〇"是一个封闭的圆圈，从任何方位起笔都是可以的。

2013年发布的《通用规范汉字表》新收录了226个简化字，其中166个曾被《现代汉语词典》和《新华字典》收录，51个见于其他多种辞书，9个出自频度较高的姓氏人名及现代科技用字。

值得注意的是，《通用规范汉字表》里即使出现了以前没有被收录的笔画相对简单的字，也并不能称之为简化字。所谓简化字，就是取代繁体字的规范字作用的字。比如"闫"曾经在试行《第二次汉字简化方案》时期作为"阎"字的简化字存在，以"闫"取代"阎"，"阎"字就变成了异体字，印刷品上的"阎罗殿"就变成了"闫罗殿"。而《通用规范汉字表》新增了一些笔画较少的异体字作为正体字来使用，这种做法不叫"新增加简化字"。

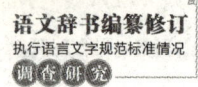

每一个简化字都对应一个或者多个繁体字,其所对应的繁体字都不作为规范字存在,而是作为异体字存在。

如果新增简化字,那么《简化字总表》将会改变。《简化字总表》自 1986 年以来就没有变过,所以不存在新增简化字一说。

第三节 《现代汉语词典》《新华字典》执行《通用规范汉字表》情况调查

一、《现代汉语词典》《新华字典》与《通用规范汉字表》处理非规范汉字的对比

《现代汉语词典》《新华字典》对非规范汉字的处理同《通用规范汉字表》进行比较,可以帮助人们具体认识规范汉字和相应的非规范汉字。经过调整后的《通用规范汉字表》收录的异体字减少到 796 组,淘汰的异体字由原来的 1053 个减少到 1027 个。我们将最新版《现代汉语词典》《新华字典》与《通用规范汉字表》进行符合度调查。《现代汉语词典》和《新华字典》是目前为止发行量最大、最有影响、最权威、适用于中等文化水平以上读者的中型词典、字典。同时,经过几十年精益求精的修订和完善,它们已成为公众认同感最强、依赖程度最大的辞书。《通用规范汉字表》是由国务院发布的目前为止最规范的通用汉字标准。结合目前最新的文字规范标准检验最权威的字

典、词典是否严格贯彻规范标准,同时又以语言实践反观规范标准,可以达到二者相互检验、相互补充、相互完善的目的。

《现代汉语词典》按照《通用规范汉字表》所列出的异体字有 772 组,共 982 个异体字。被《现代汉语词典》淘汰的字共 47 个,也即《现代汉语词典》未列出的异体字:粺、奔、迖、瞋、騋、媕、穌、疘、虖、械、挚、宼、寇、儀、噘、惏、璃、麻、薨、泯、挐、妳、妳("奶""你")、捻、挼、捼、鈆、癀、劵、镕、蝒、馳、蹟、屾、蹢、撽、魕、蓾、姝、叺、俖、嗒、蹧、厽、厎。以上所列的异体字正是《通用规范汉字表》所列出的异体字。

《新华字典》和《现代汉语词典》都没有收入的《通用规范汉字表》所列的异体字有 37 个:粺、奔、迖、瞋、騋、媕、噘、宼、寇、璃、麻、麻、薨、泯、挐、妳、妳("奶""你")、捻、挼、捼、鈆、癀、劵、镕、蹟、屾、蹢、撽、魕、叺、蓾、俖、嗒、蹧、厽、姝、厎。

《现代汉语词典》将《通用规范汉字表》所列出的异体字另立字头的有:淹、窜、髈、梧、犇、篯、澄、鵻、鈕、邨、翻、泛、雾、俯、勾、合、笉、扜、喝、稣、谨、骊、绩。

《通用规范汉字表》标注两个及以上异体字,《现代汉语词典》《新华字典》未收全的见表 2-1:

表 2-1

《通用规范汉字表》*	《现代汉语词典》	《新华字典》
暗［闇晻］	全收	"晻"未收
杯［盃桮］	全收	"桮"未收
奔［犇奔逩］	"奔逩"未收	"奔逩"未收
嗥［嘷獋］	全收	"獋"未收
哄［閧鬨］	全收	"閧"未收
呼［虖嘑謼］	"虖"未收	"謼""虖"未收
糊［粘餬］	全收	"粘"未收
栗［㮚慄］	"㮚"未收	"㮚"未收
璃［琍瓈］	"琍"未收	"琍"未收

　　《新华字典》未收的异体字，《现代汉语词典》全收而且另立字头的有："晻"yen，《现代汉语词典》另立字头，表示"〈书〉阴暗不明"；"桮"bi，《现代汉语词典》另立字头，表示"❶见 52 页'杯'。❷Bi 姓"。

　　《新华字典》《现代汉语词典》都未收全的有："奔"有三个异体字，但是《新华字典》《现代汉语词典》都只收入了一个"犇"，并且还另立字头，表示姓和用于人名。

　　《现代汉语词典》全收但是《新华字典》未收全的有："嗥"，有三个异体字，《现代汉语词典》全收，《新华字典》"獋"未收。"哄"在两部辞书中有三种读音，因而分立三个字头，读音为 hòng 时附列异体字在后，其余两种读音不存在异体字。《新华字典》"閧"的异体字未收。"呼"有三个异体字，《现代汉语词典》"虖"未收，《新华字典》"謼""虖"未收。该字的收录情况特列，笔者发现

第二章 《通用规范汉字表》及相关字表与《新华字典》《现代汉语词典》符合度调查

《现代汉语词典》在分立字头和收录异体字时处理不得当。"呼"在《现代汉语词典》里一个读音分立两个字头,"呼¹"表示"❶生物气体排出体外(跟'吸'相对)。❷大声喊。❸叫;叫人来。❹姓"这几种意思的时候,释义为❶❸时,异体字为"嘑";释义为❷❸时,异体字为"謼"。"呼²"表示形容风声等,异体字为"嘑"。《新华字典》对此字的处理是只立一个字头"呼",匹配一个异体字"嘑"。仔细比对这四个释义,可以发现❷❸释义微殊,❶和❸释义相对较远,异体字或为"嘑",或为"謼"。同时《现代汉语词典》内部也有不一致的地方,"糊"有两个异体字,《现代汉语词典》全收,而《新华字典》"粘"未收。

《现代汉语词典》和《新华字典》皆少收一个字:"栗"有两个异体字[溧慄],但《现代汉语词典》和《新华字典》皆未收入"溧"。在北大语料库中检索"溧",现代汉语用例为 0 条,古代汉语用例有 1 条。据文献记载,"溧"最早出现于《说文解字》【仌部】:"寒也。从仌栗声。力质切。"《唐韵》《集韵》《正韵》等韵书也仅记载了它的反切,《玉篇》和《广韵》才涉及释义,《韵会》释义最多:"通作栗,《诗》:'二之日栗烈。'"字书和韵书对"溧"的记载局限于注音,该字在释义上从古到今也未发生演变,在现代汉语语用实践中检索结果为 0 条,说明该字已"过时",不再使用。两部辞书相同的处理,权威之间"不言而喻",反衬了《通用规范汉字表》滞后于语言实际应用,应予以修订。再如"璃"有两个异体字[琍璆],但《现代汉语词典》和《新华字典》皆未收入"琍"。在北大语料库中检索"琍",现代汉语用例有7条,古代汉语用例有3条。

据统计,《通用规范汉字表》共有796组异体字,两部辞书基本按照《通用规范汉字表》的要求收录异体字,《现代汉语词典》收入772组,未收入24组;《新华字典》收入762组,未收入34组。两部辞书同《通用规范汉字表》的符合度调查分析如下:

(一)《现代汉语词典》和《新华字典》均未列出异体字

《现代汉语词典》和《新华字典》均未按照《通用规范汉字表》列出异体字。《现代汉语词典》和《新华字典》都是现代非常权威的辞书,在现代汉语领域有足够的话语权,关于异体字的问题,二者如何判定和处理从侧面体现了编者的学术眼光。《通用规范汉字表》是汉语理论层面上我们应该遵从的国家语言文字法令,但是两部辞书从实际层面出发,考虑了具体的实用价值,采取了与《通用规范汉字表》不同的处理方式。《通用规范汉字表》明确列出而两部辞书均未列出的异体字共计20个。

在语言运用当中,生僻字经久不用导致语言累赘而意义不大,因此《现代汉语词典》和《新华字典》索性不列,为读者第一时间排除不必要的语言累赘和干扰,比如:"肛",《通用规范汉字表》所列异体字[疘],《现代汉语词典》和《新华字典》均未列出,《通用规范汉字表》需修订。"缄",《通用规范汉字表》所列异体字[械],

《现代汉语词典》和《新华字典》均未列出,《通用规范汉字表》需修订。"你",《通用规范汉字表》所列异体字[妳],《现代汉语词典》和《新华字典》均未列出,《通用规范汉字表》需修订。"稗",《通用规范汉字表》所列异体字[粺],《现代汉语词典》和《新华字典》均未列出,《通用规范汉字表》需要修订。"斋",《通用规范汉字表》所列异体字[亝],《现代汉语词典》和《新华字典》均未列出。在北大语料库中检索"亝",现代汉语用例为0条,古代汉语用例有2条,表明该异体字的语用价值几乎不存在。说明《现代汉语词典》和《新华字典》处理得当,《通用规范汉字表》需修订。

还存在一种情况就是《通用规范汉字表》列出了异体字,但是字典或词典并未相应列出,比如:"融",《通用规范汉字表》所列异体字[螎],《现代汉语词典》未列出,而《新华字典》列出了该字。原因在于该组异体字是由部件位置不同而构成异体字关系。在北大语料库中检索"螎",古代汉语用例有1条,现代汉语用例为0条,可以看出该字基本退出了应用范畴,因此《现代汉语词典》处理得当,《通用规范汉字表》和《新华字典》均需修订。

以上"肛""缄""你""稗""斋""融""亝"对应的异体字,在语言使用过程中基本没有使用,但是《通用规范汉字表》还予以保留,从语言使用要适应社会发展的规律而言,《通用规范汉字表》理应删除这些异体字。语言文字的发展是趋于同化的,典型的例子如:"你",对应异体字为[妳],《汉语大词典》记载指女性。宋柳永《殢人娇》词:"恨浮名牵系,无分得与妳恣情浓睡。"使用范围由专指女性称谓到第二人称的普遍使用,生物学上讲究"进化论""适者生存",道理也同样存在于语言学中,由"妳"到"你"的现象,这是一种语言上的内化趋同,没有官方的强行干扰,而是在语言使用过程当中,"你"成为强势语言,因此"妳"就沦为异体字,到如今被淘汰,这如同生物学上的"优胜劣汰"。《通用规范汉字表》是文字规范的权威,对于此种现象,也应予以修订。

(二)部分异体字被另立字头

部分异体字被《现代汉语词典》和《新华字典》另立字头,自主恢复为规范汉字,因此,二者并未按照《通用规范汉字表》的要求进行异体字的标注。比如:"嗔",《通用规范汉字表》所列异体字[瞋],《现代汉语词典》和《新华字典》均未列出该异体字,但是均另立字头"瞋",释义为:"〈书〉发怒时睁大眼睛:~目而视。"在北大语料库中检索"瞋",现代汉语用例有 124 条,古代汉语用例有 4210 条,表明该字用途较广,语用价值大。《广韵》记载:"瞋,本作嗔,怒也。""嗔"同"瞋",它们为异体字关系。《诗》曰:"振振嗔嗔。"此句中应该读作 tián,但是在后来的使用过程中,"嗔"把"瞋"的意义借了过来,表示发怒、生气或对人不满,这时读 chēn。但表示睁大眼睛时,人们习惯用"瞋",这大概就是形声字的形符对人们的影响所致。对于这样一个长期以来在其原有意义上不间断使用的字,不将其作为异体字淘汰掉,是合乎语言使用习惯的。这表明《现代汉语词典》和《新华字典》处理得当,《通用规范汉字表》需修订。"撅",《通用规范汉字表》所列异体字［噘］,《现代汉语词典》和《新华字典》均未列出"噘"字。但是均另立字头"噘",释义为:"翘起(嘴唇):～嘴。"在北大语料库中检索"噘",现代汉语用例有351条,古代汉语用例有57条,语言实际应用普遍存在,由此,"噘"字已从异体字"转型"为规范的正体字,《通用规范汉字表》未及时跟上语言实际的步伐,需修订。

(三)《通用规范汉字表》中的异体字尚待斟酌

《现代汉语词典》和《新华字典》对于《通用规范汉字表》所列异体字存疑,尚须斟酌,故而没有列出相应的异体字。比如:"揪",《通用规范汉字表》所列异体字［揫］,《现代汉语词典》和《新华字典》均未列出。在北大语料库中检索"揫",古代汉语用例有21条。《康熙字典》载:"按揪揫同字,分音各训误。"指出"揪""揫"为异体字,"揪""揫"二者分开训释的方法是错误的。《汉语大词典》"揫"字组词为【揫收】【揫迫】【揫聚】【揫敛】等,它们的核心义为"收敛;聚集"。"揫"表示"抓扭"义,用例仅有明代吕天成《齐东绝倒》第二折:"忍终教束手囹圄,急提防劈面揫拖。"同"揪"一样表示"紧紧地抓;抓住并拉"义。由此观之,将"揫"列为"揪"的异体字尚须斟酌。《通用规范汉字表》是目前汉字规范的楷模,"榜样的力量丧失"是对它权威性的极大的质疑,因此应该引起重视。

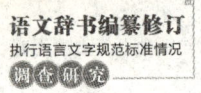

（四）《现代汉语词典》和《新华字典》未标注异体字

在《现代汉语词典》《新华字典》《通用规范汉字表》三者都存在不统一的情况下，《现代汉语词典》和《新华字典》也未对《通用规范汉字表》所规定的异体字进行标注。如："寇"，《通用规范汉字表》所列异体字［宼冦］，《现代汉语词典》列出异体字"宼"，《新华字典》列出异体字"宼""冦"，三者明显不一致。《通用规范汉字表》上从"女"，《新华字典》和《现代汉语词典》则从"攵"。从造字原理上说，"寇"，《说文解字》从攴从完。攴，击也。会意。"攵或攴"的意思都是手拿棒子敲击、打击，《新华字典》和《现代汉语词典》都是从完从攵，符合"寇"的意义。《康熙字典》记载如果作女，则意义不符合。但古人往往把不好的意义加上女旁，这样虽能说得过去，不免牵强。因此，《通用规范汉字表》误收了异体字，需修订。

（五）《现代汉语词典》和《新华字典》的不科学之处

《现代汉语词典》和《新华字典》未列出《通用规范汉字表》所标注的异体字，其实也存在不科学的地方。比如："婪"，《通用规范汉字表》所列异体字［惏］，《现代汉语词典》和《新华字典》均未列出。《辞源》："惏同婪。"《左传·昭公二十八年》："贪惏无厌，忿类无期，谓之封豕。"《方言》云："楚人谓贪为惏。""婪""惏"二者为异体字关系。在北大语料库中检索"惏"字,古代汉语用例有 21 条,现代汉语用例有 1 条,说明该字尚在使用。《现代汉语词典》和《新华字典》处理不当,需修订。"淋",《通用规范汉字表》所列异体字[痳],《现代汉语词典》和《新华字典》均未列出,《现代汉语规范词典》列出了异体字"痳",只适用于"❷淋病 lìnbìng:因淋球菌感染所引起的一种传染性性病。症状是尿道发炎,排尿涩痛,尿中带有浓血。旧称白浊",作为医学疾病义项尚在使用,《现代汉语词典》和《新华字典》未列出所对应的异体字,需修订。"绿",《通用规范汉字表》所列异体字[菉],《现代汉语词典》和《新华字典》均未列出。《现代汉语规范词典》指出"菉"作为"绿"的异体字,仅用于"绿豆"一词。《汉语大词典》释义:"【菉豆】即绿豆。"用例如《旧五代史·唐书·庄宗纪六》:"小菉豆税,每亩与减放三升。"宋代欧阳修《归田录》卷二:"余世家江西,见吉州人甚惜此果,其欲久留者,则于菉豆中藏之,可经时不变。""绿豆"属于常见农作物,该词语普遍存在于文献中,且使用频度较高。在北大语料库中检索"菉"字,古代汉语用例有 109 条,基本都是以"菉豆"义项连词成句的,说明该字还有被列出的必要,《现代汉语词典》和《新华字典》未列出,需修订。

(六)《通用规范汉字表》误收情况

《现代汉语词典》和《新华字典》未收,而《通用规范汉字表》误收的情况。比如:"拈",《通用规范汉字表》所列异体字[捻],《现代汉语词典》和《新华字典》均未列出。《康熙字典》记载"抾"为"奴兼切,音鮎","捻"为"乃殄切,音涊。读若年上声"。《正字通》记载"捻"有平上二声,二字除了音读相同,在"用手指取某物"义上相同外,《辞源》和《康熙字典》并未谈及它们是异体字关系。这应该是《通用规范汉字表》误收的异体字,需修订。

(七)《通用规范汉字表》需修订

《现代汉语词典》和《新华字典》未收,而《通用规范汉字表》明显需修订。比如:"泯",《通用规范汉字表》所列异体字[冺],《现代汉语词典》和《新华字典》均未列出。《康熙字典》《辞源》等对"冺"字均未提及,《汉语大词典》对"冺"也未有过多描述,只列出"冺"同"泯"。三点水的字多表示与"水"有关,很少有"冰"的含义,两点水的字多表示和"冷"或"冰"有关。无论是"冰""冷"还是"水",都和"水"本质相关,几部辞书均未对"冺"这个字作过多解释,可以推断是为了减少语言文字累赘,能从简则不繁,况且本是异体字关系,也并未专门适用于某义项,删掉"冺",《现代汉语词典》和《新华字典》处理得当,《通用规范汉字表》需修订。"熔",《通用规范汉字表》所列异体字[镕],《现代汉语词典》和《新华字典》均未列出,均标注"镕"为"鎔"的繁体字,旧同"熔"。《辞海》记载"熔"同"镕"。近代凡言因火而融化者,多用此字。《现代汉语词典》和《新华字典》中的"熔"指固体受热到一定温度时变成液体;"镕"指铸金属的模具。该义表明因火而融化,所以多采用"镕"字。《现代汉语词典》和《新华字典》处理得当,《通用规范汉字表》需修订。"糟",《通用规范汉字表》所列异体字［蹧］,《现代汉语词典》和《新华字典》均未列出"蹧"。《汉语大词典》关于该字的义项有【蹧害】【蹧毁】【蹧践】【蹧踏】【蹧蹋】【蹧扰】,其中"蹧"同"糟",在后来的语言实际运用中,用"蹧"的地方全部用"糟"字替换。在北大语料库中检索,现代汉语用例为0条,古代汉语用例有3条,其中两条为"蹧蹋"。后来都用"糟蹋"。《现代汉语词典》和《新华字典》处理得当,《通用规范汉字表》需修订。

（八）特殊情况

"券",《通用规范汉字表》所列异体字［劵］,《现代汉语词典》和《新华字典》均未列出。据笔者调查,《辞海》《四角号码新词典》《现代汉语规范词典》等现代辞书把"劵"视作"券"的异体字。《辞源》[①]《说文解字》《康熙字典》等古代辞书把"倦"处理为"券"的异体字。辞书之间异体字的对应处理存在差异,笔者认为《辞源》等古代汉语辞书正确,即"券"同"倦"。证据为,上面两类不同的辞书多收录"倦"的异体字"勌"。"倦"和"勌"实质相同,都是形声字,从力卷声;不同之处在于"券"字的声符"卷"省略了"㔾"而被"力"取代,由此还造成"券"字属上下结构和"勌"字为左右结构这个

---

① 《辞源》编辑于五四运动后的现代,但是服务对象是古代汉语,姑且称之为古代汉语辞书。

不同的效果。在《辞源》和《辞海》等各种古今汉语辞书里,"勌"都同"倦",那么与"勌"实质相同的"券",理所应当也同"倦"。如此,《辞海》等现代汉语辞书中的"券"同"券"就站不住脚了。《通用规范汉字表》需修订,但是《现代汉语词典》和《新华字典》直接不列出也不得当。

再者,在《辞海》等现代汉语辞书中,"券"同"券",把抽象概念的"力"和具象实物的"刀"这两个形似字混同也是极不科学的。比如另一组形似字"另""别"("另"同"刐",见《康熙字典》),显而易见,"另""别"不同义,就像"券"同"券"不同义一样,《康熙字典》对形似字"券"同"券"不同义早就有了简明扼要的辨析:"'券'字:'《说文》劳也。'徐曰:'今俗作倦。'《正字通》:'与契券之券异。"券"从刀,此从力。'"《康熙字典》先引用许慎《说文解字》的解说,"券"从"刀",是"契券"的"券"字;而"券"从"力",二者显然相异。《康熙字典》把"券"和"券"二字分列,认为二者在形、音、义三方面存在不同之处,说得一清二楚。可惜这个一目了然的辨析没有被《辞海》等现代汉语辞书采用。《现代汉语词典》和《新华字典》没有列出"券"字。在此笔者郑重提议,这两本辞书在下一版里应列出该字,与"勌"一起放在"倦"后的括号里,以引导广大读者正确认识"券"字的真面目:"券"字同"倦"而不同"券",即"券"是"倦"的异体字而不是"券"的异体字。在《辞海》等现代汉语辞书的下一版里,"券"字自然也当

第二章 《通用规范汉字表》及相关字表与《新华字典》《现代汉语词典》符合度调查

"拨乱反正",由同"券"纠正为同"倦"。

"趟",《通用规范汉字表》所列异体字〔跕踼〕,《现代汉语词典》和《新华字典》一个都未列出。《现代汉语词典》和《新华字典》中"蹚"皆另立字头,并列出异体字"踼"。"趟"有 tāng 和 tàng 两个读音,读 tāng 时旧同"蹚"。其中"跕",笔者检索北大语料库,现代汉语和古代汉语的用例皆为 0 条,说明该字在实际运用中不存在,理应被淘汰,《现代汉语词典》和《新华字典》处理得当,《通用规范汉字表》需修订。而"蹚""踼"二字有待进一步探讨。《第一批异形词整理表》附录中列出了非规范字的异形词,其中有:趟地(蹚地)tāngdì、趟浑水(蹚浑水)tānghúnshuǐ、趟水(蹚水)tāngshuǐ,明确表明置于圆括号内的为非规范词形。但《现代汉语词典》和《新华字典》中的"蹚"是正体字,即规范字,存在义项【蹚道】【蹚浑水】【蹚路】,说明"蹚浑水"为规范词形,与《第一批异形词整理表》附录中将之列为非规范词形相互矛盾。《通用规范汉字表》发布于 1955 年 12 月 22 日,《第一批异形词整理表》发布于 2001 年 12 月日。这应该是规范文件的发布时间和语言的实际运用存在误差,而落后的规范文件尚未跟上语言的实际运用,从而导致规范文件之间出现自相矛盾的现象。由此可见规范文件之间应该相互统一。

二、《现代汉语词典》和《新华字典》部分未按《通用规范汉字表》列出异体字的情况

《通用规范汉字表》所列出的异体字并未在《现代汉语词典》和《新华字典》中一一落实，原因如下：

（一）用字生僻，失去语用价值

"呆"，《通用规范汉字表》所列异体字［呆騃］，《现代汉语词典》和《新华字典》均未列出，《通用规范汉字表》需修订。"繁"，《通用规范汉字表》所列异体字［緐］，《新华字典》跟《通用规范汉字表》一致，《现代汉语词典》未列出。《现代汉语词典》第5版第376页"繁"列出异体字"緐"，保留了该字的异体字，而第6版第358页却未标注该异体字。在北大语料库中对"緐"进行检索，古代汉语用列有2条，现代汉语用例为0条，由此可见"緐"已退出语用范畴，因此《现代汉语词典》第6版修订的时候直接删掉了该异体字，处理得当，《新华字典》和《通用规范汉字表》需修订。

（二）另立字头，恢复为规范字

《现代汉语词典》和《新华字典》将未按《通用规范汉字表》列出的异体字另立字头，基本用于人名和姓，但是用于其他情况也是存在的。二者恢复作为字头的字一般都成为规范字。比如："奔"，《通用规范汉字表》所列异体字［犇奔逩］，《现代汉语词典》和《新华字典》均未列出"奔逩"二字。"犇"字均被两部辞书另立字头，用于人名和姓。《通用规范汉字字表》需修订。"呼",《通用规范汉字表》所列异体字[虖嘑謼],《现代汉语词典》和《新华字典》均未列出"虖"字。《新华字典》也未列出"謼"字。《辞源》记载"謼"同"呼",二者为异体字关系。《新华字典》和《通用规范汉字表》需修订。"婀",《通用规范汉字表》所列异体字[娿婑],《现代汉语词典》未列出"婑"字,《新华字典》二字均未列出,与《通用规范汉字表》不符。《现代汉语词典》第6版第338页"婀"只列出[娿]一个异体字,修订前未标注异体字,第5版则另立字头"娿":"见9页[婀娿]。"第6版第9页则为"【婀娜】ān'ē〈书〉不能决定的样子。"[婀娿]和【婀娜】二者为同一个词语,但是书写不同,第5版使用了"婀"的异体字"娿",而第6版使用的是《通用规范汉字表》中的正体字"婀"。第6版将之前版本中实为异体字的"娿"立为字头的情况删除了,在组词【婀娜】的时候直接将异体字改为正体字进行标示。"婀"列"娿"为异体字是有文献记载的。在北大语料库中检索"婑"字,现代汉语用例为0条,古代汉语用例有1条。异体字始终是要退出历史舞台的,使用规范的语言文字是大势所趋,词典是规范的典范,第6版《现代汉语词典》处理异体字的组词情况值得肯定,也有利于语言文字的再规范。

(三)异体字退出语用范畴

"璃",《通用规范汉字表》所列异体字[瓈瓈],《现代汉语词典》和《新华字典》均未列出。在北大语料库中检索,古代汉语用例有3条,现代汉语用例有7条,语用价值不大。《通用规范汉字表》需修订。

"拿",《通用规范汉字表》所列异体字[162?挐挐],《现代汉语词典》和《新华字典》均未列出"挐"字。《新华字典》也未收"挐"字。《康熙字典》指出"拿"同"挐"。二者实为异体字关系。《辞源》明确指出"拿"为"挐"的异体字。"挐"仅表示"握,执持"和"拘捕"的时候通"拿"。"挐"有三个读音,读 ná 时表示"执,持",通"拿""挐"。说明三者的异体关系牢不可破。《现代汉语词典》和《新华字典》未标注,需修订。

"奶",《通用规范汉字表》所列异体字[妳嬭],《现代汉语词典》和《新华字典》均未列出"嬭"字。同理,"你",《通用规范汉字表》所列异体字[妳]也均未被列出。《康熙字典》记载"嬭"俗"妳"字。唐人呼书睡为黄妳。在北大语料库中检索该字,现代汉语用例有 698 条,古代汉语用例有 27 条。这说明该字在现代语用中仍大量存在,《现代汉语词典》和《新华字典》需修订。

"铅",《通用规范汉字表》所列异体字[鈆],《现代汉语词典》和《新华字典》均未列出。在北大语料库中检索该字,现代汉语用例为 0 条。由于该字较为生僻,故不予列出,《通用规范汉字表》需修订。

"憔",《通用规范汉字表》所列异体字[顦癄],《现代汉语词典》和《新华字典》均未列出"癄"字。在北大语料库中检索该字,现代汉语用例为 0 条,古代汉语用例为 1 条,几乎不存在语用情况。《现代汉语词典》和《新华字典》处理得当,《通用规范汉字表》需修订。

第二章 《通用规范汉字表》及相关字表与《新华字典》《现代汉语词典》符合度调查

"鲜",《通用规范汉字表》所列异体字[尟鱻尠],《现代汉语词典》和《新华字典》均未列出"尟""尠"二字。《康熙字典》记载:"'尠'《说文》少也。从是少。《徐曰》是亦正也。正者,少则尠也。今人借用鲜字,经传从鲜。《集韵》或作鱻尟。""尠"本义是少见、少有。这个意义最早借"鲜"字表示。关于这个字的问题尚待商榷。

"以",《通用规范汉字表》所列异体字[㠯目],《现代汉语词典》和《新华字典》均未列出"㠯"。在北大语料库中检索"㠯",现代汉语和古代汉语的用例皆为0条,表明"㠯"已无实际应用,理应淘汰。《现代汉语词典》和《新华字典》处理得当,《通用规范汉字表》需修订。

"灾",《通用规范汉字表》所列异体字[災烖菑],《现代汉语词典》和《新华字典》均未列出"菑"。在北大语料库中检索"菑"字,古代汉语用例有343条,现代汉语用例有4条,表明该字主要存在于古代文献资料中,在现代汉语语用范畴中几乎完全弱化。

"咱",《通用规范汉字表》所列异体字[偺喒偺喒],《现代汉语词典》和《新华字典》均未列出"偺喒"。

"侄",《通用规范汉字表》所列异体字[姪妷],《现代汉语词典》和《新华字典》均未列出"妷"。《康熙字典》明确记载"姪"俗作"侄","妷"同"侄",三字均为异体关系。《现代汉语词典》和《新华字典》处理不当,需修订。

"最",《通用规范汉字表》所列异体字[冣冣],《现代汉语词典》和《新华字典》均未列出"冣"。《说文解字》:"冣,从冖,从取。积也。"徐铉曰:"古以聚物之聚为冣,上必有覆冒之也。"《康熙字典》明确表示"冣"今借作最,误。因此,《现代汉语词典》和《新华字典》处理得当,《通用规范汉字表》需修订。

三、《新华字典》《现代汉语词典》与《通用规范汉字表》的比较

(一)《新华字典》《现代汉语词典》对《通用规范汉字表》异体字、繁体字的处理

《新华字典》收入《通用规范汉字表》所列异体字762组,共960个异体字。《新华字典》没有收录的字有74个:晻、稗、髂、栝、奔、逑、㝐、瞋、湢、駸、睫、働、婗、媟、損、疟、獂、閺、虗、粘、迴、械、絜、挚、侣、颸、噘、宼、冦、麻、歷、厤、溧、琍、㾺、徛、拼、㭋、㙜、勠、渺(淼)、菉、泯、挐、挐、妳、妳("奶""你")、懝、捻、捼、捼、鈊、瘶、券、鎔、蹚、跙、踹、噽、晳、戡、悳、向、孼、叺、蓸、俗、僧、蹧、㪍、姎、冣。《新华字典》未按《通用规范汉字表》要求列出的异体字被《现代汉语词典》(第6版)(出版于2012年6月,此时《通用规范汉字表》尚未发布,可能《现代汉语词典》的修订与《通用规范汉字表》的研制有沟通交流)立为字头。显然,被《现代汉语词典》另立为字头的字已经被列为规范汉字,而非异体字,比如:

第二章 《通用规范汉字表》及相关字表与《新华字典》《现代汉语词典》符合度调查

"暗"，《通用规范汉字表》所列异体字［闇晻］，《新华字典》未列出该字。《新华字典》没有收录的"晻"字在《现代汉语词典》中另立字头，释义为："〈书〉阴暗不明。"《现代汉语词典》处理得当。《通用规范汉字表》和《新华字典》需修订。

"膀"，《通用规范汉字表》所列异体字［髈］，《新华字典》未列出该字。《现代汉语词典》将该字另立字头，释义为："〈方〉大腿：蹄～。"《现代汉语词典》处理得当。《通用规范汉字表》和《新华字典》需修订。

"杯"，《通用规范汉字表》所列异体字［盃桮］，《新华字典》未列出"桮"字。《现代汉语词典》将该字另立字头，释义为 Bēi 姓。《现代汉语词典》处理得当。《通用规范汉字表》和《新华字典》需修订。

"淳"，《通用规范汉字表》所列异体字［湻］，《新华字典》未列出"湻"字。《汉语大词典》"淳"亦作"湻"，表明它们实为异体字关系。《新华字典》处理不当，需修订。

"喋"，《通用规范汉字表》所列异体字［啑］，《新华字典》未列出"啑"字。《现代汉语词典》列出该字。《辞源》明确记载"啑"表示"践踏"义的时候通"喋"，"喋"和"啑"在这个意义上是通假关系，它们并非异体字关系。《新华字典》处理得当，《通用规范汉字表》和《现代汉语词典》需修订。

"动"，《通用规范汉字表》所列异体字［働］，《新华字典》未列出"働"字。《汉语大词典》记载"働"古同

"动",是"动"的日本用汉字。《新华字典》处理不当,需修订。

"翻",《通用规范汉字表》所列异体字[繙飜],《新华字典》未列出"繙"字。《现代汉语词典》不仅列出该异体字,还将"繙(繙)"字另立字头,释义为:"【繙帑】fānyuān〈书〉❶风吹摆动的样子。❷乱取。"表明该字存在实际的语用价值。《新华字典》处理不当,需修订。

"嗥",《通用规范汉字表》所列异体字[嗥獋],《新华字典》未列出"獋"字。《广韵》记载"獋"本同"嗥","嗥"和"獋"为异体字关系。《新华字典》处理不当,需修订。

"哄",《通用规范汉字表》所列异体字[閧鬨],《新华字典》未列出"閧"字。《广韵》《集韵》《韵会》《正韵》记载"閧",胡贡切。音哄。用直音法给"閧"字注音,但是并未明确说明它们为异体字关系,因此,《通用规范汉字表》和《现代汉语词典》将二字处理为异体关系值得商榷。

"糊",《通用规范汉字表》所列异体字[粘餬],《新华字典》未列出"粘"字。

"回",《通用规范汉字表》所列异体字[廻迴],《新华字典》未列出"迴"字,并且另外列出了一个异体字"囘"。

"洁",《通用规范汉字表》所列异体字[絜],《新华字典》未列出"絜"字。

"飐",《通用规范汉字表》所列异体字[飖],《新华字典》未列出"颰"字。

"侃",《通用规范汉字表》所列异体字[偘],《新华字典》未列出"偘"字。

"栗",《通用规范汉字表》所列异体字[溧慄],《新华字典》未列出"溧"字。在北大语料库中检索该字,现代汉语用例为0条,古代汉语用例有1条。据文献记载,"溧"最早出现于《说文解字》【夂部】:"寒也。从夂栗声。力质切。"《唐韵》《集韵》《正韵》等韵书也仅记载了它的反切,《玉篇》和《广韵》才涉及释义记载,《韵会》释义最多:"通作栗,《诗》:'二之日栗烈。'"字书和韵书对"溧"的记载局限于注音,该字在释义上从古到今也未发生演变,现代汉语语用实践的检索结果为0条,说明该字已过时,不再使用。《新华字典》和《现代汉语词典》处理得当,《通用规范汉字表》需修订。

"弄",《通用规范汉字表》所列异体字[衖挵],《新华字典》未列出"衖"字。"弄"有两种读音,其一为nòng,相应的异体字为"挵";其二为lòng,《现代汉语词典》列出异体字为"衖"xiàng,并将该字另立字头,表示"〈书〉同'巷'";《新华字典》并未就该音列出异体字,需修订。

"戮",《通用规范汉字表》所列异体字[剹勠],《新华字典》未列出"勠"字。《玉篇》曰:"聿求元圣,与之勠力,陈力于人也。又通作戮。""勠"和"戮"为异体字关系。《新华字典》需修订。

"淼",《通用规范汉字表》所列异体字[渺淼],《新

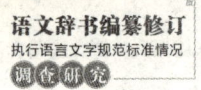

华字典》未列出"渺"字,需修订。

"拟",《通用规范汉字表》所列异体字〔儗〕,《新华字典》未列出"儗"字。《现代汉语词典》列出并另立字头,释义为:"【佁儗】〈书〉停滞不前的样子。"《新华字典》需修订。

"嘻",《通用规范汉字表》所列异体字〔譆〕,《新华字典》未列出"譆"字,需修订。

"晰",《通用规范汉字表》所列异体字〔晳〕,《现代汉语词典》列出了该异体字,《新华字典》未列出"晳"字,但另立字头并释义:"人的皮肤白:白~。"《康熙字典》记载:"按晳,本从析从白。"与日部晢、皙的二字义别。"晰"释义为:"明白,清楚:清~|明~。"表明日部的"晢"和白部的"晳"二字意义不同,该分开而论,而不应因为二字同形便定为异体关系。《新华字典》处理得当,《现代汉语词典》和《通用规范汉字表》需修订。

"向",《通用规范汉字表》所列异体字〔嚮〕,《新华字典》也列出"嚮"字作为异体字。《康熙字典》记载:"按与向同。"表明"向"和"嚮"为异体字关系。

"野",《通用规范汉字表》所列异体字〔埜壄〕,《新华字典》未列出"壄"字,《现代汉语词典》列出了该字。《现代汉语词典》处理得当,符合《通用规范汉字表》规定。

(二)《现代汉语词典》和《新华字典》中另立字头

《通用规范汉字表》将部分异体字另立字头原因各异,部分异体字之所以另立字头,是因为《现代汉语词典》和

第二章 《通用规范汉字表》及相关字表与《新华字典》《现代汉语词典》符合度调查

《新华字典》认为它们与《通用规范汉字表》规定的相应的正体字在某些方面还存有一定的差异。比如音义方面不完全相等，比如《通用规范汉字表》将"淼"作为"渺"的异体字，但是《现代汉语词典》和《新华字典》认为它们音同而不等义，《新华字典》"淼"的释义为："❶见345页'渺'。❷用于人名。❸用于地名：～泉（在江苏省常熟）。❹姓。""渺"释义为："❶微小：～小｜～不足道。❷水势辽远：浩～。"可见二者意义完全不同。至于其他不同情况，详见下文：

1. 《现代汉语词典》

《新华字典》未列出《通用规范汉字表》所规定的异体字，但是《现代汉语词典》另立字头的有：

暗［晻］，《新华字典》未列出。《现代汉语词典》另立字头"晻"，释义为："〈书〉阴暗不明。"

膀［髈］，《新华字典》未列出。《现代汉语词典》另立字头"髈"，释义为："〈方〉大腿：蹄～。"

杯［桮］，《新华字典》未列出。《现代汉语词典》另立字头"桮"，释义为："姓。"

洁［絜］，《新华字典》未列出。《现代汉语词典》另立字头"絜"，音 xié，释义为："❶量度物体周围的长度。❷泛指衡量。"

弄［衖］，《新华字典》未列出。《现代汉语词典》另立字头"衖"，音 xiàng，释义为："〈书〉同'巷'。"

拟［儗］，《新华字典》未列出。《现代汉语词典》另立字头"儗"，音 yì，释义为："【怡儗】chíyì〈书〉停滞不前的样子。"

俯［俛頫］,"頫"用于人名,赵孟頫,元朝书画家。"俛",《现代汉语词典》另立字头,音 miǎn,"俛俛",同"黾勉"。但《新华字典》并未另立字头。

2. 《新华字典》另立字头

《现代汉语词典》未另立字头,《新华字典》另立字头的有:鸩［酖］音 dān,释义同"耽"。

3. 《现代汉语词典》和《新华字典》皆另立字头

《通用规范汉字表》所列异体字在《现代汉语词典》和《新华字典》中另立字头的情况,一是有释义为人名,有姓这一义项的情况较多地被另立字头,如:

奔［犇］,用于人名;姓。

澄［澂］,用于人名,吴大澂,清代文学家。

村［邨］,用于人名。

泛［泛］,姓。

丐［匄］,用于人名,姬匄,东周敬王。

阁［閤］,〈书〉小门;姓。

管［筦］,姓。

和［龢］,用于人名,翁同龢,清朝人。

绩［勣］,用于人名。

假［叚］,音 xiá,姓。

宁［甯］,音 nìng,释义姓。

曲［麯］,音 qū,释义姓。

升［昇陞］,音 shēng,"升",姓;"昇",❶用于人

第二章 《通用规范汉字表》及相关字表与《新华字典》《现代汉语词典》符合度调查

名，毕昇，宋朝人，首创活字印刷术。❷姓。

慎［昚］，音 shèn，用于人名，赵昚，南宋孝宗。

哲［喆］，音 zhé，用于人名。

同［仝］，音 tóng，姓。

苏［甦］，音 sū，用于人名。

似［侣］，音 sì，姓。

渺［淼］，音 miǎo，❶用于人名。❷用于地名：～泉。❸姓。

诉［愬］，音 sù，用于人名，李愬，唐朝人。

是［昰］，音 shì，用于人名，赵昰，南宋端宗。

线［綫］，音 xiàn，姓。

丫［桠］，音 yā，《现代汉语词典》释义："❶用于地名：～溪镇（在江苏）。❷见 1389 页【五桠果】。"《新华字典》比《现代汉语词典》多出的释义为"用于科技语：五～果科"。

淆［殽］，音 xiáo，同"崤"，用于古地名，～之战。

扬［颺］，音 yáng，用于人名。

寨［砦］，音 zhài，姓。

二是义项中有国名、地名的字也较多地被另立字头，如：

秘［祕］，音 bì，❶译音用字，如秘鲁（国名，在南美洲）。❷姓。

鞍［鞌］，用于古地名：～之战。

径［迳］，音 jìng，用于地名，～头（在广东佛冈）。

俯［頫俛］，"頫"用于人名，赵孟頫，元朝书画家。

厘［釐］，音 xī，❷姓。

实［實］，音 shí，❸姓。

专［耑］，音 duān，❷姓。

三是表示少数民族服饰一类的字也被单立字头，如：

夹［袷］，音 qiā，【袷袢】（维）维吾尔、塔吉克等民族所穿的对襟长袍。

四是表示金属元素符号的字被单立字头，如：

炉［鑪］，"鑪"，简体为"铲"，音 lú，为金属元素，符号 Rf，有放射性，由人工核反应获得。

比较零散的被单立字头的还有：

氛［雰］，〈书〉雾气；气。【雰雰】fēnfēn，〈书〉霜雪等很盛的样子：雨雪～。

巨［鉅］，"鉅"，简体为"钜"，《现代汉语词典》释义："〈书〉❶坚硬的铁。❷钩子。❸姓。"《新华字典》释义："❶用于地名：～桥镇（在河南省鹤壁）。❷姓。"两部辞书对该字的释义存在差异。《康熙字典》皆记载了《现代汉语词典》和《新华字典》所列的释义。

咳［欬］，音 kài，【謦欬】qǐngkài，〈书〉❶咳嗽。❷借指谈笑：亲承～。

厘［釐］，音 xī，❶古同"僖"。❷姓。

旗［旂］，音 qí，古代的一种旗帜。

荞［荍］，音 qiáo，古书上指锦葵。

榷［搉］，音 què，〈书〉敲击。

蕊［蘂］，音 ruǐ，〈书〉形容下垂。

实［寔］，音 shí，❶〈书〉放置。❷此。❸姓。

第二章 《通用规范汉字表》及相关字表与《新华字典》《现代汉语词典》符合度调查

搜[蒐]，音 sōu，❶〈书〉草名，即茜草。❷春天打猎。

剃[薙]，音 tì，除去野草。

碗[椀]，音 wǎn，【橡椀】橡树果实的碗状外壳。

溪[谿]，音 xī，❶见"溪"。❷【勃谿】〈书〉家庭中的争吵：姑嫂～。也作勃豀。❸姓。

修[脩]，音 xiū，《现代汉语词典》分立两个字头，脩¹为旧时送给老师的酬金（原义为干肉，古时弟子用来送给老师当作见面礼）：～金｜束～。脩²为姓。《新华字典》未列出姓，需修订。

札[剳]，音 zhā，旧同"扎"。【目剳】中医指不停眨眼睛的病，多见于儿童。

只[祇]，音 qí，〈书〉地神。

专[耑]，音 duān，❶〈书〉同"端"。❷姓。《〈通用规范汉字表〉使用手册》指出读 zhuān 时用"专"，"端"是它的异体字，标注为〈文〉。

资[貲]，音 zī，〈书〉计算：所费不～。

4.《现代汉语词典》与《新华字典》另立字头不统一

《现代汉语词典》另立字头，而《新华字典》未另立字头的有：

采[寀]，"寀"音 cǎi，古代指官。

策[筴]，"筴"音 jiā，古代指筷子。

比较特殊的是："仇"，《通用规范汉字表》所列异体字为[讎]，但《现代汉语词典》和《新华字典》皆列出异体字为（*讐*讎）。第 7 版《现代汉语词典》凡例指

165

出带一个＊号的是《通用规范汉字表》中附列的异体字。第 11 版《新华字典》则指出带一个＊号的是《第一批异体字整理表》中的异体字。《现代汉语词典》和《新华字典》列出"雠"字,并标注一个＊号,表明该字为《通用规范汉字表》所列出的异体字,但事实并非如此。同时,《现代汉语词典》和《新华字典》也将"雠"另立字头,释义为:"校对文字:校～。"表明该字语用价值尚在,应附列于正体字之后。《现代汉语词典》《新华字典》和《通用规范汉字表》存在不一致的地方。可见,《现代汉语词典》和《新华字典》处理得当,《通用规范汉字表》需修订。

锄〔鉏〕,"鉏",简体为"钼",音 jǔ,【钼铻】jǔyǔ 同"龃龉"。

皓〔暠〕,"暠"音 gǎo,〈书〉白。

欢〔讙驩〕,"讙",简体为"𬣡",音 xuān,〈书〉喧哗。"驩",简体为"𱊐",音 xuān,姓。

浚〔濬〕,"濬"音 jùn,用于人名,拓跋濬,北朝北魏文成帝。

坤〔堃〕,音 kūn,"堃"用于人名;姓。

䴉〔蜺〕,音 ní,"蜺"〈书〉寒蝉。

暖〔煖〕,煖音 xuān,〈书〉温暖。

疋〔疋〕,"疋"音 yǎ,〈书〉同"雅"。

睿〔叡〕,音 ruì,"叡"用于人名,曹叡,三国魏明帝。

幸〔倖〕,音 xìng,"倖"义项【傒倖】音读 xīxìng,

第二章 《通用规范汉字表》及相关字表与《新华字典》《现代汉语词典》符合度调查

烦恼（多见于早期白话）。也作奚幸。

咤［吒］，"吒"，音 zhā，❶用于神话中的人名，如金吒、木吒、哪吒。❷用于地名：～祖村（在广西）。

六、《现代汉语规范词典》对《通用规范汉字表》的贯彻执行

《现代汉语规范词典》（第3版）于2014年8月面世，严格按照《通用规范汉字表》进行了修订，表外字不再类推简化。关于该词典中的"规范"二字，指它体现了国家通用语言文字法、国家语言文字方针政策各项现行的语言文字规范标准，旨在努力全面贯彻执行这些规范标准，而不是说词典本身就是"规范"。其实，《现代汉语规范词典》也有一些没有贯彻规范的地方，如其注音"姓氏、专名的首字母不大写"就不符合《汉语拼音正词法基本规则》《中国人名汉语拼音拼写法》《中国地名汉语拼音拼写规则》等的规定。另外，《现代汉语规范词典》作为一种"词典"、一种"典"，本身就有规范标准的含义，取名"规范词典"似乎多余、重复。

按主编李行健在第3版前言中的说法，第3版修订的重点主要是"全面落实《通用规范汉字表》，增补《字表》有而《现代汉语规范词典》未收录的字。这些字大多是人地名姓氏用字、科技名词用字与文言教学用字。解决词典与《字表》冲突之处"。根据我们的调查，《现代汉语规范词典》（第3版）严格贯彻执行了2013年发布的《通用规范汉字表》，其还特别指出了一些不符合《通用规范汉字

表》的情况，这是该词典在规范方面的一个创举，值得推广，如指出"阿拉伯数字、阿拉伯语""不宜写作阿剌伯数字、阿剌伯语"等。

《现代汉语规范词典》（第 3 版）严格落实《通用规范汉字表》的精神，增补了近 400 个表内的汉字，这些字主要来源于三级字表，用于姓氏人名、地名、科技名词以及文言教学。这次修订将缺收的这些字种按照汉语拼音字母顺序进行了统一，增补在第 3 版所设的"补编（一）"中，如"陎（shū）""龑（yǎn）""崌（jū）""鯧（cháng）""玃（jué）"等。

除增补字种外，《现代汉语规范词典》（第 3 版）还根据《通用规范汉字表》调整了相应的字际关系近 300 处。其中包括增减规范字对应的繁体字、异体字，变更异体字的字形、笔画序等。另外，《通用规范汉字表》将 52 个繁体字或异体字确定为有限规范字，即它们分别在某种使用范围之内是规范字，在某种使用范围之外则仍是某规范字的繁体字或异体字。《现代汉语规范词典》（第 3 版）对字表的这些调整一一予以落实。如："克"的繁体字"剋"，用于表示训斥、打人时读 kēi（不读 kè），作为一个独立的规范字使用；读 kè 时，则是"克"的繁体字。该字在第 2 版《现代汉语规范词典》中已有处理，但较之《通用规范汉字表》不够到位，第 3 版依据《通用规范汉字表》作了更为明确的表述。

此外，《现代汉语规范词典》（第 3 版）还将所收录的《通用规范汉字表》以外的 179 个类推简化字退回繁体，

第二章 《通用规范汉字表》及相关字表与《新华字典》《现代汉语词典》符合度调查

即落实了《通用规范汉字表》"表外字不类推"的精神。总之,《现代汉语规范词典》(第3版)切实落实了《通用规范汉字表》的各项规范,跟王宁主编的《〈通用规范汉字表〉解读》《通用规范汉字字典》和李行健主编的《〈通用规范汉字表〉使用手册》一道忠实地将《通用规范汉字表》的规范具体化、实用化,可以跟《通用规范汉字表》结合使用。

第四节 《汉字部首表》在《新华字典》《现代汉语词典》中的执行情况

《新华字典》和《现代汉语词典》"部首检字表"说明:"本表采用的部首依据《汉字部首表》,共201部;归部依据《GB 13000.1字符集汉字部首归部规范》;编排次序依据《GB 13000.1字符集汉字笔顺规范》和《GB 13000.1字符集汉字字序(笔画序)规范》。"根据笔者的抽样调查,《新华字典》《现代汉语词典》很好地贯彻了这些标准,没有不合规范的情况。只是有些字归部有两属的情况,如"天"在"一"部能查到,在"大"部也能查到;"荆"在"艹"部能查到,在"刂"部也能查到。在"部首检字表"部分也有说明:"为方便读者查检,'《检字表》'中有些字采取'多开门'的方式分别收在所属规定部首和传统习用部首之下,收在后者的字右上角加有'。'的标志。"并附有说明:"字右上角带'。'的是非规定的

归部。"《汉字统一部首表(草案)》规定:"部首以简化字或繁体字为主,以原字形或变形为主,各种类型的辞书可以变通处理。"这样处理既遵照了规范,又照顾了传统,是灵活务实的处理办法。

第三章 《普通话异读词审音表》及修订稿与《新华字典》《现代汉语词典》符合度调查

第一节 《普通话异读词审音表》研究

一、《经典释文》的特殊读音（异读）与《普通话异读词审音表》比较研究

《经典释文》是汉魏六朝时期汉语特殊读音的总汇，普通话异读词很多都源于《经典释文》，其序录对异读词的来源以及人们对异读词的认识等有深入论述，是古人对汉语异读词的较为全面的总结。观察《经典释文》的特殊读音并将之与《普通话异读词审音表》的审音进行比较，可以了解异读词的历史来源和成因，探索异读词所蕴含的语言现象和规律，总结汉语特殊读音的理论和实践，为现代汉语普通话的语音规范提供有益的参考。

《经典释文》的全部特殊读音可以归纳为 5 大类 18 小

类:(1)由语音原因造成的特殊读音:①反映语音演变,②反映方音差异,③联绵词、叠音词、象声词的特殊读音,④反映纯粹异读(不区别词义词性等)。(2)由词义原因造成的特殊读音,分为六个小类:⑤区别多音字多义字(破读),⑥分析一个字作为语素在词语中的不同音义,⑦通过注音辨别字形相应的音义(词义引申引起区别字、分化音),⑧反映不同注家对词语形音义认识的分歧,⑨训诂两通,⑩专有名词的特殊读音。(3)由语法、语用造成的特殊读音:⑪表现语法差异(分辨词性、语法作用),⑫区别"叶韵"音与一般读音,⑬避讳和敬指,⑭注音释义和释义注音。(4)由文字原因造成的特殊读音:⑮辨别文字形体、反映文字发展,⑯破解假借字(通假字),⑰注音校勘。(5)其他。

《普通话异读词审音表》是为规范现代汉语普通话的读音、字音而编写的,其所审定之音主要针对普通话的读音问题,并不是专门针对《经典释文》的特殊读音进行整理的,但是《经典释文》却是中古时期汉字"异读"的总汇,因而,通过《普通话异读词审音表》对"异读词"的审音,我们也可以观察《经典释文》的特殊读音在现代汉语普通话里的取舍。

《普通话异读词审音表》与字典、词典形式不同,"不列出多音多义字的全部读音和全部义项",审订了846个异读词,其中保留异读的字有259个(其中明确有多音的有122个,"不统读"的有138个),"统读"的有587个,减少了近70%。

第三章 《普通话异读词审音表》及修订稿与《新华字典》《现代汉语词典》符合度调查

在 122 个异读字中，声母、韵母有别的有 74 个字，约占总数的 61%；声调有别的有 48 个字，约占总数的 39%。不"统读"的有 138 个字，其不同读音之间的语音关系大致与此相同。《现代汉语词典》中还有一些字，如"衣、雨"等，在《普通话异读词审音表》中没有任何说明，但是在《现代汉语词典》中还保留着一些古代读法，没有审定。以声调的不同来区别词义词性的功能已经没有《经典释文》《群经音辨》和《经史动静字音》那样明显，在《普通话异读词审音表》中，明确以音变区别"名物义"与"动词义"的字仅有 5 例，其中变调别义的仅有 3 例：苫，动词义读 shàn，名物义读 shān；拢，动词义读 lǒng，名物义读 lǒng；冠，动词义读 guàn，名物义读 guān。"不统读"标明动作义的仅有 2 例，以变调别义的仅有"处"字，动词义读 chǔ，名物义读 chù。

这些异读的消失体现了语言的发展变化，其中最重要的是词语的双音化。词语双音化主要是通过语法手段来表达意义，这样一来，原来在以单音词为主的时期通过语音、字形方式区别意义的手段就退居其次了。

如《诗经音义》："之应，应对之应，序注及下传应礼同。""相应，音鹰，当也。"其中的"应"表示"应对"的读音与表示"相当、应当"的读音有差异。"应对之应"其实有两层意思：一是说这个字读为"应对之应"，二是指这个字也理解为"应对之应"，虽然我们现在难以确定"应对之应"的读法，但是这种读法与"相应，音鹰"是有区别的。现代汉语普通话没有继承这个读音差别，原来

通过读音来区别的意义现在都通过"应对""应当"等双音节词予以区分,体现了语言表达方式的发展。

《普通话异读词审音表》废弃了不区别词义和语法作用的纯粹异读,以及一些意义相近或相关的异读。在异读词规范的条件下也保留了新的特殊读音,这些特殊读音可以归纳为下列几种情况:①统读、非统读,②白读、文读,③动作义、名物义,④特殊读法。

我们将《普通话异读词审音表》在说明中归纳的十种情况与《经典释文》的5大类18小类特殊读音作如下对比(有序号的段落为《普通话异读词审音表》的原文,下面为《经典释文》与《普通话异读词审音表》之间比较的说明):

> 一、本表所审,主要是普通话有异读的词和有异读的作为"语素"的字。不列出多音多义字的全部读音和全部义项,与字典、词典形式不同,例如:"和"字有多种义项和读音,而本表仅列出原有异读的八条词语,分列于 hè 和 huo 两种读音之下(有多种读音,较常见的在前。下同);其余无异读的音、义均不涉及。

《经典释文》注音"某某之某"与此条基本一致,反映的是一个字(词)在不同的语境中的不同音义。万献初在《〈经典释文〉音切类目研究》一文中统计并分析了"某某之某"的数据和反映的语言规律,其核心在于这种注音用于限定语境,即把注音字放在特定的上下文里,使之成为"语素"。

二、在字后注明"统读"的，表示此字不论用于任何词语中只读一音（轻声变读不受此限），本表不再举出词例。例如："阀"字注明"fá（统读）"，原表"军阀""学阀""财阀"条和原表所无的"阀门"等词均不再举。

《经典释文》中的"纯粹异读"大致与此条相当，纯粹异读不区别词义、词性，如果没有发展出新的意义或用法，就是语言中的赘疣，应该予以"统读"，但是陆德明的时代没有这样的规范意识，还保留着许多这种"纯粹异读"。

三、在字后不注"统读"的，表示此字有几种读音，本表只审订其中有异读的词语的读音。例如"艾"字本有 ài 和 yì 两音，本表只举"自怨自艾"一词，注明此处读 yì 音；至于 ài 音及其义项，并无异读，不再赘列。

《经典释文》中"区别多音字多义字（破读）"以及部分"表现语法差异（分析词性、语法作用）"的特殊读音与此条基本相同，不"统读"是因为多音对应多义（用），这是《经典释文》特殊读音和后世多音字的主要内容。

四、有些字有文白二读，本表以"文"和"语"作注。前者一般用于书面语言，用于复音词和文言成语中；后者多用于口语中的单音词及少数日常生活事

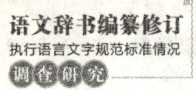

物的复音词中。这种情况在必要时各举词语为例。例如:"杉"字下注"(一)shān(文):紫~、红~、水~;(二)shā(语):~篙、~木"。

《经典释文》没有"文"和"语"的差异,但是其中"反映语音演变或方言差异"的特殊读音与此条基本一致。相对来说,"文读"保留"古音"和"通语"比较多,而"白读"采用"今音"和"方音"比较多。

五、有些字除附举词例之外,酌加简单说明,以便读者分辨。说明或按具体字义,或按"动作义""名物义"等区分,例如:"畜"字下注"(一)chù(名物义):~力、家~、牲~、幼~;(二)xù(动作义):~产、~牧、~养"。

《经典释文》中"表现语法差异(分析词性、语法作用)"的特殊读音与此条基本一致,但是《经典释文》中"表现语法差异"的特殊读音远远不只是"动作义""名物义",而是包含了很多语法现象,不过这些通过语音表达的语法现象在普通话里多数已被新的语法结构取代。

六、有些字的几种读音中某音用处较窄,另音用处甚宽,则注"除××(较少的词)念乙音外,其他都念甲音",以避免列举词条繁而未尽、挂一漏万的缺点。例如:"结"字下注"除'~了个果子''开花~果''~巴''~实'念jiē之外,其他都念jié"。

《普通话异读词审音表》此条所说明的情况应该适用

第三章　《普通话异读词审音表》及修订稿与《新华字典》《现代汉语词典》符合度调查

于某些作为语素出现在多音化的词语里的字，由于受到语境的限制而无须在语音上予以区别，同时作为语素，在词语中也会受到"语流音变"的影响，这是《经典释文》所没有的，因为《经典释文》为先秦文献注音释义，往往都是单音节词，是为书面语服务的。

七、由于轻声问题比较复杂，除《初稿》涉及的部分轻声词之外，本表一般不予审订，并删去部分原审的轻声词，例如"麻刀（dao）""容易（yi）"等。

这种读音差异也是《经典释文》没有的。汉语的轻声主要体现在口语中，而《经典释文》主要是对书面语摘字、注音、释（辨）义。另外，一般认为轻声是在元明之际才出现的。

八、本表酌增少量有异读的字或词，作了审订。

如"朴"在古籍里就代表了许多词语：①朴，木皮。今读 pǔ。②榆科树木，朴属植物的泛称，读为 pò。③假借为"扑"，《史记·刺客列传》："高渐离乃以铅置筑中，复进得近，举筑朴秦皇帝。"司马贞索隐："朴，击也。"读为本字，音 pū。④朴刀，一种刀身窄长刀柄较短的刀，双手使用。《水浒传》第二回："〔朱武等〕只带了三五个做伴，将了朴刀，各跨口腰刀，不骑鞍马，步行下山，径来到史家庄上。"读为 pō。⑤少数民族姓氏译音，《集韵》："夷姓也，魏有巴夷王朴胡，披尤切。"见《三国志·魏志·武帝纪》。"朴"今读为 pú。⑥姓氏，明代有朴素，读为 piáo，今也有朴姓，韩国人朴姓更多。

《群经音辨》把《经典释文》中"朴"字的注音和释义归纳为三个音义:"朴,木素也,普角切;朴,枹木也,音卜,《诗》械朴;朴属,附箸坚固也,蒲木切,《礼》凡察车之道欲其朴属而微至。"

九、除因第二、六、七各条说明中所举原因而删略的词条之外,本表又删汰了部分词条。主要原因是:①现已无异读;②罕用词语;③方言土音;④不常用的文言词语;⑤音变现象;⑥重复累赘。

十、人名、地名的异读审订,除原表已涉及的少量词条外,留待以后再审。

《经典释文》里有众多的专有名词的特殊读音,主要包括人名、地名。人名、地名包含着复杂的文化现象,应该尊重本人和当地人的习惯,即"名从主人"。

通过《普通话异读词审音表》与《经典释文》的特殊读音的比较,我们可以看到两者差异很大,这主要是因为经过1000多年的发展汉语产生了许多新的语言形式,同时很多旧的形式随之消亡。由于时代不同,表达方式有巨大的差别,《经典释文》的特殊读音包含语音、文字、语法以及语用等语言要素,而《普通话异读词审音表》主要针对语音(较少涉及词义、语法和语用),其他要素如文字、语法有专门的部门。另外,两者的出发点也不同,《普通话异读词审音表》是为普通话审音而制定的,立足现代,《经典释文》是为解读儒道经典而作的,立足当时。因而我们只能在语音层面上比较《普通话异读词审音表》

和《经典释文》。

《普通话异读词审音表》也考虑了传统习惯,如"车"一般读为 chē,但是在象棋中仍然保留 jū 音。

从《经典释文》的特殊读音到《普通话异读词审音表》,汉语词汇区别词义、词性的方式已经发生了很大的变化,《经典释文》中以改变读音来区别词义、用法的读法多数已在现代汉语中被其他形式取代〔以《现代汉语词典》(第 5 版) 为依据〕。

通过对《经典释文》的特殊读音与《普通话异读词审音表》的比较,我们可以发现这些特殊读音发展演变的主要途径:

第一,语音演变促使特殊读音产生或消失,如原来声母清浊对立的特殊读音,随着清浊发音方法的消失而消失;同时由于声调"平分阴阳",使原本只有"平声"的字产生"阴平"和"阳平"的对立,"浊上变去"可能使原来同韵母"浊声母上声"字和相应的"清声母去声"字的读音失去差异,"入派三声(四声)"可能使原来入声字与同声母同韵母的平上去声字失去差异;轻声、儿化的产生又使新的特殊读音替换旧的特殊读音,"文白异读""语流音变""音译外来词"等新的语言现象也可能产生新的特殊读音。

第二,文字的发展分化了特殊读音,区别字、古今字使原本有几个读音和意义的字分化为几个形体,一个形体往往只有一个读音和相应的意义。

第三,词义的消失、演变促使特殊读音产生或消失,如大量的古国名、古地名、古人名等的特殊读音,这些特殊读音本身在古代文献中运用少,现代汉语基本不用,有些保留至今,由于普通话的推行而逐渐失去特殊读音,在普通话口语里消失。

第四,语法特点的演变促使特殊读音消失,古籍中一些表示语法特点的特殊读音在现代汉语中被其他词汇、语法结构取代。

汉语词汇双音化可能使两个或者几个音节之间发生屈折变化,如方言研究报告的连读变调,"一、七、八、不"等在现代汉语不同声调字前面的变调、两个上声连读变调等,但是,这种变调与"破读"不同,它们不区别词义和词性,甚至不是独立的读音,其变调的主要原因只是发音的方便,这类读音变化是很多种语言都存在的普遍现象,被归纳为语流音变。至于人名、地名,《普通话异读词审音表》"留待以后再审",其主要原因在于人名、地名没有确定的词汇意义和语法意义,只是保留了一定的文化意义,因而应该审慎对待。

运用《经典释文》等古代音义著作、古籍注疏的注音材料以及韵书来确定汉字读音的时候,一定要根据这些音义材料的实际情况给予不同的处理,在确定为纯粹注音的情况下,还要按照语音演变规律进行折合,再结合实际语音的调查来确定现代读音,而不能机械地依据反切和直音简单处理。古籍中的许多特殊读音由于语音、文字(新字产生、旧字消亡)、语法、意义的发展等原因而得以分化。《经典释文》中需要特别注意的是其中一些形式上的注音

第三章 《普通话异读词审音表》及修订稿与《新华字典》《现代汉语词典》符合度调查

并不是真正的注音,我们可以称为"假性注音",如果"弄假成真",就会造成"谬种流传"的恶果。

由于语言的发展,《普通话异读词审音表》所审订的异读词较之《经典释文》所反映的异读情况又有较大的变化,主要表现在《普通话异读词审音表》审定的有"文读"与"白读"的异读,有轻声词与非轻声词之间的异读,有语流音变引起的异读,有统读、非统读引起的异读等。这些异读都是《经典释文》所没有或者未表现出来的。

二、《普通话异读词审音表》及其修订稿的审音情况

汉语汉字异读众多,其来源十分复杂,包含着极为丰富的语言现象和规律。笔者将一个字(词)本来读音以外的读音统称为"特殊读音",其内涵大致与"异读"相当。《新华字典》《现代汉语词典》参照《普通话异读词审音表》等语音规范进行修订以后,异读词相对减少了,据统计,异读词大约占所收字数的10%,其他字典辞书记录的异读词更多,《辞海》(语词分册)约占18%,《康熙字典》约占30%,《广韵》占近40%,《集韵》所收异读词最多,差不多占50%,今天所见大多数异读词都能在其中找到来源。

《普通话异读词审音表》是国家语言文字委员会、国家教育委员会(今教育部)和广播电影电视部于1985年12月发布的。它是1985年至2016年6月这一时期关于

异读词读音规范的法定标准和规范异读词读音的主要依据。《普通话异读词审音表》着眼于普通话词语的一些异读现象来审定读音,继承了1963年发布的《普通话异读词三次审音总表初稿》的成果,重新审订了某些读音。

异读词大多数属于"音变造词",是汉语单音节词时期主要的造词方式之一,是语言经济性原则的体现,因而多数异读词是汉语中的有益成分,但是在长期发展中,一些字词产生了不区别词义、词性和语体色彩、感情色彩的异读,我们称之为纯粹的异读,这些是语言中多余的成分,增加了人们学习和使用的负担,是语言文字的赘疣,应该予以消除。中华人民共和国成立以来,我国实行语言文字改革,大规模地简化语言和文字,在异读词方面做了很多工作,先后发布了《普通话异读词审音表》一稿、二稿、三稿以及《普通话异读词审音表(修订稿)》。

赵贤德在《〈普通话异读词审音表〉指瑕》(《湖南社会科学》,2010年第2期)一文中指出《普通话异读词审音表》存在9个方面的不足:第一,界定晦涩,难以理解;第二,取舍无据,难以操作;第三,统读死板,难以沟通;第四,余词未定,难以规范;第五,文白异读,难以实践;第六,挂一漏万,难以审读;第七,方言介入,难以普及;第八,轻声欠妥,难以处理;第九,地名不审,难以把握。该文还列举了不少《普通话异读词审音表》与现实语言生活矛盾的例子,认为《普通话异读词审音表》没有完全发挥应有的作用,这与其自身的瑕疵和宣传力度不大有关,值得修订者注意。但修订稿也没有解决这些问题。

2016年6月，国家语言文字委员会发布《普通话异读词审音表（修订稿）》，此稿是在1985年发布的《普通话异读词审音表》基础上修订而成的，是关于普通话异读词审音的最新标准。

为了清晰地观察《普通话异读词审音表（修订稿）》对《普通话异读词审音表》的修订情况，笔者将两表的"说明"根据实际内容（不按照序号一一对应）按条目罗列于下，并作简单说明［《普通话异读词审音表》的说明用楷体字，《普通话异读词审音表（修订稿）》的说明用仿宋体字］。

一、本表所审，主要是普通话有异读的词和有异读的作为"语素"的字。不列出多音多义字的全部读音和全部义项，与字典、词典形式不同，例如："和"字有多种义项和读音，而本表仅列出原有异读的八条词语，分列于 hè 和 huo 两种读音之下（有多种读音，较常见的在前。下同）；其余无异读的音、义均不涉及。

三 审音以异读词（包括单音节词和多音节词）为对象。例如：名物义"瓦"没有异读，动作义存在 wǎ、wà 两读，本表只对动作义"瓦"的读音进行审订。"装订"有 zhuāngdīng 和 zhuāngdìng 两读，是审音对象；"订单、预订"等词没有异读，不审。

二、在字后注明"统读"的，表示此字不论用于任何词语中只读一音（轻声变读不受此限），本表不再举出词例。例如："阀"字注明"fá（统读）"，原表"军阀""学阀""财阀"条和原表所无的"阀门"等词均不再举。

六　条目后注明"统读"的，表示涉及此字的所有词语均读此音。例如：熏 xūn（统读），表示"熏香、烟熏、熏陶、煤气熏着了"等中的"熏"都读 xūn。

三、在字后不注"统读"的，表示此字有几种读音，本表只审订其中有异读的词语的读音。例如"艾"字本有 ài 和 yì 两音，本表只举"自怨自艾"一词，注明此处读 yì 音；至于 ài 音及其义项，并无异读，不再赘列。

九　个别条目中的"旧读""口语也读"等括注，表示在推荐读音之外读古书或口语等特定范围内实际存在的常见读音。

四、有些字有文白二读，本表以"文"和"语"作注。前者一般用于书面语言，用于复音词和文言成语中；后者多用于口语中的单音词及少数日常生活事物的复音词中。这种情况在必要时各举词语为例。例如："杉"字下注"（一）shān（文）：紫～、红～、水～；（二）shā（语）：～篙、～木"。

七　有些条目涉及文白异读，本表以"文"和

第三章 《普通话异读词审音表》及修订稿与《新华字典》《现代汉语词典》符合度调查

"语"作注。前者一般用于书面语,后者一般用于口语。这种情况在必要时各举词例。例如:剥 bō(文),bāo(语),表示在"剥削"等书面复合词中读 bō,在"剥皮儿"等口语单用时读 bāo。

五、有些字除附举词例之外,酌加简单说明,以便读者分辨。说明或按具体字义,或按"动作义"、"名物义"等区分,例如:"畜"字下注"(一)chù(名物义):~力、家~、牲~、幼~;(二)xù(动作义):~产、~牧、~养"。

八 有些异读涉及词义区别,酌加简单说明,以便读者分辨。例如:泊(一)bó 停留、平静:停泊、泊车、淡泊、飘泊;(二)pō 湖泊义:湖泊、血泊。

六、有些字的几种读音中某音用处较窄,另音用处甚宽,则注"除××(较少的词)念乙音外,其他都念甲音",以避免列举词条繁而未尽、挂一漏万的缺点。例如:"结"字下注"除'~了个果子''开花~果''~巴''~实'念 jiē 之外,其他都念 jié"。

七、由于轻声问题比较复杂,除《初稿》涉及的部分轻声词之外,本表一般不予审订,并删去部分原审的轻声词,例如"麻刀(dao)""容易(yi)"等。

四 不审订是否轻声、是否儿化,原表涉及轻声、儿化的条目除外。

八、本表酌增少量有异读的字或词,作了审订。

九、除因第二、六、七各条说明中所举原因而删略的词条之外,本表又删汰了部分词条。主要原因是:①现已无异读(如"队伍""理会");②罕用词语(如"表分""仔密");③方言土音(如"归里包堆〔zuī〕""告送〔song〕");④不常用的文言词语(如"刍荛""甗甋");⑤音变现象(如"胡里八涂〔tū〕""毛毛腾腾〔tēngtēng〕");⑥重复累赘(如原表"色"字的有关词语分列达23条之多)。删汰条目不再编入。

十、人名、地名的异读审订,除原表已涉及的少量词条外,留待以后再审。

五 不审订人名、地名等专有名词的读音,原表涉及人名、地名的条目除外。

一 本表为《普通话异读词审音表》(1985年)的修订版。

二 本表条目按照异读音节的音序排列。

十 此次修订基于以下原则:

1. 以北京语音系统为审音依据。

2. 充分考虑北京语音发展趋势,同时适当参考在官话及其他方言区中的通行程度。

3. 以往审音确定的为普通话使用者广泛接受的读音,保持稳定。

4. 尽量减少没有别义作用或语体差异的异读。

5. 在历史理据和现状调查都不足以硬性划一的情况下暂时保留异读并提出推荐读音。

第三章 《普通话异读词审音表》及修订稿与《新华字典》《现代汉语词典》符合度调查

虽然两表的说明都是十条，但具体内容还是存在一些差异，其中有七条是基本相同的，有三条没有对应关系。《普通话异读词审音表（修订稿）》是在《普通话异读词审音表》的基础上修订而成的，其继承了《普通话异读词审音表》的一些内容，也增加了一些新的内容，如异读词"按照异读音节的音序排列"，还增加了审音原则，这是《普通话异读词审音表》没有说明的。

第二节 修订稿对《普通话异读词审音表》的修订和字典辞书的符合度

一、修订稿对《普通话异读词审音表》的修订及字典辞书的执行情况

《普通话异读词审音表（修订稿）》（为表述方便，本节中或用全称，或直接称为修订稿）是对1985年《普通话异读词审音表》进行修订的成果，此次修订共涉及54个条目。笔者将两表中有关54个条目的修订情况进行了对比，并调查了《现代汉语词典》和《新华字典》执行1985年《普通话异读词审音表》和修订稿的情况。

修订稿发布于2016年6月，晚于2012年6月出版的第6版《现代汉语词典》、2011年6月出版的第11版《新华字典》和2016年9月出版的第7版《现代汉语词典》，从时间上看，这些字典、词典只能执行《普通话异

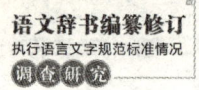

读词审音表》的规范,但是,笔者调查发现,《现代汉语词典》和《新华字典》中很多异读词的审音跟《普通话异读词审音表(修订稿)》的审音相同,如"拜、的、畜"等,这是因为《现代汉语词典》和《新华字典》对异读词的审音进行了大量的研究和调研,符合当前语言应用的实际,具有很强的权威性。即使第7版《现代汉语词典》和第11版《新华字典》晚于《普通话异读词审音表(修订稿)》,没来得及根据《普通话异读词审音表(修订稿)》的标准审音,也有不少读音与《普通话异读词审音表(修订稿)》的审音相同,其实可以理解为《普通话异读词审音表(修订稿)》采纳了《新华字典》《现代汉语词典》的审音,使之成为新的标准音义。

《新华字典》《现代汉语词典》很好地执行了1985年公布的《普通话异读词审音表》的规范。《新华字典》《现代汉语词典》与《普通话异读词审音表》及其修订稿之间的互动一直存在。因而,很有必要调查《现代汉语词典》和《新华字典》执行1985年《普通话异读词审音表》及其修订稿的情况。

《普通话异读词审音表(修订稿)》对1985年发布的《普通话异读词审音表》的修订共涉及54个条目。这些条目的具体内容如下:

(1) 新增审定异读词,如"拜",《普通话异读词审音表》没有审定,修订稿增加:"拜 bái～～(再见;分手)。"

《现代汉语词典》与《普通话异读词审音表(修订

稿)》一致,没有变化,都是两个读音,《新华字典》与《现代汉语词典》一样。

(2) 修订《普通话异读词审音表》的审音,如薄,《普通话异读词审音表》为:"薄(一)báo(语),常单用,如'纸很～'。(二)bó(文),多用于复音词。～弱 稀～ 淡～ 尖嘴～舌 单～ 厚～。"

《普通话异读词审音表(修订稿)》为:"薄(一)báo(语),常单用,如'纸很～ 厚～不均'。(二)bó(文),多用于复音词。～弱 稀～ 淡～ 尖嘴～舌 单～ 厚～。"

《普通话异读词审音表(修订稿)》较之《普通话异读词审音表》在音项、文(文读)语(白读)、用法上都没有变化,仅仅在口语音中增加了一个词"厚～不均",薄读 báo;而文读音的词有"厚～",薄读 bó,让人迷惑,不能类推。

《现代汉语词典》和《新华字典》中都是三个读音,在"薄荷"里读 bò,《普通话异读词审音表》和修订稿对这个音义都没有审定。薄 bó 的第一个义项①薄(báo),括号里注音为 báo,意思是指这个词在这个义项中既可以读 bó,又可以读 báo,《普通话异读词审音表》和修订稿也都没有审定。

(3) 增加异读词的不同读音对应的意义和词语,如泊,《普通话异读词审音表》为:"泊(一)bó,淡～ 飘～。(二)pō,湖～ 血～。"

《普通话异读词审音表(修订稿)》为:"泊(一)bó

(停留、平静),停~ ~车 淡~ 飘~(二)pō,湖~ 血~。"

《普通话异读词审音表(修订稿)》在(一)bó音项上增加了意义(停留、平静),还增加了该音义对应的词语"停~ ~车"。

《现代汉语词典》和《新华字典》都是两个读音,跟《普通话异读词审音表》及修订稿相同。不过《现代汉语词典》将读bó的词分为两个。"泊¹"有四个义项:①船靠岸;停船。②停留。③停放(车辆)④(Bó)姓。"泊²"只有一个义项:恬静。但是,《现代汉语词典》都把由泊组成的词"泊车、泊地、泊位"放在"泊²"的下面,这样放置很容易让人产生疑问,"泊车、泊地、泊位"中的"泊",意义是"恬静"吗?如果不是,为什么把这些词放在这个音义之下呢?字形相同、读音相同、意义和用法不同的词应该视为同形词,同形词实际上是两个不同的词,其所组成的合成词就应该分置于相应的字形、读音和意义之下,以体现汉语字词音义对应、音义匹配的原则,"泊车、泊地、泊位"这些词中"泊"的意义显然是"①船靠岸;停船。②停留。③停放(车辆)"等,因而这些词就应该放在"泊¹"的后面。《新华字典》将"泊"读bó的词处理为两个义项:①船靠岸。②恬静。

(4)改变异读词的某个音项,如"伯",《普通话异读词审音表》为:"伯(一)bó,~~(bo)老~。(二)bǎi,大~子(丈夫的哥哥)。"

《普通话异读词审音表(修订稿)》为:"伯(一)

bó，~~（bo）老~。（二）bāi，大~子（丈夫的哥哥）。"

这条改动只是改变了第二个读音，其他均保持原状。《新华字典》仍注音为"bǎi［大~子］（—zi）丈夫的哥哥"。这是因为修订稿是2016年6月发布的，而《新华字典》修订于2010年11月，其注音符合《普通话异读词审音表》的审音。其中，给"［大~子］"注音为"（—zi）"欠妥，如果要省略也应该注为"（dà—zi）"。《现代汉语词典》跟《新华字典》相同，因为修订稿比《现代汉语词典》晚出，《现代汉语词典》没有修改。

（5）增加异读词音义项所涉及的词语，如"藏"，《普通话异读词审音表》为："藏（一）cáng，矿~。（二）zàng，宝~。"

《普通话异读词审音表（修订稿）》为："藏（一）cáng，矿~ 库~（丰富）。（二）zàng，宝~ 大~经。"

在藏（一）cáng下增加审定"库~（丰富）"，在（二）zàng下增加审定了佛教术语"大~经"。

《现代汉语词典》与修订稿相同，《新华字典》也与修订稿相同。

（6）调整异读词不同音义项所涉及的词语，如"差"，《普通话异读词审音表》审定了3个音义："差（一）chā（文），不~累黍 不~什么 偏~ 色~ ~别 视~ 误~ 电势~ 一念之~ ~池 ~错 言~语错 一~二错 阴错阳~ ~等 ~额 ~价 ~强人意 ~数 ~异。（二）chà（语），~不多 ~不离 ~点儿。（三）cī，参~。"

《普通话异读词审音表(修订稿)》审定为:"差(一) chā(文),不~累黍 偏~ 色~ ~别 视~ 误~ 电势~ 一念之~ ~池 ~错 言~语错 一~二错 阴错阳~ ~等 ~额 ~价 ~强人意 ~数 ~异。(二)chà(语),不~什么 ~不多 ~不离 ~点儿。(三)cī,参~。"

《普通话异读词审音表(修订稿)》审定的音义项没有改变,但是将不同音义项所涉及的词语进行了调整:不~什么,原读为 chā,属于文读音,调整读为 chà,属于口语音。

《现代汉语词典》注有 5 个读音,即①chā,②chà,③chāi,④chài,⑤cī,以及相应的意义。《新华字典》注有 4 个读音,即①chā,②chà,③chāi,④cī,以及相应的意义。《普通话异读词审音表》审定了其中 3 个。《现代汉语词典》注为①chā 的第一个义项:"义同'差'(chà)",举例词有"差别、差异",那是不是说差别、差异中的"差"既可读 chā,又可读 chà?而在 chà 的音义项下没有列出"差别、差异"。差别、差异既可读 chā,又可读 chà,是不区别词义和用法的异读,应该予以规范。《普通话异读词审音表》及其修订稿审定了"差异",读 chā,没有审定"差别"。《现代汉语词典》与《普通话异读词审音表》及其修订稿不一致。《新华字典》在"①chā"的义项里没有其他注音,符合《普通话异读词审音表》及其修订稿的审音。

(7)将原来有异读(和相应的异体字)的词统读为一个读音,如"颤",《普通话异读词审音表》:"颤(一)

chàn，~动 发~。（二）zhàn，~栗（战栗）打~（打战）。"

《普通话异读词审音表（修订稿）》为："颤（一）chàn（统读）（战栗、打战不写作颤）。"

《普通话异读词审音表（修订稿）》审定为"颤（一）chàn（统读）"，表示"颤"在任何时候都读 chàn，只有一个读音及其相应的意义用法，取消了读 zhàn 的音义，《普通话异读词审音表》"~栗（战栗）打~（打战）"意味着"颤栗与战栗"和"打颤与打战"读音、意义、用法相同，即"颤"与"战"是异体字，取消颤 zhàn 的音义就意味着取消"战栗、打战"与"颤栗、打颤"的异形词关系。另外，（一）（二）等是异读词读音序号，"颤"统读为 chàn，在任何情况下都读 chàn，没有别的读音，因而其序号（一）就应该删除，其他异读词也有这种情况。

《现代汉语词典》和《新华字典》仍旧注有 chàn、zhàn 两个读音，"颤栗"与"战栗"音、义、用相同，不符合《普通话异读词审音表（修订稿）》的审定。

（8）调整异读词不同读音所涉及的词语，如"场"，《普通话异读词审音表》："场（一）chǎng，~合 ~所 冷~ 捧~。（二）cháng，外~ 圩~ ~院 一~雨。（三）chang，排~。"

《普通话异读词审音表（修订稿）》为："场（一）chǎng，~合 ~所 冷~ 捧~ 外~ 圩~ 一~大雨。（二）cháng，~院。（三）chang，排~。"

修订稿将原表第一个读音调整为（一）chǎng，第二个读音调整为（二）cháng，反映的是读chǎng的音义更为常用，将原表属于cháng的"外～圩～"调整为读chǎng。

《现代汉语词典》只收录了两个读音cháng和chǎng，跟"圩～"相同的"赶～"和跟"一～大雨"相同的"一～透雨"收在cháng之下，与《普通话异读词审音表》相同，与修订稿不同。《新华字典》也只有两个读音cháng和chǎng，受体例的限制，《新华字典》没有列举不同读音对应哪些词语。

（9）增加新审定的词语读音，增加常见的古词义，区分动作义和名物义，如"乘"，《普通话异读词审音表》："乘（动作义，念chéng），～包 ～制 ～便 ～风破浪 ～客 ～势 ～兴。"只审定了一个音义，并列举了这个音义所属的词语。

《普通话异读词审音表（修订稿）》审定为："乘（一）chéng（动作义），～包 ～制 ～便 ～风破浪 ～客 ～势 ～兴（佛教术语）大～ 小～ 上～。（二）shèng（名物义），千～之国。"

修订稿增加了一个音义项"（二）shèng（名物义），千～之国"。这是"乘"在古文献中的常见音义，同时也是名物义。较之《普通话异读词审音表》，修订稿新审定了几个佛教术语"大～ 小～ 上～"读为chéng，但是修订稿将这些佛教术语放在（动作义）的管辖之下，不太合适，因为"大～ 小～"之"乘"意义为"佛教的教义"，显然也是名词。

《现代汉语词典》也收了 chéng、shèng 两个读音，但是将"乘（一）chéng"的读音分列两个字头：乘¹ chéng、乘² chéng。乘¹ 的音义与修订稿"乘（一）chéng"的音义相同，乘² 也是动词，意义是"进行乘法运算。"乘² chéng 下列词语有 22 个，意义为乘¹ 的有 17 个，意义为乘² 的有 5 个，这样排列不恰当，意义为乘¹ 的 17 个词语应该排列在乘¹ 的音义之下，意义为乘² 的有 5 个词语应该排列在乘² 的音义之下，这样才能体现语言文字内容（形音）与形式（义用）的统一，体现字词音（包括形）义（包括用）对应、音义匹配的异读词原则。《现代汉语词典》在处理类似的同形词时都采用了这种做法，虽然同形词字形一样、读音一样，但是意义不同、用法不同，因而它们所组的词就应该对应形、音、义、用均一致的音义项。我们建议《现代汉语词典》在以后的修订中进行调整。"乘（二）shèng"在《现代汉语词典》中也分乘¹ shèng、乘² shèng。乘² shèng 的音义与修订稿"乘（二）shèng 的音义相同，乘¹ shèng 的意义是"春秋时晋国的史书叫'乘'，后来泛指一般史书：史乘、野乘"。《新华字典》也有两个读音 chéng 和 shèng，chéng 和 shèng 都没有分乘¹ 和乘²，将《现代汉语词典》所分乘¹ 和乘² 的意义处理为一个读音的不同义项。

（10）增加有异读的个别词语的审音，如畜，《普通话异读词审音表》："畜（一）chù（名物义），～力 家～ 牲～ 幼～。（二）xù（动作义），～产 ～牧 ～养。"

《普通话异读词审音表（修订稿）》为："畜（一）

chù（名物义），～力 家～ 牲～ 幼～ ～类。（二）xù（动作义），～产 ～牧 ～养。"增加审定了"～类"一个词，其实这个词无须重新审定，因为《普通话异读词审音表》已经明确审定了"畜"的名物义和动作义之间的异读，"～类"显然是名词，完全可以类推，当然读名物义的读音了。

《现代汉语词典》与修订稿相同，都收入了"畜类"，也都读 chù。《新华字典》也与修订稿相同。

（11）调整不同读音所对应的音义项，如"大"，《普通话异读词审音表》："大（一）dà，～夫（古官名）～王（如爆破～王、钢铁～王）。（二）dài，～夫（医生）～黄 ～王（如山～王）～城〔地名〕。"

《普通话异读词审音表（修订稿）》审定为："大（一）dà，～夫（古官名）～王（如爆破～王、钢铁～王）～黄。（二）dài，～夫（医生）～王（如山～王）。"

《普通话异读词审音表（修订稿）》将《普通话异读词审音表》第二个音义项"（二）dài"下的"～黄"调整为第一个音义项"（一）dà"。

《现代汉语词典》与修订稿相同，"～黄"归于"大（一）dà"之下，用括号说明（旧读 dàihuáng）。《新华字典》也与修订稿相同，不过没有"大黄"的说明。

（12）增加异读词不同音义项下审定的词语，如"当"，《普通话异读词审音表》："当（一）dāng，～地 ～间儿 ～年（指过去）～日（指过去）～天（指过去）～时（指过去）。（二）dàng，一个～俩 安步～车 适～ ～年

第三章 《普通话异读词审音表》及修订稿与《新华字典》《现代汉语词典》符合度调查

（同一年）～日（同一时候）～天（同一天）。"

《普通话异读词审音表（修订稿）》审定为："当（一）dāng，～地 ～间儿 ～年（指过去）～日（指过去）～天（指过去）～时（指过去）。（二）dàng，一个～俩 安步～车 适～ 勾～ ～年（同一年）～日（同一时候）～天（同一天）。"

两者相比，修订稿在"（二）dàng"下增加了一个词"勾～"，其余没有变化，这个修订是为了消除"勾～"中"当"的异读。

《现代汉语词典》与修订稿相同，但是将两个音义都分列为两个：当 $dāng^1$、当 $dāng^2$ 和当 $dàng^1$ 当 $dàng^2$。各个音义项下所归词语也没有做到音义对应、音义匹配。《新华字典》中的"当 dāng"和"当 dàng"，将相同读音的不同意义分列为不同义项。"勾当"之"当"读轻声，注音为［-dang］，与《现代汉语词典》和修订稿都不相同。

（13）修改异读词不同读音涉及的词语的意义，如"倒"，《普通话异读词审音表》："倒（一）dǎo，颠～ 颠～是非 颠～黑白 颠三～四 倾箱～箧 排山～海 ～板 ～嚼 ～仓 ～嗓 ～戈 ～潦～。（二）dào，～粪（把粪弄碎）。"

《普通话异读词审音表（修订稿）》为："倒（一）dǎo，颠～ 颠～是非 颠～黑白 颠三～四 倾箱～箧 排山～海 ～板 ～嚼 ～仓 ～嗓 ～戈 ～潦～。（二）dào，～粪（翻动粪肥）。"

两稿音义项所属词语完全一样，不同的是修订稿修改

了"(二)dào"所属词语"～粪"的意义,由原来"把粪弄碎"修改为"翻动粪肥"。

《现代汉语词典》与修订稿审音和词语归入到不同的读音相同,但是第6版、第7版《现代汉语词典》都没有收录"倒粪",说明"倒粪"这个词没有进入普通话词汇系统,因而不管这个词的意义是否正确,这个审音条目都让人莫名其妙。《新华字典》的审音与《现代汉语词典》和修订稿相同,但也没有"倒粪"这个词或相应的词义。

(14)增加异读词新审定的音义项,如"的",《普通话异读词审音表》只审定了一个音义:"的dí,～当～确。"审定者认为其他音义没有容易混淆的异读。

《普通话异读词审音表(修订稿)》审定为:"的(一)dī,打～。(二)dí,～当～确。"

修订稿增加了一个音义项"的(一)dī,打～。"这个音义来源于外语,由于外语音译的读音总是跟普通话读音之间存在或多或少的差异,因而在现实语言中出现异读,需要审定。

《现代汉语词典》和《新华字典》都收录了"的"的四个音义项,修订稿只审定了容易混淆的异读的音义"的(一)dī,打～"。

(15)将原有异读的词统读为一个音义,如"葛",《普通话异读词审音表》:"葛(一)gé,～藤 ～布 瓜～。(二)gě〔姓〕,(包括单、复姓)。"

《普通话异读词审音表(修订稿)》审定为:"葛gě〔统读〕。"

第三章 《普通话异读词审音表》及修订稿与《新华字典》《现代汉语词典》符合度调查

《普通话异读词审音表》有"葛（一）gé"和"（二）gě"两个音义。修订稿统读为"葛 gě",是"表示涉及此字的所有词语均读此音"。

《现代汉语词典》和《新华字典》的审音与《普通话异读词审音表》相同。按：《普通话异读词审音表》的第二个音义"（二）gě〔姓〕"的书写不符合《汉语拼音正词法基本规则》的书写规则，既然 gě 的读音对应的是〔姓〕，第一个字母就应该大写，写作"Gě"。《现代汉语词典》都写作"Gě"，符合汉语拼音书写规范。《新华字典》在〔姓〕这个意义上也写作"gě"，跟《普通话异读词审音表》一样，也不符合汉语拼音书写规范。

（16）修订稿新增《普通话异读词审音表》没有审定的字词异读，如"匮"，《普通话异读词审音表》没有审定。

《普通话异读词审音表（修订稿）》："匮 guì（同'柜'），石室金~《金~要略》。"

《现代汉语词典》和《新华字典》中，"匮"的读音都是 kuì，相应的意义是"〈书〉缺乏。〈古〉又同'柜'guì"。guì 音节下的同音字都没有收录"匮"。修订稿"匮 guì（同'柜'）"中的"柜"在《现代汉语词典》和《新华字典》中的繁体字是"櫃"而不是"匮"，《通用规范汉字表》中"匮"的编号为 4782，在《〈通用规范汉字表〉使用手册》和《通用规范汉字字典》中都注音为 kuì，没有其他读音，在其附录《规范字、繁体字与异体字对照表》中，"匮"的繁体字是"匱"，异体字栏空缺，没有

199

"柜";"柜"在《通用规范汉字表》中的编号是1022,《规范字、繁体字与异体字对照表》中"柜"的繁体字是"櫃",也不是"匱","柜"的异体字栏空缺,也没有"匱"。那么,《普通话异读词审音表(修订稿)》审定"匱 guì(同'柜')"的依据就只有《现代汉语词典》和《新华字典》的意义:"〈古〉又同'柜'guì。"所举的例词"石室金~《金~要略》"也都是古语词,而且不常用,应该不算普通话的异读词,因此,笔者认为没有审音的必要。

(17) 改变《普通话异读词审音表》有异读的词的读音,如"哈",《普通话异读词审音表》:"哈(一)hǎ,~达。(二)hà,~什蚂。"有两个读音。

《普通话异读词审音表(修订稿)》审定为:"哈 hā 除姓氏和'哈达'的'哈'读 hǎ 外,都读 hā。"

修订稿改变了"哈"的读音,除姓氏和"哈达"的"哈"读 hǎ 外,读为 hā,"~什蚂"中的"哈"也读 hā。但是既然姓氏和"哈达"的"哈"读 hǎ,那么也应该分两个音义项:(一)哈 hā。(二)hǎ,~达,用作姓氏。

《现代汉语词典》和《新华字典》给"哈"的注音都是三个:hā、hǎ、hà。修订稿取消了 hà 的音义项。

(18) 不改变音义项,也不改变不同音义项下所属词语,只改换词语所用的字,实际上是在确定异体字,如"和",《普通话异读词审音表》:"和(一)hè,唱~ 附~ 曲高~寡。(二)huo,搀~ 搅~ 暖~ 热~ 软~。"

《普通话异读词审音表(修订稿)》为:"和(一)

第三章　《普通话异读词审音表》及修订稿与《新华字典》《现代汉语词典》符合度调查

hè, 唱~ 附~ 曲高~寡。(二) huo, 掺~ 搅~ 暖~ 热~ 软~。"

修订稿仅仅是把《普通话异读词审音表》第二个音义项"(二) huo"下的"搻~"改为"掺~"。笔者认为,这条修订跟"异读词审音"没有关系,只是确定了词语的用字,这种用字跟《现代汉语词典》"搻² chān 旧同'掺'"和《新华字典》"搻 chān 同'掺'"一致,实际上只是辨析了一组异体字。因而这条修订不应该出现在修订稿中。

(19) 将《普通话异读词审音表》中有异读的词统读为一个音义项,如"虹",《普通话异读词审音表》:"虹(一) hóng (文), ~彩 ~吸。(二) jiàng (语), 单说。"

《普通话异读词审音表(修订稿)》审定为:"虹 hóng (统读), (口语单说也读 jiàng)。"

既然修订稿审定为"统读",就不应该还有其他读音,但是后面又说明"口语单说也读 jiàng",实质上跟《普通话异读词审音表》没有差异,自乱其例。

《现代汉语词典》和《新华字典》与《普通话异读词审音表》相同,也符合修订稿的审音。

(20) 新增《普通话异读词审音表》没有审定的异读词,如"几",《普通话异读词审音表》没有审定。

《普通话异读词审音表(修订稿)》:"几 jī, 茶~ 条~ ~乎。"只有一个读音和相应的意义用法,没有标明"统读",表明这个词是多音多义字,除"几 jī, 茶~ 条~ ~乎"以外,其他音义不会混淆,所以不审。

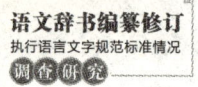

《现代汉语词典》有两个读音：jī、jǐ。《现代汉语词典》中"jī"读音的词分立两个字头：几¹ jī、几² jī，分别对应"几¹ jī 茶～ 条～"和"几² jī～乎"。与修订稿审音相同。《新华字典》"几 jī"只有一个字头，分别有三个义项，第一个义项对应"茶～ 条～"，第二个义项对应"～乎"。《现代汉语词典》和《新华字典》对"几"的审音相同。

（21）将《普通话异读词审音表》有异读的词统读为一个读音以及与之对应的意义，如"纪"，《普通话异读词审音表》："纪（一）jǐ〔姓〕。（二）jì。"

《普通话异读词审音表（修订稿）》："统读 jì（纪姓旧读 jǐ）。"

"纪姓旧读 jǐ"，是不是表明现在也可以读为 jǐ？《普通话异读词审音表》说明："十、人名、地名的异读审订，除原表已涉及的少量词条外，留待以后再审。"修订稿说明："五 不审订人名、地名等专有名词的读音，原表涉及人名、地名的条目除外。"对于人名、地名的异读，基本原则是"名从主人"，"纪"既然统读 jì，按修订稿说明"六 条目后注明'统读'的，表示涉及此字的所有词语均读此音"，就不应该有其他读音。"纪姓旧读 jǐ"如何把握？如果保留，就与"统读"矛盾；如果废弃，就违背了"名从主人"的原则。另外，按照《汉语拼音正词法基本规则》："4.2.3 汉语人名按姓和名分写，姓和名的开头字母大写。""纪姓旧读 jǐ"中"jǐ"没有大写，这个条目还可商榷。

第三章　《普通话异读词审音表》及修订稿与《新华字典》《现代汉语词典》符合度调查

《现代汉语词典》与原审音表基本相同，读音 jǐ 分列两个字头，在"Jǐ姓"后有说明（近年也有读 Jì 的），这是否是修订稿修订的依据？但是，笔者认为即便如此，这也不是统读的理由，读 Jì 的是哪些人呢？是纪姓人还是外姓人？如果是纪姓人，那么可以视为纪姓人自己放弃这个姓氏的读音和文化传承；如果是外姓人，则不可为据，外姓人往往不知道这个姓氏的来源、历史传承和读音，可以视为误读。《新华字典》与《普通话异读词审音表》的审音相同，jǐ 的读音对应的意义是"姓"，首写字母也没有大写，也不符合《汉语拼音正词法基本规则》。

（22）原先有异读，只审定一部分词语中异读字的读音，新审定其他读音对应词语中的异读字，如"夹"，《现代汉语词典》和《新华字典》都有三个读音 gā、jiā、jiá 及其相应的意义，《普通话异读词审音表（修订稿）》审定了 jiā 和 jiá 对应的一些词语的读音。《普通话异读词审音表》："夹 jiā，～带 藏～ ～掖 ～道儿 ～攻 ～棍 ～生 ～杂 ～竹桃 ～注。"

《普通话异读词审音表（修订稿）》："夹 jiā（除夹层、双层义读 jiá，如'～袄 ～衣'，其余义读 jiā）。"

"除夹层、双层义读 jiá，如'～袄 ～衣'，其余义读 jiā"，根据修订稿的表述，"夹"有两个读音 jiā、jiá，应该列两个音义项。这样就意味着《现代汉语词典》和《新华字典》减少了 gā 这个音义项，但是《〈通用规范汉字表〉使用手册》和《通用规范汉字字典》仍然注有 gā、jiā、jiá 三个音义项。虽然《〈通用规范汉字表〉使用手

册》和《通用规范汉字字典》不同于《通用规范汉字表》，但是，人们主要靠《新华字典》《现代汉语词典》《〈通用规范汉字表〉使用手册》《通用规范汉字字典》了解通用规范汉字的读音，这样一来，两个重要的语言文字规范标准就出现了矛盾，读者该如何取舍？

《现代汉语词典》中"夹层"的注音为"jiācéng"，jiā、jiá这两个音义项的其他词语与修订稿相同，读 gā，有一个词"夹肢窝"，释义为："gā·zhiwō 同'胳肢窝'（gā·zhiwō）。"《新华字典》读 gā 也只有一个词"夹肢窝"，没有"同'胳肢窝'（gā·zhiwō）"的说明。jiā、jiá 的两个音义项与《现代汉语词典》相同，没有列出相应的词语。

（23）将原有异读的词统读为一个读音，如"芥"，《普通话异读词审音表》："芥（一）jiè，～菜（一般的芥菜）～末。（二）gài，～菜（也作'盖菜'）～蓝菜。"

《普通话异读词审音表（修订稿）》："芥（统读）jiè。"

《现代汉语词典》中只有一个音义项：jiè，只是在解释"芥菜"的一种"大叶芥"的时候称"因有的地区读作 gàicài，所以也写作盖菜"。这恐怕是《普通话异读词审音表》异读的来源。《新华字典》注有两个音义项 gài、jiè，与《普通话异读词审音表》相同，《〈通用规范汉字表〉使用手册》《通用规范汉字字典》的注音与《普通话异读词审音表》相同。

（24）删除《普通话异读词审音表》的异读，如

第三章 《普通话异读词审音表》及修订稿与《新华字典》《现代汉语词典》符合度调查

"斤",《普通话异读词审音表》:"斤 jīn,千~(起重的工具)。"

《普通话异读词审音表(修订稿)》:"(此条删除)。"

《普通话异读词审音表》审定的是"斤"作为语素,在"千~(起重的工具)"中的读音,读作轻声。轻声并不是一个独立的声调,是在语流中出现的音变现象(个别词语中的语素也有比较固定的轻声读法,情况非常复杂,总的说来,轻声是一种音变现象),很多轻声是变动不居的,因而《普通话异读词审音表》特作说明:"由于轻声问题比较复杂,除《初稿》涉及的部分轻声词之外,本表一般不予审订,并删去部分原审的轻声词。"修订稿说明:"不审订是否轻声、是否儿化,原表涉及轻声、儿化的条目除外。"

《现代汉语词典》和《新华字典》都只有一个音项:jīn,对应三个意义:质量或重量单位;古代砍伐树木的工具:斧斤;(Jīn)。

(25)改变原来统读的一个音为统读的另一个音,如"粳",《普通话异读词审音表》:"粳 jīng(统读)。"

《普通话异读词审音表(修订稿)》:"粳 gēng(统读)。"

《现代汉语词典》《新华字典》《〈通用规范汉字表〉使用手册》《通用规范汉字字典》中都只有一个音义项:jīng,修订稿改为"粳 gēng(统读)"。这条审定应该贯彻了修订稿说明中的两个原则:"1. 以北京语音系统为审音依据。2. 充分考虑北京语音发展趋势,同时适当参考

在官话及其他方言区中的通行程度。"

（26）取消原来的异读音，统读为另一个音，并取消这个读音对应的异体字，如"颈"，《普通话异读词审音表》："颈 gěng，脖～子。"没有标明统读，意味着这个字有不同的音义，只是在"颈 gěng，脖～子"这个音义上有异读，《普通话异读词审音表》只审定了这个音义。

《普通话异读词审音表（修订稿）》："颈 jǐng（统读），（'脖梗子'不写作'脖颈子'）。"取消"颈 gěng，脖～子"这个音义项，统读为"颈 jǐng"。

《现代汉语词典》《新华字典》跟《普通话异读词审音表》相同，《〈通用规范汉字表〉使用手册》《通用规范汉字字典》也跟《普通话异读词审音表》相同。

（27）改变异读词不同读音对应的词语，如"壳"，《普通话异读词审音表》："壳（一）ké（语），～儿 贝～儿 脑～ 驳～枪。（二）qiào（文），地～ 甲～ 躯～。"

《普通话异读词审音表（修订稿）》："壳 ké（除'地壳、金蝉脱壳'中的'壳'读 qiào 外，其余读为 ké）。"

壳 qiào 原定为文读音，所属词语有"地～ 甲～ 躯～"，修订稿将"甲～ 躯～"中"壳"的读音审定为 ké。

修订稿实际上承认"壳"有两个音义项，但是又没有分（一）（二），似乎与《普通话异读词审音表》及其自身的体例不合。笔者认为，既然有两个音义项，就应该列出两个读音和相应的意义、词语。

《现代汉语词典》《新华字典》跟《普通话异读词审音

第三章 《普通话异读词审音表》及修订稿与《新华字典》《现代汉语词典》符合度调查

表》相同。《〈通用规范汉字表〉使用手册》《通用规范汉字字典》也跟《普通话异读词审音表》相同。

（28）异读词的音义项没有改变，不同音义项下所属词语有所调整，如"累"，《普通话异读词审音表》："累（一）lèi（辛劳义，如'受~'〔受劳~〕）。（二）léi（如'~赘'）。（三）lěi（牵连义，如'带~''~及''连~''赔~''牵~''受~'）。"

《普通话异读词审音表（修订稿）》："累（一）lèi（辛劳义、牵连义），劳~ 受~ 带~ ~及 连~ 牵~。（二）léi，~赘。（三）lěi（积累义、多次义），~积 ~教不改 硕果~~ 罪行~~。"

《普通话异读词审音表（修订稿）》将牵连义 lěi 调整为 lèi，所属词语相应地调整为 lèi，去掉了"赔~"一词，三个音项都没有这个词，不知该词中的"累"怎么读？还有"受~"的意义有两个：受〔劳累〕和受〔连累〕，字形、词形、意义相同，但是意义相差很大。修订稿还增加了 lěi（积累义、多次义）等音义项，审定了"~积 ~教不改 硕果~~ 罪行~~"等词语。

《现代汉语词典》和《新华字典》审定的也有三个音义项：léi、lěi、lèi。跟《普通话异读词审音表》相同，但是《现代汉语词典》不同音义项所对应的词语不同，"带~""~及""连~""牵~""受~"等牵连义由原来读 lěi 修订为读 lèi。《〈通用规范汉字表〉使用手册》《通用规范汉字字典》跟修订稿相同，不同于《普通话异读词审音表》。

207

(29) 将原有异读的词统读为一个读音，如"靡"，《普通话异读词审音表》："靡（一）mí，～费。（二）mǐ，风～ 委～ 披～。"

《普通话异读词审音表（修订稿）》："靡 mí（统读）。"

《现代汉语词典》和《新华字典》与《普通话异读词审音表》相同，读 mǐ 的"靡"分立两个字头，《新华字典》也与《普通话异读词审音表》相同，只是读 mǐ 的"靡"只立一个字头。《〈通用规范汉字表〉使用手册》《通用规范汉字字典》也跟《普通话异读词审音表》相同。

(30) 相同词形增加不同意义和相应的音项，如"胖"，《普通话异读词审音表》："胖 pán，心广体～（～为安舒貌）。"

《普通话异读词审音表（修订稿）》："胖（一）pán，心广体～（安舒义）。（二）pàng，心宽体～（发胖义）。"

"心广体～"与"心宽体～"从词形上说应该是相同的，《现代汉语词典》"心宽体～xīnkuān-tǐpán"解释为"心广体～"，"心广体～xīnguǎn-tǐpán"解释为"心胸开阔舒畅，体貌泰然安详。也说心宽体胖"。修订稿增加了"心宽体～（发胖义）"，胖为"发胖义"，这样审定，似乎只有"心广体～"才能表示"心胸开阔舒畅，体貌泰然安详"，而"心宽体胖"只能表示"心胸开阔，身体发胖"。其实，"广"即为"宽"，"宽"即为"广"，"心广体～"和"心宽体～"字面上是相同的，只是"胖"既可以表示"安舒貌"，读 pán，又可以表示"发胖义"，读 pàng。"心广体～"和"心宽体～"两个词都可以表示"心胸开阔舒畅，体貌泰然安详"和"心胸开阔舒畅，身体发胖(pàng)"。《新华字典》也有两个音义：pán 安泰舒适，pàng 人体内含脂肪多，与"瘦"相对，但是没有组词，我们可以根据词义确定读音。《〈通用规范汉字表〉使用手册》和《通用规范汉字字典》跟修订表相同，有"心广体~xīnkuān-tǐpán"，没有"心宽体~"这个词例。

（31）将《普通话异读词审音表》统读为一个读音的分列两个音义项，并且原来的读音没有进入新列的音义项，如"剽"，《普通话异读词审音表》："剽 piāo（统读）。"

《普通话异读词审音表（修订稿）》："剽（一）piáo，~窃。（二）piào，~悍。"

修订稿放弃了剽 piāo 的读音，将"剽"组成的词语分为两个读音，在"剽窃"中读 piáo，在"剽悍"中读 piào。根据我们的了解，"剽"在"剽悍"中读 biāo 更多一些，网络上很多人也表示难以接受读 piào。

《现代汉语词典》《新华字典》与《普通话异读词审音表》相同，只有一个音义项。《〈通用规范汉字表〉使用手册》《通用规范汉字字典》也与《普通话异读词审音表》相同。

（32）将原来有不同音义的异读词统读为一个音义，如荨，《普通话异读词审音表》："荨（一）qián（文），~麻。（二）xún（语），~麻疹。"

《普通话异读词审音表（修订稿）》："荨 xún（统读）。"

"荨"原有文白二读,其意义没有差异,就其来源说"荨"读qián,但是人们受该字简化字声符的影响,误读为xún,用于常见皮肤病"~麻疹"中,久而久之,习非成是,这个白读音得到人们的认同,因而"荨"得到了xún这个读音,遵循语言文字"约定俗成"的原则,修订稿统读为xún。

《现代汉语词典》《新华字典》与《普通话异读词审音表》相同,《〈通用规范汉字表〉使用手册》《通用规范汉字字典》也与《普通话异读词审音表》相同。

(33) 调整不同音义项所属词语,如"强",《普通话异读词审音表》:"强(一) qiáng,~渡 ~取豪夺 ~制 博闻~识。(二) qiǎng,勉~ 牵~ ~词夺理 ~迫 ~颜为笑。(三) jiàng,倔~。"

《普通话异读词审音表(修订稿)》:"强(一) qiáng,~渡 ~取豪夺 ~制 博闻~识 ~迫。(二) qiǎng。勉~ 牵~ ~词夺理 ~颜为笑。(三) jiàng,倔~。"

修订稿中"强"的三个音义项没有改变,只是将《普通话异读词审音表》读qiǎng的"~迫"调整为读qiáng。

《现代汉语词典》与《普通话异读词审音表》相同,"强迫"放在qiǎng这个音义项之下,《〈通用规范汉字表〉使用手册》《通用规范汉字字典》也与《普通话异读词审音表》相同。

(34) 取消轻声,增加别的异读的审定,增加不同音项下的词语,如"散",《普通话异读词审音表》:"散

第三章 《普通话异读词审音表》及修订稿与《新华字典》《现代汉语词典》符合度调查

(一) sǎn，懒～ 零零～～ ～漫。(二) sàn，零～。"

《普通话异读词审音表(修订稿)》："散(一) sǎn，懒～ 零～ 零零～～ ～漫。(二) sàn，～开 ～落 ～布 ～失。"

修订稿取消"散"的轻声读音，将原归入轻声的"零～"调整到 sǎn 的音项之下，增加审定了读 sàn 的音义项以及所属词语。

《现代汉语词典》《新华字典》与修订稿相同，《〈通用规范汉字表〉使用手册》《通用规范汉字字典》也与修订稿相同。

(35) 根据使用情况，取消不同词性对应不同读音的审定，如"塞"，《普通话异读词审音表》："塞(一) sè (文) 动作义。(二) sāi (语) 名物义，如：'活～'，'瓶～'；动作义，如：'把洞～住'。"

《普通话异读词审音表(修订稿)》："塞(一) sè (文)，如：交通堵～；堰～湖。(二) sāi (语)，如：'活～''瓶～'；'把瓶口～上'。"

修订稿取消"动作义"和"名物义"的区分，保留文读音和白读音的区别，文读音审定了"交通堵～；堰～湖"两个词。在 sāi 这个音义项下，例词"把洞～住"改换成"把瓶口～上"，意义不是一样吗？

《现代汉语词典》和《新华字典》收录了三个音义项：sāi、sài、sè，读 sài 的音义没有异读，因而原表和修订稿都没有审定，sāi、sè 的音义即所属词语与修订稿相同。《〈通用规范汉字表〉使用手册》《通用规范汉字字典》

与《现代汉语词典》《新华字典》相同。

本条《普通话异读词审音表》在"（文）动作义"后有句号，例词有引号，例词之间有顿号或分号隔开，修订稿"（文）"后有逗号，例词也有引号，例词之间也有顿号或分号隔开，与前面各条的体例不统一。《普通话异读词审音表》和修订稿其他条目也存在着一些标点符号问题（见《普通话异读词审音表》和修订稿原文，本书所涉及的各个条目的一些标点是笔者根据《标点符号的用法》添加的）。

（36）取消文读音和白读音的区分，增加个别音项下的词语，如"厦"，《普通话异读词审音表》："厦（一）shà（语）。（二）xià（文），~门 噶~。"

《普通话异读词审音表（修订稿）》："厦（一）shà，大~。（二）xià，~门 噶~。"

修订稿取消了《普通话异读词审音表》（语）（文）的区别，在 shà 这个音项下增加了一个词语"大~"，区分了"厦"用作普通名词和专有名词的音义。

《现代汉语词典》《新华字典》与修订稿相同，《〈通用规范汉字表〉使用手册》《通用规范汉字字典》也与修订稿相同。

《现代汉语词典》《新华字典》在 xià 的音项下，注解为："厦门（Xiàmén），地名，在福建。"没有别的词义，《现代汉语词典》《新华字典》和《普通话异读词审音表》以及修订稿所举例词都是专有名词，我们有理由相信这个读音表示的是专有名词的读音，但是字头的注音首字母没

第三章 《普通话异读词审音表》及修订稿与《新华字典》《现代汉语词典》符合度调查

有大写,不符合《汉语拼音正词法基本规则》的规定。

(37)将原来有文白异读的词统读为一个读音,如"杉",《普通话异读词审音表》:"杉(一)shān(文),紫~ 红~ 水~。(二)shā(语),~篙 ~木。"

《普通话异读词审音表(修订稿)》:"杉 shān(统读)。"

由于"杉"统读为 shān,"表示涉及此字的所有词语均读此音",因而《普通话异读词审音表》审定的那些词语就无须列出。但是,这样审定是否符合语言实际,有待商榷,从网络言论看,shā 的音义还是很有读者基础的。

《现代汉语词典》《新华字典》与《普通话异读词审音表》相同,《〈通用规范汉字表〉使用手册》《通用规范汉字字典》也与《普通话异读词审音表》相同。

(38)异读的几个音项保持不变,增加审定个别音项下的词语,如"苫",《普通话异读词审音表》:"苫(一)shàn(动作义,如'~布')。(二)shān(名物义,如'草~子')。"

《普通话异读词审音表(修订稿)》:"苫(一)shàn(动作义),如'~布''把屋顶~上'。(二)shān(名物义),如'草~子'。"

"苫"的读音差异还是分动作义和名物义,只是在 shàn(动作义)这个音义项下增加审定了"把屋顶~上"这个意义。其实,《普通话异读词审音表》已将这个异读词的音义和相应词语的审音确定得很清楚,可以根据意义类推,无须再审。

《现代汉语词典》《新华字典》与修订稿相同,《〈通用规范汉字表〉使用手册》《通用规范汉字字典》也与修订稿相同。

(39) 将原有文白异读的词统读为一个读音,消除异读,如"葚",《普通话异读词审音表》:"葚(一) shèn (文),桑~。(二) rèn (语),桑~儿。"

《普通话异读词审音表(修订稿)》:"葚 shèn(统读)。"

"葚"原有文读和白读的差异,《普通话异读词审音表》《现代汉语词典》《新华字典》《〈通用规范汉字表〉使用手册》《通用规范汉字字典》都收录了两个读音,所涉及的词语都是"shèn,桑~;rèn,桑~儿",没有别的词语,而这两个读音涉及的词语意义相同,只有"桑~"和其儿化音"桑~儿"之间的差异,《普通话异读词审音表》审定为文读音和白读音之间的差异,统读为 shèn,体现了"尽量减少没有别义作用或语体差异的异读"的审音原则。

《现代汉语词典》《新华字典》与《普通话异读词审音表》相同,《〈通用规范汉字表〉使用手册》《通用规范汉字字典》也与《普通话异读词审音表》相同。

(40) 将原有文白异读的词统读为一个读音,消除异读,同时消除异体字,如"螫",《普通话异读词审音表》:"螫(一) shì(文)。(二) zhē(语)。"

《普通话异读词审音表(修订稿)》:"螫 shì(统读)。('蜇人'不写作'螫人')。"

"螫"原有文读音 shì 和白读音 zhē 的差异,修订稿统读为 shì,"螫人"可以写作"蜇人",修订稿规定("蜇人"不写作"螫人"),即消除了"蜇人"与"螫人"的异体字。

《现代汉语词典》《新华字典》中的"螫"都只有一个读音 shì,《现代汉语词典》解释螫:"〈书〉蜇(zhē)。""蜇"也没有 shì 的读音,与修订稿相同,《〈通用规范汉字表〉使用手册》《通用规范汉字字典》也与修订稿相同。

(41)《普通话异读词审音表》只审定了多音多义字的某个音义项,修订稿增加审定了某些有异读的音义项,如"说",《普通话异读词审音表》:"说 shuì,游~。"

《普通话异读词审音表(修订稿)》:"说(一)shuō,~服。(二)shuì,游~ ~客。"

"说"在《现代汉语词典》和《新华字典》中有三个音义项:shuō、shuì、yuè。《普通话异读词审音表》只审定了说 shuì 这个音义项,列出这个音义项所属的一个词语"游~",修订稿增加审定了"~服"的异读。在语言交际中,"说服"有人读为 shuōfú,有人读为 shuìfú,《普通话异读词审音表(修订稿)》审定读音为 shuō,在 shuì 这个音义项下增加"~客"一词,说明这个词中"说"有异读,有人读为 shuōkè,有人读为 shuìkè,修订表将"~客"列于 shuì 这个音义项下,消除了异读。《现代汉语词典》将"说服"列在 shuō 下面,与修订稿相同;"说客"也列在 shuō 下面,只是在"说客"后面说明(旧读 shuìkè)与修订稿不同,修订稿根据旧读 shuìkè 调整;

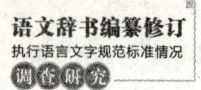

"游说"注音为"yóushuì",也与修订稿相同。

《〈通用规范汉字表〉使用手册》和《通用规范汉字字典》只收录了两个音义项:shuō、shuì。与修订稿相同。

(42)取消多音多义字轻声异读,将《普通话异读词审音表》审定的读轻声的词调整到相应的其他声调之下,如"沓",《普通话异读词审音表》:"沓(一)tà,重~。(二)ta,疲~。(三)dá,一~纸。"

《普通话异读词审音表(修订稿)》:"沓(一)tà,重~ 疲~。(二)dá,一~纸。"

修订稿取消了原表"(二)ta,疲~"的轻声读法,将这个读音下的词"疲~"调整为读 tà,贯彻了《普通话异读词审音表》的说明"七、由于轻声问题比较复杂,除《初稿》涉及的部分轻声词之外,本表一般不予审订,并删去部分原审的轻声词,例如'麻刀(dao)''容易(yi)'等"和修订稿的说明"四 不审订是否轻声、是否儿化,原表涉及轻声、儿化的条目除外"。

"说"在《现代汉语词典》《新华字典》中的解释与修订稿相同,《〈通用规范汉字表〉使用手册》《通用规范汉字字典》也与修订稿相同。

(43)指出异读词不同读音的来源,即有的读文读音,有的读白读音,并且增加审定不同读音下的词语,如"尾",《普通话异读词审音表》:"尾(一)wěi,~巴。(二)yǐ。马~儿。"

《普通话异读词审音表(修订稿)》:"尾(一)wěi(文),~巴 ~部。(二)yǐ(语),~巴 马~儿。"

原表只列出"尾"的两个音义项和所属词语，没有说明异读原因，修订稿指出这个字异读是文读音和白读音的差异，在wěi（文）音义项下增加审定"～部"，这是不必要的，"尾wěi"的意义是"尾巴及其引申义、比喻义"，"尾yǐ"的意义是"特指马尾巴上的毛、特指蟋蟀等尾部的针状物"，根据意义"～部"只能读wěibù，不会有异读。修订稿在两个音义项下都审定了"～巴"，意义是相同还是不同？如果相同，则应该确定一种读法，以贯彻《普通话异读词审音表》及其修订稿的说明的原则"尽量减少没有别义作用或语体差异的异读"。如果意义不同，那么字典、词典就应该予以解释，尾yǐ在《现代汉语词典》和《新华字典》中只解释了意义"特指马尾巴上的毛、特指蟋蟀等尾部的针状物"，这个音义项下举例的词语只有"马尾罗"和"三尾儿"，没有解释"尾巴"。"马"字头下只有"马尾辫、马尾松"，其中"尾"读wěi，没有"马～儿"。《现代汉语词典》和《新华字典》是普通话语音和词汇重要的规范字词典，《普通话异读词审音表》及其修订稿所审定的词语在《现代汉语词典》和《新华字典》中找不到依据，表明《普通话异读词审音表》与《现代汉语词典》《新华字典》之间不够协调。

(44) 增加审定多音多义字在不同音义所属词语中的读音，如"鲜"，《普通话异读词审音表》："鲜xiān，屡见不～ 数见不～。"

《普通话异读词审音表（修订稿）》："鲜（一）xiān，屡见不～ 数见不～。（二）xiǎn，～为人知 寡廉～耻。"

《普通话异读词审音表》只审定了"鲜"读 xiān 的一些词，修订稿增加审定了读 xiǎn 的两个词。鲜 xiān 在"屡见不～ 数见不～"中的意义是"新鲜"，鲜 xiǎn 在"～为人知 寡廉～耻"中的意义是"少 shǎo"，根据"音义对应、音义匹配"的原则，这些词是可以"以义求音"的，按照《普通话异读词审音表》的说明，这样的词语是不用审定的。

（45）将原来有不同读音的词统读为一个读音，如"血"，《普通话异读词审音表》："血（一）xuè（文），用于复音词及成语，如'贫～'、'心～'、'呕心沥～'、'～泪史'、'狗～喷头'等。（二）xiě（语），口语多单用，如'流了点儿～'及几个口语常用词，如：'鸡～'、'～晕'、'～块子'等。"

《普通话异读词审音表（修订稿）》："血 xuě（统读），（口语单用也读 xiě）。"

"血"原有文白异读，修订稿统读为 xuě，但是又说"口语单用也读 xiě"，即承认有两个读音，跟不修订没什么区别。另外，血 xuě 原本读 xuè，所属词语众多，《现代汉语词典》下面列有 64 个词条，更为主要的是，这是一个极为常见的词语，其音义深入人心，改读这样的词语必须慎重。从网络言论也可以看到，人们对"血"的审音，认识分歧是很大的。

《普通话异读词审音表》此条标点符号与其他条目不一致，自乱体例，"等"字后有句号。"贫～""心～""呕心沥～""～泪史""狗～喷头"等词有引号，词与词之间有顿号，末尾有句号。

前面"塞"的审音也有这样的现象，《普通话异读词审音表》及其修订稿作为国家标准应该没有瑕疵，如果标点符号不统一，便是违背了《标点符号的用法》这个标准。

（46）取消异读词的不区别词义词性的异读，如"薰"，《普通话异读词审音表》："熏 xùn，煤气～着了。"

《普通话异读词审音表（修订稿）》："熏 xūn（统读）。"

"熏"原本有两个音义：xūn、xùn，修订稿统读为熏 xūn，取消了 xùn 这个音义。

《现代汉语词典》《新华字典》与《普通话异读词审音表》相同，《〈通用规范汉字表〉使用手册》《通用规范汉字字典》跟修订稿相同。

（47）将原为一个读音的通读词审定为异读词，增加不同的音义项以及相应的词语，如"荫"，《普通话异读词审音表》："荫 yìn（统读），（'树～'、'林～道'应作'树阴'、'林阴道'）。"

《普通话异读词审音表（修订稿）》："荫（一）yīn，～蔽 ～翳 林～道 绿树成～。 （二）yìn，庇～ 福～ ～凉。"

《普通话异读词审音表》统读为荫 yìn，说明这个词原本是有异读的，只是在审音时"统读"为一个读音，修订稿分两个音义，这是对《普通话异读词审音表》的反动，即《普通话异读词审音表》的统读不合适。荫 yīn 与荫

yìn 在意义上是本义与引申义的关系，词义引申在读音和字形上的表现可能是读音字形都不改变、读音改变字形不改变、读音字形都改变，改不改变、怎么改变都要受"约定俗成"的制约。荫读为 yīn 和 yìn，具有广泛的群众基础，因而这个异读词应该保留。

《现代汉语词典》《新华字典》与修订稿相同，《〈通用规范汉字表〉使用手册》《通用规范汉字字典》也跟修订稿相同。

（48）取消异读词的个别音义项，但是不够彻底，如"应"，《普通话异读词审音表》："应（一）yīng，～届 ～名儿 ～许 提出的条件他都～了 是我～下来的任务。（二）yìng，～承 ～付 ～声 ～时 ～验 ～邀 ～用 ～运 ～征 里～外合。"

《普通话异读词审音表（修订稿）》："应 yìng（除'应该、应当'义读 yīng 外，其他读 yìng），～届 ～名儿 ～许 ～承 ～付 ～声 ～验 ～用 ～运 里～外合。"

"应"是一个常用词，《普通话异读词审音表》审定为两个音义项，各自都有不少词语，《普通话异读词审音表（修订稿）》审定为应 yìng，并说明"除'应该、应当'义读 yīng 外，其他读 yìng"，似乎统一为一个读音，但是又规定"应该、应当"义读 yīng，既然有不同音义，就应该分列两个音义项。

《现代汉语词典》和《新华字典》的审音与修订稿相同，但所属词语有差异，应 yīng 除了"应该、应当"以外，还有"应分、应继分、应届、应名儿、应声（另见

yīngshēng)、应税、应许、应有尽有、应允"。《〈通用规范汉字表〉使用手册》和《通用规范汉字字典》审音也跟修订稿相同,但是所属词语跟《普通话异读词审音表》相同。

(49) 不改变异读字的音义项,审定这个异读词在个别词语中的读音,如"佣",《普通话异读词审音表》:"佣 yōng,~工。"只有一个读音,但是没有说明(统读),说明该字还有其他音义项,但是没有异读。《现代汉语词典》和《新华字典》都有两个音义项:yōng、yòng。

《普通话异读词审音表(修订稿)》:"佣 yōng(除'佣人'读 yòng 外都读 yōng),雇~ 女~ ~金。"既然有不同音义,就应该分列两个音义项。

修订稿明确只有"佣人"读 yòng,其他都读 yōng。那么列举"雇~ 女~ ~金"等词语就没有意义。

在《现代汉语词典》和《新华字典》中,"佣工、雇佣、女佣"都列在 yōng 的音项下,yòng 的音项下有"佣金、佣钱"两词,在 yōng 和 yòng 下都没有"佣人"一词。《〈通用规范汉字表〉使用手册》《通用规范汉字字典》跟《现代汉语词典》《新华字典》相同。

(50) 通过不同词义分辨异读词的不同读音,调整不同音义项所属词语的读音,如晕,《普通话异读词审音表》:"晕(一)yūn,~倒 头~。(二)yùn,月~ 血~ ~车。"

《普通话异读词审音表(修订稿)》:"晕(一)yūn(昏迷、发昏义),~倒 头~ 血~ ~车。(二)yùn(光圈义),月~ 红~。"

《普通话异读词审音表（修订稿）》将"晕（一）yūn"的意义确定为"昏迷、发昏义"，将"晕（二）yùn"的意义确定为"光圈义"，并且把原属于"晕（二）yùn"的"晕车"调整读为"晕（一）yūn"，这是符合语言事实的。

《现代汉语词典》和《新华字典》注音为 yūn 和 yùn 的第一个义项都解释为"头脑发昏，周围物体好像在旋转，有要跌倒的感觉"。《普通话异读词审音表（修订稿）》将这一意义调整读为"晕（一）yūn"，即"晕（二）yùn"就不再有这个意义，只有"光圈义"，这种调整是有现实语言基础的，是恰当的。《现代汉语词典》《新华字典》以后应该按照修订稿的音义以及所属词语修订。《通用规范汉字字典》跟《现代汉语词典》《新华字典》相同。《〈通用规范汉字表〉使用手册》与修订稿的审音和相应的意义相同。

（51）增加审定新出现的有多音多义字的词语，确定其读音，如"载"，《普通话异读词审音表》："载（一）zǎi，登～ 记～。（二）zài，搭～ 怨声～道 重～ 装～ ～歌～舞。"

《普通话异读词审音表（修订稿）》："载（一）zǎi，登～ 记～ 下～。（二）zài，搭～ 怨声～道 重～ 装～ ～歌～舞。"

原来的音义项和所属词语都没有什么问题，"下载"是在电脑技术普及的条件下出现的新词，其中"载"字一般有两种读法，那么"下载"中的"载"读哪个音呢？修

第三章 《普通话异读词审音表》及修订稿与《新华字典》《现代汉语词典》符合度调查

订稿确定读为"载(一)zǎi"。

《现代汉语词典》和《新华字典》都没有"下载"一词的音义说明,《〈通用规范汉字表〉使用手册》和《通用规范汉字字典》也没有"下载"一词。

(52)将原有异读的词统读为一个读音,如"殖",《普通话异读词审音表》:"殖(一)zhí,繁~生~~民。(二)shi,骨~。"

《普通话异读词审音表(修订稿)》:"殖 zhí(统读)。"

"骨殖"中的"殖"读为 shi,是个轻声词,不能单用,除了用在"骨殖"中,也不能组词,修订稿统读为一个读音 zhí。

(53)新增审定多音多义字的词语,确定其读音,如"钻",《普通话异读词审音表》:"钻(一)zuān,~探~孔。(二)zuàn,~床~杆~具。"

《普通话异读词审音表(修订稿)》:"钻(一)zuān,~孔(从孔穴中通过)~探~营~研。(二)zuàn,~床~杆~具~孔(用钻头打孔)~头。"

在原来两个音义项下都新增审定"~孔","从孔穴中通过"的"~孔"读为 zuān,"用钻头打孔"的"~孔"读为 zuàn,两者之间的差异似乎可以归纳为动作义和工具义。

(54)新增审定多音多义词的音义项,如"作",《普通话异读词审音表》:"作(除'~坊'读 zuō 外,其余都读 zuò)。"

《普通话异读词审音表(修订稿)》:"作(一)

zuō，~揖 ~坊 ~弄 ~践 ~死。（二）zuó，~料。（三）zuò，~孽 ~祟。"

修订稿新增了一个音义项："作（二）zuó，~料。"这是《普通话异读词审音表》《现代汉语词典》《新华字典》都没有的，《现代汉语词典》《新华字典》将"作料（zuò·liao）"放在"zuò"音义项之下，除"~坊"读 zuō 外，"~揖""~弄""~践""~死"也读为 zuō。

《普通话异读词审音表（修订稿）》修订的 54 个条目与《新华字典》《现代汉语词典》《〈通用规范汉字表〉使用手册》《通用规范汉字字典》一致，与《普通话异读词审音表》不一致，表明《普通话异读词审音表》的审音没有得到广泛认可，因而《现代汉语词典》《新华字典》就没有执行《普通话异读词审音表》的规范。

根据笔者的调查，《普通话异读词审音表（修订稿）》修订的 54 个条目与《新华字典》《现代汉语词典》《〈通用规范汉字表〉使用手册》《通用规范汉字字典》之间有不少条目是一致的，更多的是不一致，而跟《普通话异读词审音表》相同，原因是《普通话异读词审音表（修订稿）》发布在后，而《新华字典》《现代汉语词典》《〈通用规范汉字表〉使用手册》《通用规范汉字字典》是在 1985 年发布《普通话异读词审音表》之后修订或编纂的。如果承认语言文字规范标准的地位，那么《新华字典》《现代汉语词典》《〈通用规范汉字表〉使用手册》《通用规范汉字字典》就应该与《普通话异读词审音表》完全一致，而跟修订稿不同，但实际情况并非如此。那么，我们有理由相

第三章 《普通话异读词审音表》及修订稿与《新华字典》《现代汉语词典》符合度调查

信,这些不一致的地方,要么是《普通话异读词审音表》的问题,要么是字典、词典的问题,总的原则是应该取得一致,使标准成为真正的"标准"。

《现代汉语词典》是以规范普通话词汇为目的的,是我国第一部权威的现代汉语规范型词典,它可被视为语言文字规范标准的长期实践者。《新华字典》是我国第一部现代汉语字典,首次出版于1953年,原由新华辞书社编写,著名语言文字学家魏建功先生主持编写工作。第11版为最新修订的版本,该版在保持《新华字典》原有特色的基础上,以贯彻执行国家语言文字规范为重点,同时根据时代的发展变化和读者的需求,对全书进行了谨慎系统的修订。《现代汉语规范词典》编纂的初衷正如吕叔湘先生所言:"随着国家有关规范标准的修订和增加,总得有词典来体现。"用词典的形式促进国家语言文字规范标准的全面推广,方便社会应用。《普通话异读词审音表》是由国家语言文字委员会、国家教育委员会(今教育部)和广电部于1985年12月发布的。《普通话异读词审音表》审定的对象主要是普通话有异读的词和有异读的作为"语素"的字。《普通话异读词审音表》共审定了846个异读字,其中保留异读的有259个,统读的有589个。由此可见,大多数所审字词已被定为统读。被注明"统读"的,表示此字不论用于任何词语中只读一音(轻声变读不受此限)。而《普通话异读词审音表》作为国家语言文字规范标准之一,四者之间还是存在一些差异的,《现代汉语词典》经过6版耗时34年的修订,与《普通话异读词审音表》的差异相对较小。而《现代汉语规范词典》《新华字典》也严格贯彻国家语言文字规范标准，和《普通话异读词审音表》的差异不算太大，若单将《现代汉语词典》与《普通话异读词审音表》进行比较会略显单薄。所以，本书将四者结合起来比较，但主要是针对第 6 版《现代汉语词典》进行分析研究。

笔者把修订稿新修订的 54 个条目与《普通话异读词审音表》相应的条目对比列表于下，以便观察两表之间的差别和联系（见表 3-1）。

2016 年 6 月发布的《普通话异读词审音表（修订稿）》征求意见稿是对 1985 年实施的《普通话异读词审音表》的修订，共涉及 54 个条目，时隔两年多，修订稿仍然还没有正式公布实施，反映了异读词审音的复杂性，同时也反映了有关部门对这项工作的审慎态度。

表 3-1

《普通话异读词审音表》	《普通话异读词审音表（修订稿）》
	拜 bái~~（再见；分手）
薄（一）báo（语），常单用，如"纸很~"。（二）bó（文），多用于复音词。~弱 稀~ 淡~ 尖嘴~舌 单~ 厚~	薄（一）báo（语），常单用，如"纸很~ 厚~不均"。（二）bó（文），多用于复音词。~弱 稀~ 淡~ 尖嘴~舌 单~ 厚~
泊（一）bó，淡~ 飘~。（二）pō，湖~ 血~	泊（一）bó（停留、平静），停~ ~车 淡~ 飘~。（二）pō，湖~ 血~
伯（一）bó，~~（bo）老~。（二）bǎi，大~子（丈夫的哥哥）	伯（一）bó，~~（bo）老~。（二）bāi，大~子（丈夫的哥哥）

第三章 《普通话异读词审音表》及修订稿与《新华字典》《现代汉语词典》符合度调查

续表 3-1

《普通话异读词审音表》	《普通话异读词审音表（修订稿）》
藏（一）cáng，矿～。（二）zàng 宝～	藏（一）cáng，矿～库～（丰富）。（二）zàng，宝～大～经
差（一）chā（文），不～累黍 不～什么 偏～ 色～ ～别 视～ 误～ 电势～ 一念之～ ～池 ～错言 ～语错 一～二错 阴错阳～ ～等 ～额 ～价 ～强人意 ～数 ～异。（二）chà，（语）～不多 不离～点儿。（三）cī，参～	差（一）chā，（文）不～累黍 偏～ 色～ ～别 视～ 误～ 电势～ 一念之～ ～池 ～错言 ～语错 一～二错 阴错阳～ ～等 ～额 ～价 ～强人意 ～数 ～异。（二）chà，（语）不～什么 ～不多 不离～点儿。（三）cī，参～
颤（一）chàn，～动 发～。（二）zhàn，～栗（战栗）打～（打战）	颤（一）chàn（统读）～（战栗，打战不写作颤）
场（一）chǎng，～合 ～所 冷～ 捧～。（二）cháng，外～ 圩～ 院～ 一～雨。（三）chang，排～	场（一）chǎng，～合 ～所 冷～ 捧～ 外～ 圩～ 一～大雨。（二）cháng，～院。（三）chang，排～
乘（动作义，念 chéng），～包～制～便～风破浪～客～势～兴	乘（一）chéng（动作义），～包～制～便～风破浪～客～势～兴（佛教术语）大～小～上～。（二）shèng（名物义），千～之国
畜（一）chù（名物义），～力 家～ 牲～ 幼～。（二）xù（动作义），～产 ～牧 ～养	畜（一）chù（名物义），～力 家～ 牲～ 幼～ ～类。（二）xù（动作义），～产 ～牧 ～养
大（一）dà，～夫（古官名）～王（如爆破～王、钢铁～王）。（二）dài，～夫（医生）～黄～王（如山～王）～城〔地名〕	大（一）dà，～夫（古官名）～王（如爆破～王、钢铁～王）～黄。（二）dài，～夫（医生）～王（如山～王）

续表 3-1

《普通话异读词审音表》	《普通话异读词审音表（修订稿）》
当（一）dāng，~地 ~间儿 ~年（指过去）~日（指过去）~天（指过去）~时（指过去）。（二）dàng，一个~ 俩安步~车 适~ ~年（同一年）~日（同一时候）~天（同一天）	当（一）dāng，~地 ~间儿 ~年（指过去）~ （指过去）~天（指过去）~时（指过去）。（二）dàng，一个~ 俩安步~车 适~ ~勾~ ~年（同一年）~日（同一时候）~天（同一天）
倒（一）dǎo，颠~ 颠~是非 颠~黑白 颠三~四 倾箱~箧 排山~海 ~板 ~嚼 ~仓 ~嗓 ~戈 潦~。（二）dào，~粪（把粪弄碎）	倒（一）dǎo，颠~ 颠~是非 颠~黑白 颠三~四 倾箱~箧 排山~海 ~板 ~嚼 ~仓 ~嗓 ~戈 潦~。（二）dào，~粪（翻动粪肥）
的 dí ~当 ~确	的（一）dī，打~。（二）dí，~当 ~确
葛（一）gé，~藤 ~布 瓜~。（二）gě〔姓〕，（包括单、复姓）	葛 gě〔统读〕
	匮 guì（同"柜"），石室金~《金~要略》
哈（一）hǎ，~达。（二）hà，~什蚂	哈 hā（除姓氏和"哈达"的"哈"读 hǎ 外，都读 hā）
和（一）hè，唱~ 附~ 曲高~寡。（二）huo，搀~ 搅~ 暖~ 热~ 软~	和（一）hè，唱~ 附~ 曲高~寡。（二）huo，掺~ 搅~ 暖~ 热~ 软~
虹（一）hóng（文），~彩 ~吸。（二）jiàng（语），单说	虹 hóng（统读），（口语单说也读 jiàng）
	几 jī，茶~ 条~ ~乎
纪（一）jǐ〔姓〕。（二）jì	统读 jì（纪姓旧读 jǐ）
夹 jiā，~带藏掖 ~道儿 ~攻 ~棍 ~生 ~杂 ~竹桃 ~注	夹 jiā（除夹层、双层义读 jiá，如"~袄 ~衣"，其余义读 jiā）
芥（一）jiè，~菜（一般的芥菜）~末。（二）gài，~菜（也作"盖菜"）~蓝菜	芥（统读）jiè
斤 jīn，千~（起重的工具）	（此条删除）

续表3-1

《普通话异读词审音表》	《普通话异读词审音表(修订稿)》
粳 jīng（统读）	粳 gēng（统读）
颈 gěng 脖~子	颈 jǐng（统读）（"脖梗子"不写作"脖颈子"）
壳（一）ké（语），~儿 贝~儿 脑~ 驳~ 枪~。（二）qiào（文），地~ 甲~ 躯~	壳 ké（除"地壳、金蝉脱壳"中的"壳"读 qiào 外，其余读为 ké）
累（一）lèi（辛劳义，如"受~"〔受劳~〕）。（二）léi（如"~赘"）。（三）lěi（牵连义，如"带~""~及""连~""赔~""牵~""受~"）	累（一）lèi（辛劳义、牵连义），劳~ 受~ 带~ ~及 连~ 牵~。（二）léi，~赘（三）lěi（积累义、多次义），~积 ~教不改 硕果~~ 罪行~~
靡（一）mí，~费（二）mǐ，风~ 委~ 披~	靡 mí（统读）
胖 pán，心广体~（~为安舒貌）	胖（一）pán，心广体~（安舒义）。（二）pàng，心宽体~（发胖义）
剽 piāo（统读）	剽（一）piáo，~窃。（二）piāo，~悍
荨（一）qián（文），~麻。（二）xún（语），~麻疹	荨 xún（统读）
强（一）qiáng，~渡 ~取豪夺 ~制博闻~识。（二）qiǎng，勉~ 牵~ ~词夺理 ~迫 ~颜为笑。（三）jiàng，倔~	强（一）qiáng，~渡 ~取豪夺 ~制博闻~识 ~迫。（二）qiǎng，勉~ 牵~ ~词夺理 ~颜为笑。（三）jiàng，倔~
散（一）sǎn，懒~ 零零~~ ~漫。（二）sàn，零~	散（一）sǎn，懒~ 零~ 零零~~ ~漫。（二）sàn，~开 ~落 ~布 ~失
塞（一）sè（文）动作义。（二）sāi（语）名物义，如："活~""瓶~"；动作义，如："把洞~住"	（一）sè（文），如：交通堵~；堰~湖。（二）sāi（语），如："活~""瓶~"；"把瓶口~上"

续表3-1

《普通话异读词审音表》	《普通话异读词审音表（修订稿）》
厦（一）shà（语）。（二）xià（文），~门 噶~	厦（一）shà，大~。（二）xià，~门 噶~

续表3-1

《普通话异读词审音表》	《普通话异读词审音表（修订稿）》
杉（一）shān（文），紫~ 红~ 水~。（二）shā（语），~篙 ~木	杉 shān（统读）
苫（一）shàn（动作义，如"~布"）。（二）shān（名物义，如"草~子"）	苫（一）shàn（动作义），如"~布""把屋顶~上"。（二）shān（名物义），如"草~子"
葚（一）shèn（文），桑~。（二）rèn（语），桑~儿	葚 shèn（统读）
螫（一）shì（文）。（二）zhē（语）	螫 shì（统读）。（"蜇人"不写作"螫人"。）
说 shuì，游~	说（一）shuō，~服。（二）shuì，游~ ~客
沓（一）tà，重~。（二）tɑ，疲~。（三）dá，一~纸	沓（一）tà，重~ 疲~。（二）dá，一~纸
尾（一）wěi，~巴。（二）yǐ，马~儿	尾（一）wěi（文），~巴 ~部。（二）yǐ，（语）~巴 马~儿
鲜 xiān，屡见不~ 数见不~	鲜（一）xiān，屡见不~ 数见不~。（二）xiǎn，~为人知 寡廉~耻
血（一）xuè（文），用于复音词及成语，如"贫~"、"心~"、"呕心沥~"、"~泪史"、"狗~喷头"等。（二）xiě（语），口语多单用，如"流了点儿~"及几个口语常用词，如："鸡~"、"~晕"、"~块子"等	血 xuě（统读），（口语单用也读 xiě）
熏 xùn，煤气~着了	熏 xūn（统读）

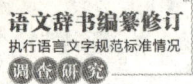

第三章 《普通话异读词审音表》及修订稿与《新华字典》《现代汉语词典》符合度调查

续表3-1

《普通话异读词审音表》	《普通话异读词审音表（修订稿）》
荫 yìn（统读），（"树~"、"林~道"应作"树阴"、"林阴道"）	荫（一）yīn，~蔽 ~翳 林~道 绿树成~。（二）yìn，庇~ 福~ ~凉
应（一）yīng，~届 ~名儿 ~许 提出的条件他都~了 是我~下来的任务。（二）yìng，~承 ~付 ~声 ~时 ~验 ~邀 ~用 ~运 ~征 里~外合	应 yìng（除"应该、应当"义读 yīng 外，其他读 yìng），~届 ~名儿 ~许 ~承 ~付 ~声 ~验 ~用 ~运 里~外合
佣 yōng，~工	佣 yōng（除"佣人"读 yòng 外都读 yōng），雇~ 女~ ~金
晕（一）yūn，~倒 头~。（二）yùn，月~ 血~ ~车	晕（一）yūn（昏迷、发昏义），~倒 头~ 血~ ~车。（二）yùn（光圈义），月~ 红~
载（一）zǎi，登~ 记~。（二）zài，搭~ 怨声~道 重~ 装~ ~歌~舞	载（一）zǎi，登~ 记~ 下~。（二）zài，搭~ 怨声~道 重~ 装~ ~歌~舞
殖（一）zhí，繁~ 生~ ~民。（二）shi，骨~	殖 zhí（统读）
钻（一）zuān，~探 ~孔。（二）zuàn，~床 ~杆 ~具	钻（一）zuān，~孔（从孔穴中通过）~探 ~营 ~研。（二）zuàn，~床 ~杆 ~具~孔（用钻头打孔）~头
作（除"~坊"读 zuō 外，其余都读 zuò）	作（一）zuō，~揖 ~坊 ~弄 ~践 ~死。（二）zuó，~料。（三）zuò，~孽 ~祟

二、《普通话异读词审音表（修订稿）》审音的社会反响

《普通话异读词审音表》及其修订稿的审音是为普通话异读词的实际应用提供标准，方便人民群众使用。语言

文字最重要的原则是"约定俗成",异读词该读哪个音、不读哪个音、不同读音对应哪些意义用法,都应该有群众基础,必须接受人民群众的检验,因而,人民群众最有发言权。为了了解民众对《普通话异读词审音表(修订稿)》的意见,笔者搜集了一些网络言论,可以看出,网友总体上是认可修订稿的审音的,但是个别字的审音没有得到广泛认同,比如"血"和"剽"的审音,网友意见很大,这些意见应该引起审音专家的重视,毕竟语言文字是"约定俗成"的。

《普通话异读词审音表》公布至今已有30余年,《新华字典》《现代汉语词典》这类规范辞书对它的执行情况在很大程度上反映了国家标准的作用与力度。但从本书对最新版《新华字典》《现代汉语词典》与《普通话异读词审音表》进行比较得出的差异以及前人在这方面的相关研究可以看出,《新华字典》与《现代汉语词典》这类辞书的修订频率要高于《普通话异读词审音表》,且对语言文字变化的捕捉更为敏锐,这也将在一定程度上促进《普通话异读词审音表》的修订。

《新华字典》与《现代汉语词典》都是影响力极大的语文辞书,人们往往将其作为识字断音的依据。《普通话异读词审音表》作为语言文字规范标准之一,应是普通话读音规范的风向标和唯一依据,其他语文辞书都应与之保持一致,然而,事实并非如此。这种差异必然会使人们产生疑惑,并给人们的生活及学习带来诸多不便。不论是语言文字规范标准还是各类语文辞书,其最终目的都是为人们的现实生活和日常交际服务,因此,它们都应该秉承"规范、实用、便捷"的目的。《普通话异读词审音表》定稿于 1985 年 12 月,直到 2016 年才修订;而《新华字典》与《现代汉语词典》每隔四年左右就会修订,而且每一次修订都是理论与实际需求的结合,更具时代性、准确性与实用性。可见,国家语言文字相关规范标准也应该适时修订,增强其适用性。

与《普通话异读词审音表》比较,最新版《新华字典》与《现代汉语词典》的注音差异主要体现在方言、轻声、旧读、〈古〉又同、文白异读、专有名词注音、标调等方面。本章第三节将从上述几个方面调查并分析《普通话异读词审音表》与《新华字典》《现代汉语词典》的注音差异。

三、对《普通话异读词审音表(修订稿)》的建议

第一,《普通话异读词审音表(修订稿)》应该对其核心术语"异读词"作出精准定义,这是《普通话异读词审音表(修订稿)》审音的基础。

1985 年发布的《普通话异读词审音表》说明:

一、本表所审,主要是普通话有异读的词和有异读的作为"语素"的字。不列出多音多义字的全部读音和全部义项,与字典、词典形式不同,例如:"和"字有多种义项和读音,而本表仅列出原有异读的八条词语,分列于 hè 和 huo 两种读音之下(有多种读音,

较常见的在前。下同);其余无异读的音、义均不涉及。

《普通话异读词审音表(修订稿)》说明:

三 审音以异读词(包括单音节词和多音节词)为对象。例如:名物义"瓦"没有异读,动作义存在 wǎ、wà 两读,本表只对动作义"瓦"的读音进行审订。"装订"有 zhuāngdīng 和 zhuāngdìng 两读,是审音对象;"订单、预订"等词没有异读,不审。

《普通话异读词审音表》及其修订稿都没有给出"异读词"的准确定义。"异读的词"是指一个字(词)有两个和两个以上的读音,还是指这个字(词)虽然有不同的读音,但是不区别词义和用法?异读词是"多音多义字",还是意义用法相同而读音有异的"有异读的作为'语素'的字"?如果是指"多音多义字",那么"多音多义字"的全部读音和全部义项都应该审定,因为"本表所审,主要是普通话有异读的词和有异读的作为'语素'的字"。《普通话异读词审音表》及其修订稿没有将"多音多义字"全部审定,而是审定了一些"有异读的作为'语素'的字",这些"字"有些是不区别词义用法的,有些是音义有别的。

第二,《普通话异读词审音表(修订稿)》应审定全部异读词,做到名实相符。1985 年发布的《普通话异读词审音表》说明:"本表所审……不列出多音多义字的全部读音和全部义项。"一个异读词的多种义项和读音,哪些

第三章 《普通话异读词审音表》及修订稿与《新华字典》《现代汉语词典》符合度调查

有异读？哪些没有异读？如何确定？根据是什么？不同方言区、不同年龄段、不同教育水平的人对这些异读词的多种义项和读音之间的对应关系的认识可能都不一致，因而有必要审定全部异读词的音义关系，做到音义对应、音义匹配。《普通话异读词审音表（修订稿）》为《普通话异读词审音表》的修订版，只是在原表基础上修订了54个条目。

第三，如果还是按照原审音表的标准确定审音对象，"主要是普通话有异读的词和有异读的作为'语素'的字。不列出多音多义字的全部读音和全部义项……仅列出原有异读的……其余无异读的音、义均不涉及"，那么一些不太通用的方言词和古语词就不需要审音，如"泊车""圩场""石室金匮""《金匮要略》""倾箱倒箧"等。虽然方言词、古语词与普通话词语之间可能互通，不能截然划分，但是这些方言词有对应的更加常用的词语，如"泊车—停车""圩场—集市"，而古语词如"石室金匮""倾箱倒箧"等词语基本已经退出普通话口语交际了，即使在书面语中也很少使用，"石室金匮"是一个成语，指古代国家收藏重要文献的地方，今天已被图书馆、资料室、博物馆等替换。"倾箱倒箧"已被"翻箱倒柜"替换。至于"《金匮要略》"这样的古代医学专著，恐怕只能流通于中医和古籍研究者之间。如果这些词的异读进入《普通话异读词审音表》，那么还有很多古代的字词也需要审定，如《经典释文》《集韵》《群经音辨》中众多的异读词。当然这些古书中的许多词语还保存在普通话里，那又另当别

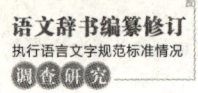

论了。

第三节 《现代汉语词典》《新华字典》执行语音规范情况调查

　　《现代汉语词典》《新华字典》需要执行的语音规范主要有《汉语拼音方案》《汉语拼音正词法基本规则》《中国人名汉语拼音字母拼写法》《中国地名汉语拼音字母拼写规则》《普通话异读词审音表》等,其中前四种主要是书写记录汉字读音的符号,是相对死板的规范,本书第一章已经有所分析,而《普通话异读词审音表》则牵涉面极广,涉及普通话词语的读音,特别是有异读的字词,其来源和反映的语言文字现象非常复杂。根据我们的调查,除《普通话异读词审音表》以外,其他语音规范在《现代汉语词典》和《新华字典》的注音中都得到了很好的贯彻。《普通话异读词审音表》及《普通话异读词审音表（修订稿）》征求意见稿的情况比较复杂,2016年6月教育部、国家语言文字工作委员会发布《普通话异读词审音表（修订稿）》征求意见稿,广泛征求社会各界意见,通过网络和其他一些媒体,可知人们对修订稿意见很多,争论不休,反映了异读词审音的复杂性和艰巨性。

　　严学军等把《现代汉语词典》的注音原则归纳为四个方面:第一,重历时,更重共时;第二,重规范,更重变

第三章 《普通话异读词审音表》及修订稿与《新华字典》《现代汉语词典》符合度调查

通；第三，重描写，更重系统；第四，重学理，更重运用。① 《现代汉语词典》《新华字典》《现代汉语规范词典》等辞书在注音方面基本都顾及了这四个方面。

《新华字典》在凡例中说："四、本字典的字音依据普通话语音系统，用汉语拼音字母及注音字母标音。五、有些字头连注两个音，第二个音后面附注'（又）'，表示'又音'，有时某义项内注'又某音'，表示'又音'用于某义。六、有些字头注有'旧读'，表示旧时的不同读法。有时某义项内注'旧读'，表示某义旧时的读法。"《新华字典》注音跟《现代汉语词典》基本一致，符合严学军等总结的《现代汉语词典》的注音原则。

《普通话异读词审音表》及其修订稿主要根据异读词在实际语言生活中的使用情况审订读音，"以便利广大群众学习普通话为着眼点，采取约定俗成、承认现实的态度"。以普通话为标准，体现规范性和应用性。而《现代汉语词典》《现代汉语规范词典》《新华字典》作为语文辞书，在注音方面要体现严学军等归纳的四个原则，并且兼顾传统，注重实用，保留了一些方言古语以及少数民族和外国语的一些字词和读音（根据普通话语音系统予以改造，如哈达，藏语ཁ་བཏགས་，蒙古语 xaдar，宗卡语རྟགས，汉语拼音 hǎdá，藏语、蒙古语、宗卡语表示哈达的读音不可能跟普通话哈达 hǎdá 的读音完全一致，普通话通过音

---

① 严学军、孙炜：《浅析〈现代汉语词典〉的注音原则》，载于《语言文字应用》，2012年第1期。

译的办法表示这个意义，需要按照普通话音系予以改造，使之符合普通话语音要求。再如沙发，来源于英语 sofa，也是音译词，英语的发音与汉语发音有许多差异，汉语使用这个音译词的时候也必须根据汉语语音予以改造，读作 shāfā）。

《普通话异读词审音表（修订稿）》的审音原则：

1. 以北京语音系统为审音依据。
2. 充分考虑北京语音发展趋势，同时适当参考在官话及其他方言区中的通行程度。
3. 以往审音确定的为普通话使用者广泛接受的读音，保持稳定。
4. 尽量减少没有别义作用或语体差异的异读。
5. 在历史理据和现状调查都不足以硬性划一的情况下暂时保留异读并提出推荐读音。

严学军等归纳的字典、词典的注音原则反映了语言文字规范标准与字典辞书注音之间的差异。

字典、词典的注音原则和《普通话异读词审音表》的审音原则之间既有相同之处，也有差异。大致来说，《普通话异读词审音表》审音更加注重标准，字典、词典更加注重实用。不过，两者之间有相互靠近的趋势。如《普通话异读词审音表（修订稿）》审音原则之 2、3、5 表现出尊重异读词的实际应用的倾向，而《新华字典》《现代汉语词典》的历次修订也总是将《普通话异读词审音表》作为最重要的参考之一，尽可能贯彻《普通话异读词审音

第三章 《普通话异读词审音表》及修订稿与《新华字典》《现代汉语词典》符合度调查

表》的规范。

作为规范性语文词典代表的《现代汉语词典》在注音方面基本贯彻了国家颁布的《普通话异读词审音表》及其修订稿的内容。《普通话异读词审音表》审定了846个原来有异读的字（词）［《普通话异读词审音表（修订稿）》对原表作了54处修改］，统读的对象有普通话异读、文言异读、方言异读和误读情况。在统读与方言音、统读与旧读音、统读与古用法、儿化和轻声问题几个方面，《现代汉语词典》《新华字典》基本贯彻了《普通话异读词审音表》的审音原则。

《普通话异读词审音表（修订稿）》还保留着"文、语""名物义、动作义"之间的异读。"原表涉及的条目除外"，一般不涉及轻声、儿化音，一般不审定人名、地名等专有名词的异读音，"个别条目中的'旧读''口语也读'等括注，表示在推荐读音之外读古书或口语等特定范围内实际存在的常见读音"。这些处理是照顾了这些异读词的实际应用，体现了《普通话异读词审音表》的灵活性。

一、《新华字典》与《普通话异读词审音表》及其修订稿的"统读音"

《普通话异读词审音表》是由国家语言文字工作委员会、国家教委（今教育部）和广电部于1985年12月发布的，《普通话异读词审音表（修订稿）》于2016年发布征求意见稿，审定了846个原来有异读的字，其中保留异读

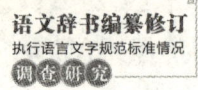

的有 259 个，统读的有 587 个，标注"统读"，就意味着该字自审定之日起除了所审定的读音外，不再有其他读音。由此可见，所审字词的大半已被定为统读。《普通话异读词审音表（修订稿）》征求意见稿与《普通话异读词审音表》之间有 54 条差异，可以理解为征求意见稿只是对原审音表的微调，新审定了两个字"拜、匿"的异读，这是原审音表没有审定的，删除了原审音表中的一个字"斤"的审音，其他都是原审音表条目的修改，共计 54 条，具体内容参见本书第三章第二节的有关内容。

这里的统读字，是指在《普通话异读词审音表》中统一读音的字。1985 年发布的《普通话异读词审音表》使用了 30 余年，随着时间的推移，人们渐渐发现其审音也存在着一些问题，经过修订，2016 年发布的《普通话异读词审音表（修订稿）》可暂时作为当前普通话异读词读音的最新规范标准。既然《普通话异读词审音表》在语言文字规范方面有如此大的影响且具有权威性，那为何之后的字典辞书在审音方面与之相比有如此大的差异？我们又该如何看待这些差异？

（一）《新华字典》注音与《普通话异读词审音表》审音比较

与《普通话异读词审音表》相比，最新版《新华字典》在字音的删减、增收、轻声等方面都有很大差异，主要表现在以下方面：

第三章 《普通话异读词审音表》及修订稿与《新华字典》《现代汉语词典》符合度调查

1.《新华字典》"方音、旧音、古音"与《普通话异读词审音表》"统读音"的差异

（1）统读音与方言音

《新华字典》凡例十三："注解中的'〈方〉'表示本字是方言地区用的字或者本义项所注的是方言地区的用法。"在《新华字典》与《普通话异读词审音表》的对比中，可以发现"括 kuò、拎 līn、牤 māng、嬷 mó、恁 nèn、澎 péng、萁 qí、挼 ruó、靸 sǎ、啥 shá"等字的读音在《普通话异读词审音表》中为该字的统读音；而在《新华字典》中要么单纯是方言字，要么可以用作方言字。

第一类，单纯方言字，即该字只有方言读音，只作为方言字条目使用，不与其他读音和义项共用一个字头。

如"拎 līn〈方〉提：拎着一篮子菜""牤 māng〈方〉牤牛、公牛""恁 nèn〈方〉代词：～大、～时""萁 qí〈方〉豆茎""靸 sǎ〈方〉把布鞋后帮踩在脚后跟下，穿（拖鞋）：靸着鞋""啥 shá〈方〉代词，什么：干～？"。这些字在《新华字典》中都只有一个读音，且这个读音是方言音，只有一个字头。《普通话异读词审音表》将这些字的读音都标为"统读"，没有其他任何说明，由此看来《普通话异读词审音表》是将这些词及其相应的音义都视为普通话词语。当然，我们认为，普通话与方言之间也是可以互通的，没有不可逾越的鸿沟。

第二类，方言与普通话并用的字，即与普通话用字构成同形异音的方言字。这类方言字在《新华字典》中分列两个字头，其中一个是纯方言用字。如：

括 kuò①→guā〈方〉挺括〈方〉（衣服、纸张等）较硬而平整。

睩 lou（眍睩）→lōu〈方〉看：让我～一～。

澎 péng→pēng〈方〉溅：～了一身水。

挼 ruó→ruá〈方〉①（纸、布等）折皱，不平展：纸～了。②（布）快要磨破：衣服穿了好多年，都要～了。

以上这类字在《普通话异读词审音表》中被定为统读音，但是《新华字典》却收录了与其统读音不同的方言音。

由此看来，《新华字典》既忠实于《普通话异读词审音表》，又顾及方言音义。从《普通话异读词审音表》的角度来看，它将上面提及的在《新华字典》中有方言音的字都列为统读音亦有它的考虑——在其说明中就有类似的解释："九、除因第二、六、七各条说明中所举原因而删略的词条之外，本表又删汰了部分词条。主要原因是：1. 现已无异读（如'队伍''理会'）；2. 罕用词语（如'俵分''仔密'）；3. 方言土音（如'归里包堆 [zuī]''告送 [song]'）；4. 不常用的文言词语（如'刍荛''氍毹'）；5. 音变现象（如'胡里八涂 [tū]''毛毛腾腾 [tēngtēng]'）；6. 重复累赘（如原表'色'字的有关词语分列达23条之多）。删汰条目不再编入。"

---

① 箭头前的音为《普通话异读词审音表》的统读音，箭头后的音为《新华字典》的方言音，下同。

第三章 《普通话异读词审音表》及修订稿与《新华字典》《现代汉语词典》符合度调查

《普通话异读词审音表》是为普通话语音规范服务的，旨在提供异读词的读音标准，而《新华字典》则可以在提供标准音的情况下，为读者提供更多的语言文字信息。何况《普通话异读词审音表》发布已 30 余年，自然有一些不足，有待修订与改正。

关于《新华字典》收录的方言字（音）与普通话用字同形异音的情况，董晓敏在其《从〈新华字典〉方言字刍议精简现代汉字的一个原则》一文中提到："这类与普通话用字同形异音的方言字的存在，是汉字多音的原因之一。我们认为，可以利用它们与普通话用字的同形关系，改造它们的读音，即用普通话规范的读音去替代方音，在《新华字典》中只立一个字头。这样不仅可以消除部分多音现象，也可以减少单个汉字所承担的方块字量（减少同音字），还可以使《新华字典》中同形字、多字头的状况得以减少，以利于普通话的推广。"① 此文发表于 1985 年 12 月公布的《普通话异读词审音表》之前。该文作者所代表的这类观点对于《普通话异读词审音表》的修订也有一定的影响，不然为何会出现上述提及的与普通话用字同形异音的方言字在《普通话异读词审音表》中为统读音的现象呢？姜晓彤却不太认同此观点，其认为《新华字典》收录方言字是有其衡量标准的："首先，看这个字是否在方言区广泛使用；其次，看该字本身是否具有实际意义；

---

① 董晓敏：《从〈新华字典〉方言字刍议精简现代汉字的一个原则》，载于《九江师专学报》，1985 年 z1 期。

最后，有一部分字，即便自身无实际意义，但其反映了地区特色，也可以作为方言字条目保留。"① 这些收录标准说明《新华字典》中收录的方言字基本上都是有实际用途的，并非冗杂烦琐的。除此以外，方言音的收录其实也是对语言发展演变过程的记录——随着普通话的推广，《新华字典》中收录的一些方言音现在或许很少用了，但它的存在正好表明了语言是随着时代的发展而发展的。这里所说的方言为地域方言，其形成主要有以下原因：地理条件、社会政治经济历史等因素、语言系统内部各要素发展不平衡的结果。由此看来，方言的保存除了有益于语言的实际应用外，还可在一定程度上为相关学者的地域性研究提供语用材料。

(2) 统读与旧读

《普通话异读词审音表》将字音定为"统读"，只有一个音，《新华字典》中的正读音也只有一个音，与《普通话异读词审音表》总体是吻合的。但是在比较《新华字典》与《普通话异读词审音表》的过程中，笔者发现《新华字典》中收录了很多字的旧读音，与《普通话异读词审音表》有些许差别。这些旧读音也分为两类：一是该音覆盖某字全体义项，二是该音覆盖其部分义项。具体情况见表3-2、3-3：

---

① 姜晓彤：《〈新华字典〉方言字条目研究》，鲁东大学硕士学位论文，2012年。

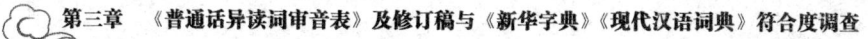

第三章 《普通话异读词审音表》及修订稿与《新华字典》《现代汉语词典》符合度调查

表3-2 旧读音适用于全体义项

例字	《普通话异读词审音表》统读音	《新华字典》旧读音
癌	ái	yán
醭	bú	pú
嘲	cháo	zhāo
弛	chí	shǐ
储	chǔ	chú
雌	cí	cī
讽	fěng	fèng
究	jiū	jiù
疴	kē	ē
祢	mí	nǐ：姓
秘	除"秘鲁"中读 bì 外，其余都读 mì	bì
紊	wěn	wèn
偕	xié	jiē
崖	yá	ái
肴	yáo	xiáo
屿	yǔ	xù
甑	zèng	jìng
侦	zhēn	zhēng
帧	zhēn	zhèng
佐	zuǒ	zuò

表3-3 旧读音只适用于部分义项

比 bǐ，统读 靠近，挨着：旧读比 bì。
吃 chī，统读 ［口吃］吃，旧读 jī。

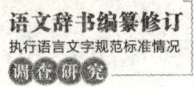

续表3-3

从 cóng,统读 表以下意义时,旧读 zóng:1. 跟随的人(仆从),2. 指同宗而非嫡亲的(亲属)——从兄弟,3. 次要的(主从)。
骑 qí,统读 旧读 jì:1. 骑兵,也泛指骑马的人;2. 骑的马——坐骑。
听 tīng,统读 意为"任凭、随"时:旧读"tìng"。
玩 wán,统读 表以下意义时,旧读"wàn":1. 观赏,2. 可供观赏的东西,3. 轻视,用不严肃的态度对待。
文 wén,统读 意为"文饰,掩饰"时,旧读"wèn"。
闻 wén,统读 意为"出名,有名望"时,旧读"wèn"。
凿 záo,统读 旧读 zuò:1. 穿凿,对于讲不通的道理,牵强附会,以求其通。 2.〈古〉器物上的孔,是容纳枘的。3. 明确,真实:言之凿凿。
筑 zhù,统读 贵州省贵阳的别称:旧读"zhú"。
纵 zòng,统读 竖,直,南北方向,跟"横"相对:旧读"zōng"。

以上这些字早在1985年发布的《普通话异读词审音表》中就已经得到规范并统一了读音。为何作为最新版的规范辞书之一的《新华字典》还收录了如此多的旧读音呢?在上述给出的例字中,笔者选取一例进行分析。

"癌"字的 ái 为统读音,但是该音并非随着1985年《普通话异读词审音表》的定稿而定,早在1962版的《新华字典》中就被确定了。这个字以前的注音都为"yán",在丁声树先生主持的1962年版的《新华字典》修订时,

第三章 《普通话异读词审音表》及修订稿与《新华字典》《现代汉语词典》符合度调查

改其注音为 ái。该字字音的修改，表明《新华字典》能赶在国家语言文字规范之前作出规范。至于改动的原因，金有景先生说："在北方话里，'癌'字本来读 yán，跟'炎'字完全同音。但是，'肺癌'跟'肺炎'、'胃癌'跟'胃炎'，毕竟是截然不同的两回事。硬要说成一个音，是很麻烦的。于是为了将两种不同的疾病区分开，'癌 yán'字就被改读成了'ái'。"既已更定了读音，为何新版《新华字典》又收录了旧读音呢？首先，字典辞书服务于现实生活，语言文字规范化、字典辞书的修订，最终都是为人们的实际生活服务的；更好地规范语言文字，不是为了阻碍人们的交际和生活，而是为其提供更多的便利；现实用语中仍然存在读"yán"的情况，尤其是北方一些地区，所以，《新华字典》对该读音的收录满足了部分人的用语需求。其次，"癌 yán→ái→ái 统读音与 yán 旧读音并存"这一过程无疑也是语言文字读音的演变过程，《新华字典》对这一过程的记录也为语言文字发展演变的研究提供了语用材料。

（3）统读与古用法

表 3-4

例字	《普通话异读词审音表》	《新华字典》
拂	fú 统读	fú。〈古〉又同"弼 bì"。
貉	hé 统读	hé。〈古〉又同"貊"mò。
亨	hēng 统读	hēng。〈古〉又同"烹"pēng。
遴	lín 统读	lín。〈古〉又同"吝"lìn。

续表3-4

例字	《普通话异读词审音表》	《新华字典》
趣	qù 统读	qù。〈古〉又同"促"cù。
知	zhī 统读	zhī。〈古〉又同"智"zhì。

这一部分涉及古今字如"亨、烹"的读音和通假字如"趣、促"的读音问题。像这类字，《新华字典》应该为读者提供比较全面的语言文字知识，而《普通话异读词审音表》则主要针对普通话读音，特别是异读音。这也是国家语言文字标准和字典辞书注音方面的差异所在。

表3-4中的字，统读音为该字在《普通话异读词审音表》中的读音，〈古〉读音是该字在《新华字典》中除了统读音以外的读音。《新华字典》凡例第十三条"〈古〉，表示本字是古代用的字或者本义项所注的是古代的用法"。仅看《新华字典》中凡例的相关解释，就能明白"某，〈古〉又同某"的含义吗？笔者特举一例，以作简要说明。例如"拂 fú，〈古〉又同'弼'bì"，《说文解字》："拂，过击也。"徐锴《说文系传》："击而过之也。"又《说文解字》："弼，辅也。"《字汇·弓部》："弼，辅也，助也，正也。""拂"可借作"弼"，故有"辅佐"义。《广雅·释诂四》："拂，辅也。"于省吾《尚书新证》："拂、弼古字通……弼谓辅助也。"由此可见，"拂与弼"可看作假借字与本字的关系。以上例子通过多方引证才勉强看出"拂"与"弼"二字的关系。我们难以对新版《新华字典》中的这类收录情况一一进行考证（那将是一项庞大工程），就

第三章 《普通话异读词审音表》及修订稿与《新华字典》《现代汉语词典》符合度调查

从在与《普通话异读词审音表》对比过程中找出的字来看,涉及"〈古〉"用字、用法的这部分内容,基本都是"某,〈古〉又同某"这种简单的形式,其中包含着比较复杂的语言文字现象。以这种方式呈现给读者,利弊兼有。其弊端为收录形式过于简单,难免有"不求甚解"之嫌,不利于读者更进一步的理解与探索。其优点在于:首先,《新华字典》的受众定位主要是中小学师生,再加上它是以解释字词的现代常用义为主,在涉及某字的古代用法时,用"同"这一术语说明它与其他字有意义相同之处,不仔细分辨二者之间的关系,这倒更方便初、中等文化程度的人理解。其次,《新华字典》是一部小型语用工具书,若其就所有收录字或用语现象都——详加分析,就不再是一部小型工具书了。

2. 轻声问题

表3-5

例字	《普通话异读词审音表》	《新华字典》
场	chang:排场	未收该字轻声
斤	jin:千斤(起重的工具)	未收该字,也无轻声,《现代汉语词典》收录
琶	pá 统读	琵琶 pa
杷	pá 统读	枇杷 pa
散	san:零散	未收该字轻声,《现代汉语词典》"零散"为 săn
丧	sang:哭丧着脸	未收该字轻声,《现代汉语词典》收录了该用法

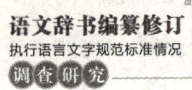

续表3-5

例字	《普通话异读词审音表》	《新华字典》
沓	疲沓 ta	未收该字轻声,《现代汉语词典》收录了该用法

从表3-5中可以看出,在轻声字审定与收录的问题上,《普通话异读词审音表》与《新华字典》是有一些出入的:"场、斤、散、丧、沓"等字只在《普通话异读词审音表》中有轻声,《新华字典》中未收其轻声用法;而"琶、杷"等字的轻声用法却只在《新华字典》中有收录。《普通话异读词审音表》中审定的轻声词很少,在其说明中就已经表示:"由于轻声问题比较复杂,除《初稿》涉及的部分轻声词之外,本表一般不予审订,并删去部分原审的轻声词。"《新华字典》中却收录了不少轻声字,这说明《普通话异读词审音表》作为国家语言文字规范标准的一部分,多数情况只是作为字典辞书编纂与修订工作的参考材料;而《新华字典》却是中小学师生的实用工具书,并且它更新换代的速度远远超过《普通话异读词审音表》,它的每一次修订都是从实际需求出发,因此也就更具时代性与实用性。

3.《新华字典》中的其他异读情况

《普通话异读词审音表》定为统读,只有一个音,《新华字典》除了统读音外,还保留了另一个读音,没有使用括注,而是以正读音形式出现,存在异读情况,与《普通话异读词审音表》不吻合,这些字可分为以下几类:

(1) 保留了化工行业读音

《普通话异读词审音表》废除了化工行业读音,《新华字典》则以正读音形式保留了化工行业读音。如:

胜:《普通话异读词审音表》shèng 统读。

《新华字典》:(一) shèng。(二) shēng,"肽"(tài)的旧称,一种有机化合物,由氨基酸脱水而成,含有羧基和氨基,是一种两性化合物。

(2) 保留了古音

《普通话异读词审音表》废除了古代读音,《新华字典》则以正读音形式保留了古代读音。如:

期:《普通话异读词审音表》qī 统读。

《新华字典》:(一) qī。(二) jī〈古〉一周年,一整月。

革:《普通话异读词审音表》gé 统读。

《新华字典》:"〈古〉jí(病)危急。"

(3) 保留了国名、姓名读音

《普通话异读词审音表》对国名、姓名读音没有审定,《新华字典》则以正读音形式保留了国名、姓名读音。如:

召:《普通话异读词审音表》zhào 统读。

《新华字典》:(一) zhào。(二) shào①周国名,在陕西省凤翔一带。②姓。

俱:《普通话异读词审音表》jù 统读。

《新华字典》:(一) jù。(二) jū 姓。

(4) 保留另一读音,未说明任何原因

《普通话异读词审音表》废除了另一读音,《新华字

典》则以正读音形式保留了另一读音,也没有说明具体情况。如:

蹊:《普通话异读词审音表》qī 统读。

《新华字典》:(一)qī。(二)xī 小路。

尺:《普通话异读词审音表》chǐ 统读。

《新华字典》:(一)chǐ。(二)chě:工尺,我国旧有的音乐记谱符号。

荫:《普通话异读词审音表》yìn 统读。

《新华字典》:(一)yìn。(二)yīn,同"阴"。

4. 读音减少

《普通话异读词审音表》中审定的有两个或以上的读音,但《新华字典》中读音数量减少。如:

螫:《普通话异读词审音表》:"(一)shì(文)。(二)zhē(语)。"

《新华字典》只有 shì 音。

5.《普通话异读词审音表》中有几种读音的字,某音用处较窄,另一音用处较宽,但是其列举的词语与《新华字典》有出入

秘:《普通话异读词审音表》除"～鲁"中读 bì 外,都读 mì。

《新华字典》:(一)mì。(二)bì ①姓;②[秘鲁]国名,在南美洲。

综观上述材料,《新华字典》与《普通话异读词审音表》之间的差异主要可分为两类:其一,《新华字典》虽

第三章 《普通话异读词审音表》及修订稿与《新华字典》《现代汉语词典》符合度调查

然保留了部分字的旧读音,但是以括注的形式出现,表明其不是正读音,因此虽有差异,但总体上与《普通话异读词审音表》还是吻合的;其二,《新华字典》中相应的字除了统读音外,还有其他异读情况,或是还收有另一读音,或是减少了读音,并且都是以正读音形式出现的。这类情况与《普通话异读词审音表》不吻合,也不符合国家语言文字规范的要求。究竟应该如何看待《新华字典》与《普通话异读词审音表》之间的差异呢?

笔者认为,《普通话异读词审音表》作为国家语言文字规范标准之一,主要面向现代汉语普通话,体现了国家语言文字方针政策,具有很强的标准化、规范化、信息化导向功能。《现代汉语词典》与《新华字典》作为工具书,则更接近语言文字的实际应用,应尽可能地为读者提供符合实际的语言文字信息。语言文字的实际应用是非常复杂的,一些方言古语虽然没有进入普通话,但是还在很大范围使用,字典词典保存一些此类语料就更为实用。

二、《普通话异读词审音表》的审音与《现代汉语词典》《新华字典》注音比较

《现代汉语词典》是以规范普通话词汇为目的的,是我国第一部权威的现代汉语规范型词典。

《现代汉语词典》是语言文字规范标准的实践者,《普通话异读词审音表》是国家语言文字规范标准之一,二者之间还是存在一些差异的,字典、词典需要为读者提供所收录字词的形、音、义、用知识,而作为语音规范标准之

一的《普通话异读词审音表》要为社会和读者提供一些字词的读音标准，特别是异读词的读音标准，有些字词标准不统一，或者有些字词的读音现在还没有调查得十分清楚，有些问题还没有研究得十分透彻，都可以暂时不提供标准，比如《普通话异读词审音表（修订稿）》说明："四　不审订是否轻声、是否儿化，原表涉及轻声、儿化的条目除外。五　不审订人名、地名等专有名词的读音，原表涉及人名、地名的条目除外。"另外，《普通话异读词审音表》及其修订稿主要审定现代汉语普通话的异读词，而字典、词典既要提供普通话的形、音、义、用知识，还要兼顾传统，兼顾一些方言古语乃至常用的外语、少数民族语言等，两者所关注的对象不是完全重合的，因而两者的审音结果就不可能完全一致。

不过《现代汉语词典》与《普通话异读词审音表》的差异要小于《新华字典》与《普通话异读词审音表》的差异。因其差异较小，若单将《现代汉语词典》与《普通话异读词审音表》进行比较会稍显单薄。所以，笔者将三者结合起来，一同比较。

《普通话异读词审音表》和《新华字典》《现代汉语词典》之间还存在着差异，本书主要分析《普通话异读词审音表》与《新华字典》《现代汉语词典》在统读与方音、古用法、旧读音之间的差异，《普通话异读词审音表》《新华字典》《现代汉语词典》对文白异读的处理，对儿化音、轻声、单音差异等几个方面的处理，来分析和阐述《普通话异读词审音表》和《现代汉语词典》《新华字典》之间

第三章 《普通话异读词审音表》及修订稿与《新华字典》《现代汉语词典》符合度调查

存在的差异。具体内容如下:

(一) 统读音与方言音

《普通话异读词审音表》审定为"统读",就意味着该字从被审定之日起不再有其他的读音,这是普通话异读词审音的一项重要标准。《新华字典》《现代汉语词典》在凡例"释义"部分指出"标〈方〉的表示方言",在我们的理解中,这个"〈方〉"就是说明这个词是方言词,所注读音也是方言音。

表3-6

《普通话异读词审音表》	《新华字典》	《现代汉语词典》
凹 āo（统读）	凹 āo	1. āo 2. wā〈方〉：同"洼"（用于地名）。
拎 līn（统读）	拎 līn〈方〉	拎 līn
牤 māng（统读）	牤 māng〈方〉	牤牛 māngniú〈方〉
嬷 mó（统读）	嬷 mó	嬷 mó 嬷嬷 mó·mo〈方〉
萁 qí（统读）	萁 qí〈方〉	萁 qí〈方〉
靸 sǎ（统读）	靸 sǎ〈方〉	靸 sǎ〈方〉
啥 shá（统读）	啥 shá〈方〉	啥 shá〈方〉
括 kuò（统读）	括 kuò；guā〈方〉	括 kuò
恁 nèn（统读）	nèn〈方〉指示代词：那么、这么；那。	1. nèn〈方〉指示代词：那么、这么；那。 2. nín 同您，不含敬意，多见于早期白话。
妮 nī（统读）	妮 nī〈方〉（~子、~儿）女孩子	妮 nī（~子、~儿）女孩子〈方〉

续表3-6

《普通话异读词审音表》	《新华字典》	《现代汉语词典》
澎 péng（统读）	澎 péng；pēng〈方〉	澎 péng；pēng〈方〉
挼 ruó（统读）	挼 ruó；ruá〈方〉	挼 ruó〈书〉；ruá〈方〉
咱 zán（统读）	咱 zán	咱 1. zán 2. zá：咱家 3. zan：〈方〉这咱、那咱。

对于表3-6中的13个词，《普通话异读词审音表》与《新华字典》《现代汉语词典》的处理存在一些分歧，《普通话异读词审音表》中都为"统读"，《普通话异读词审音表》在说明二中指出："在字后注明'统读'的，表示此字不论用于任何词语中只读一音（轻声变读不受此限）。""拎、牦、嬷、萁、鞁、啥、妮"7个字，《新华字典》《现代汉语词典》都只注一个读音，符合《普通话异读词审音表》的审音，但是在《新华字典》中，除"嬷"外，都括注〈方〉，《现代汉语词典》则除"拎"外，都括注〈方〉，表示这是方言用字。

"凹"，《普通话异读词审音表》标为"统读"，《新华字典》跟《普通话异读词审音表》一致，《现代汉语词典》有两个读音，其中一个是方言词，与《普通话异读词审音表》不符。

"括"，《普通话异读词审音表》标为"统读"，《现代汉语词典》跟《普通话异读词审音表》一致，《新华字典》有两个读音，其中一个是方言词，与《普通话异读词审音表》不符。

"恁",《普通话异读词审音表》标为"统读",《新华字典》跟《普通话异读词审音表》一致,但括注〈方〉,《现代汉语词典》有两个读音,其中一个括注〈方〉,另一个同"您"(不含敬意,多见于早期白话),与《普通话异读词审音表》不符。

"澎",《普通话异读词审音表》标为"统读",《新华字典》与《现代汉语词典》一致,都有两个读音,其中一个括注〈方〉,与《普通话异读词审音表》不符。

"挼",《普通话异读词审音表》标为"统读",《新华字典》《现代汉语词典》都有两读,其中一个括注〈方〉。另一读音《新华字典》没有标注,《现代汉语词典》括注〈书〉,与《普通话异读词审音表》不符。

"咱",《普通话异读词审音表》标为"统读",《新华字典》跟《普通话异读词审音表》一致,《现代汉语词典》有三个读音,其中一个是统读音,一个是方言词,另一个是读音 zá,只用于"咱家"(第一人称代词,我,多见于早期白话),与《普通话异读词审音表》不符。

由此看来,《普通话异读词审音表》《现代汉语词典》《新华字典》在审音和注音方面存在着不少差异,在方言字词的收录上,《现代汉语词典》要多于《新华字典》,其适用范围也广于《新华字典》。产生这种情况的原因主要是《普通话异读词审音表》要提供读音标准,尽可能消除无价值的异读,《新华字典》作为小型辞书,容量不能太大,而《现代汉语词典》作为中型辞书,容量大于《新华字典》。

《普通话异读词审音表》审定的是普通话的异读词，说明这些字（词）已经进入了普通话，那么《新华字典》《现代汉语词典》标注〈方〉是否多余？如果按照《新华字典》《现代汉语词典》的处理，那么《普通话异读词审音表》审定方言词是否文不对题？如《普通话异读词审音表》审定"轧"的读音，括注"gá 为方言，不审"，说明《普通话异读词审音表》是不审方言的。

笔者认为，语言文字作为人类最重要的交际工具，总是不断发展的，众多字词既可以用于普通话、共同语，也可以用于方言，共同语与方言之间会有很多重合的部分，因而，《普通话异读词审音表》审订的普通话异读词也可以用于方言，同样，《新华字典》《现代汉语词典》标注"〈方〉"的方言词也可以用于普通话，但是，一般说来，这些方言词进入普通话要接受普通话语音的改造，要符合普通话语音系统。当然，共同语普通话跟方言之间也存在着不重合的情况，某些词只用于普通话，不用于方言，即使某些方言使用这些词，也只能认为是方言借用普通话的字词；反之，有些字词只用于某地方言而不能用于普通话，如果普通话中出现某些方言词，也是普通话借用方言字词。在实际运用中，个别词语到底是普通话词语还是方言词，是方言词进入普通话还是普通话借用方言词，等等，没有人会在意。

（二）统读音与古用法

《新华字典》凡例十三："'〈古〉'表示本字是古代用

第三章 《普通话异读词审音表》及修订稿与《新华字典》《现代汉语词典》符合度调查

的字或者本义项所注的是古代的用法。"我们应该知道,"〈古〉"虽然是"古代用的字"或"古代的用法",但是这仅指字形和意义用法,却不一定是古代的读音。

表3-7

例字	《普通话异读词审音表》	《现代汉语词典》	《新华字典》
拂	fú 统读	〈古〉又同"弼"bì	〈古〉又同"弼"(bì)
貉	hé 统读	〈古〉又同"貊"mò	〈古〉又同"貊"(mò)。另见 háo
亨	hēng 统读	〈古〉又同"烹"pēng	〈古〉又同"烹"(pēng)
遴	lín 统读	〈古〉又同"吝"lìn	〈古〉又同"吝"(lìn)
趣	qù 统读	〈古〉又同"促"cù	〈古〉又同"促"(cù)
知	zhī 统读	〈古〉又同"智"zhì	〈古〉又同"智"(zhì)

表3-7所列6个词,《普通话异读词审音表》定为"统读",即统一了读音,消除了异读;《新华字典》《现代汉语词典》以首音的形式标注了这些字的规范读音,还收录了较多"〈古〉又同"的字和音,"注解中'〈古〉'表示本字是古代用的字或者本义项所注的是古代的用法"。从《普通话异读词审音表》与《新华字典》《现代汉语词典》的对比中可以看到,"古用法"都不是"统读音",因而不是普通话异读词的标准音。

《普通话异读词审音表》着眼于普通话、语言文字规范化和标准化,而《新华字典》《现代汉语词典》则主要服务于现实语言生活,人们除了使用普通话以外,还需要

259

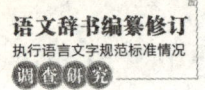

使用方言、阅读古书等。

《新华字典》《现代汉语词典》为读者提供一些字词古代的用法，使它们的工具性更强。"〈古〉又同"以及前面的"方言音""旧读"与语言文字规范标准并不冲突。

总体来说，《新华字典》《现代汉语词典》所收字词涉及的古用法都比较少。这些字在古代文献里面都有异体字，异体字原本是读音、意义和用法都相同，只是字形不同的几个字，语言文字规范以前，人们可以随意使用，如"茴香豆的茴有四种写法"，但是，在语言文字的发展过程中，这些音、义、用都相同的异体字发展出不同的读音、意义和用法，保存在书面语里，就造成了"〈古〉又同"这种读音不同、意义不同、用法也不相同的现象。语言文字规范消除了这些古代的异体字，在现代汉语里，这些字不能通用，但是在古文献里经常通用，如果字典、词典不提供这样一些常见的"古用法"，就不利于人们阅读古书。如"貉"：

《普通话异读词审音表》：貉（一）hé（文），一丘之～。（二）háo（语），～绒、～子。

《新华字典》：（一）hé。（二）háo。（三）〈古〉又同"貊"mò。

《现代汉语词典》：（一）hé。（二）háo。（三）貊（貊）——"貉"是"貊"的异体字。

造成这些"古用法"与《普通话异读词审音表》之间存在差异的主要原因是继承传统的需要，《现代汉语词典》凡例："3.2 有异读的词，已经普通话审音委员会审订过的，一般依照审音委员会的审订。传统上有两读，都比较通行的，酌收两读。"

（三）统读音与旧读音

表3—8

例字	《普通话异读词审音表》	《现代汉语词典》	《新华字典》
癌	ái 统读	ái（旧读 yán）	旧读 yán
惫	bèi 统读	bèi（旧读 bài）	bèi
比	bǐ 统读	bǐ（旧读 bì）〈书〉：❶紧靠；挨着 ❷依附；勾结 ❸近来 ❹等到	bǐ（旧读 bì）：靠近；挨着
秘	除"秘鲁"中读 bì 外，其余都读 mì	mì。另见 bì：秘鲁；姓	mì（旧读 bì）。另见 bì
雌	cí 统读	cí	cí（旧读 cī）
婀	ē 统读	"婀娜" ēnuó（旧读 ěnuǒ）	未标注旧读
讽	fěng 统读	fěng	fěng（旧读 fèng）
究	jiū 统读	jiū	jiū（旧读 jiù）
疴	kē 统读	kē（旧读 ē）	kē（旧读 ē）
矿	kuàng 统读	kuàng（旧读 gǒng）	kuàng（旧读 gǒng）
框	kuàng 统读	kuàng（旧读 kuāng）	未标注旧读
祢	mí 统读	mí	mí（旧读 nǐ）
醭	pú 统读	pú（旧读 bú）	pú（旧读 bú）
期	qī 统读	qī；另见 jī，〈书〉一周年；一整月：期年/期月	qī；另见 jī，〈古〉一周年；一整月：期年/期月

续表3-9

例字	《普通话异读词审音表》	《现代汉语词典》	《新华字典》
骑	qí 统读	qí（旧读 jì）：骑的马，泛指人乘坐的动物；骑兵；也泛指骑马的人	qí（旧读 jì）：骑的马；骑兵；也泛指骑马的人
胜	shèng 统读	shèng（旧读 shēng），表示能够承担或承受，如不胜、胜任	shèng（旧读 shēng），表示能担任，能承受，如胜任、不胜其烦；还表示尽，如不胜感激、不胜枚举
玩	wán 统读	wán	wán。表以下意义时，旧读"wàn"：1. 观赏；2. 可供观赏的东西；3. 轻视，用不严肃的态度对待
闻	wén 统读	wén	wén（旧读 wèn），意为"出名，有名望"时
瘟	wěn 统读	wěn（旧读 wèn）	wěn（旧读 wèn）
偕	xié 统读	xié	xié（旧读 jiē）
崖	yá 统读	yá（旧又读 ái）	yá（旧读 ái）
肴	yáo 统读	yáo	yáo（旧读 xiáo）
屿	yǔ 统读	yǔ（旧读 xù）	yǔ（旧读 xù）
甑	zèng 统读	zèng	zèng（旧读 jìng）
侦	zhēn 统读	zhēn	zhēn（旧读 zhēng）
纵	zòng 统读	zòng	zòng（旧读 zōng）竖，直，南北方向，跟"横"相对
佐	zuǒ 统读	zuǒ	zuǒ（旧读 zuò）

第三章 《普通话异读词审音表》及修订稿与《新华字典》《现代汉语词典》符合度调查

表3-8中所列27个字，《普通话异读词审音表》全部审订为"统读"，《现代汉语词典》除统读音以外，仅"癌、凼、比、婀、疴、矿、框、醅、骑、胜、紊、崖、屿"13个字标注了"旧读"或"旧又读"，表示某义项旧时的不同读法。既然"旧读"是"旧时的不同读法"，当然就不会是标准读法，因而不同于《普通话异读词审音表》的统读音。其他字在《现代汉语词典》中的读音与《普通话异读词审音表》的审订是基本一致的。而《新华字典》没有收录"凼、婀、框、期"等字的旧读，这与《普通话异读词审音表》一致。其余23个字的旧读音《新华字典》也全部收录，其中10个字的旧读音《现代汉语词典》没有收录。

大体上，我们可以说《现代汉语词典》处理有"旧读音"的字与《普通话异读词审音表》更为接近，表现出比较强烈的规范意识，而《新华字典》在将《普通话异读词审音表》的统读音作为标准音的同时，收录了更多的旧读音，表现出继承传统的倾向。

《新华字典》和《现代汉语词典》在处理"旧读"的时候，也呈现出一些不同的特点。在表3-8所列的27个字中，《新华字典》给23个字注了"旧读"，而《现代汉语词典》只注了13个字的"旧读"。总体来看，《现代汉语词典》收单字旧读音的数量要少于《新华字典》，《现代汉语词典》更倾向于"现代"。

下面具体谈谈几个字的旧读情况：

"比"，《现代汉语词典》将"比"分列两个字头，在表示"❶紧靠；挨着❷依附；勾结❸近来❹等到"这类义项的时候有旧读 bì，而在表示"❶比较；较量❷能够相比❸比画"等义项时却没有旧读 bì。《现代汉语规范词典》统读 bǐ，仅列一个字头。《新华字典》也仅在"靠近；挨着"这个义项下才列出旧读 bì，《现代汉语规范词典》严格按照《普通话异读词审音表》进行了规定，但是未能完全符合语言的多样性和灵活性，应该考虑方言方音存在的情况。

"惫"，《现代汉语规范词典》"统读 bèi；不读 bì"，过去的某段时间或者某个地区读 bì，没有标注为旧读音，这应该是和方言有关，这说明此音在一定地域范围内确实存在这种读音，而《普通话异读词审音表》统读为 bèi，规范了读音，值得肯定。

"期"，《普通话异读词审音表》统读 qī，在该字头下另立一个音 jī，表示"一整年，一整月"，组词为"期年""期月"，该意义《现代汉语词典》标注为〈书〉，《新华字典》标注为〈古〉，而《现代汉语规范词典》标注为〈文〉。文与白是相对的概念，即文读和白读，文读是读书音，白读是口语音、俗语音。书与语也是相对的概念，书是书面语，语是口语。文与白同书与语两组概念含义差不多。〈书〉和〈文〉皆表示书面语，而〈古〉表示古语词，大部分属于书面语。需特别说明的是，《现代汉语规范词典》将"期"全部统读为 qī，而未考虑到自古保留下来的音 jī 的情况。"期"《广韵》居之切，平之，见。"朞"的繁体字。亦做"稘"。"稘"的古字。指时间周而复始。

第三章　《普通话异读词审音表》及修订稿与《新华字典》《现代汉语词典》符合度调查

分别指一周年，一个月或一整天。《说文解字·禾部》引《虞书》："稘，三百有六旬。"今本《书·尧典》作"朞，三百有六旬有六日"。孔传："匝四时曰朞。"孔颖达疏："朞，即匝也。"由此可见"期"该存在 jī 音。《现代汉语规范词典》为了附和《普通话异读词审音表》而不加辨别，一律统读，对于《普通话异读词审音表》中的统读音的理解似乎失之偏颇。

"骑"，《普通话异读词审音表（修订稿）》征求意见稿统读为 qí，《现代汉语词典》新增了它的旧读音 jì，古汉语中"骑"为多音字，有两个读音 qí 和 jì。该字解释为动词"骑马"之意的时候读作 qí，《古汉语常用字字典》《辞源》《古代汉语字典》均认为"骑"解释为"骑兵"时读 jì，如《韩非子·说林下》："公孙弘断发为越王骑。"解释为"一人一马"时也读作 jì，如《史记·陈涉世家》："骑千余。"按照这样的读音归类，组词为"轻骑""铁骑""车骑""千骑""千乘万骑"的时候读作此音。由此观之，古籍中涉及以上两种情况的时候仍然读作 jì。我们在阅读古书的时候需明确区分该词的读音，但是在现代汉语中，《普通话异读词审音表》为了减少读音的差异，便于推广普通话工作，因而统读为 qí。《现代汉语词典》等辞书当中应该提及该字的旧读音，以免人们在阅读古书时增加不必要的困惑。因此《现代汉语词典》增补"骑"的旧读音这一调整是值得肯定的。

还存在仅有一种辞书出现旧读，其余三种辞书均未提及该字的旧读的情况，比如"瞿"，《普通话异读词审音表》统读 qú,《现代汉语词典》第 5 版、第 6 版、第 7 版都只标注读音 Qú,姓。但《现代汉语规范词典》标注了旧读音 jù,《普通话异读词审音表》标注统读 qú。在古代汉语中,"瞿":"①古代戟一类的兵器。②〔～聃〕佛陀与老子,为'佛''道'两教宗奉的教主。③〔～昙〕佛教创始人释迦牟尼,姓瞿昙。后以瞿昙为佛的代称,亦称'乔达摩'。④姓。"由于汉语词汇的历史演变,有些义项成为文言词汇,比如,"瞿"的"兵器"这个义项被别的字词替代,所以该字的这个义项已退出一般应用。这部分义项仅在很小的范围内使用,退出了常用词汇的舞台,因此,"瞿"最后只保留了"姓"这一个义项。

(四) 文白异读

《普通话异读词审音表》及其修订稿收录了 32 个有文白异读的词语,常用的口语读音标注"(语)",主要用于书面语的读音标注"(文)"。《新华字典》则没有标注(语)、(文) 或 (书) 等,而是以"另见某音"的形式表现异读。另据统计,《现代汉语词典》标注〈口〉的词有 984 个,其中单音节词有 125 个,大致对应《普通话异读词审音表》的"(语)"音,而《普通话异读词审音表》的"(文)"音则标注"〈书〉",但是,这样的标注也不一致,笔者将《普通话异读词审音表(修订稿)》所审定的 32 个文白异读的字与《新华字典》《现代汉语词典》收录的注音进行对比,结果见表 3-9:

第三章 《普通话异读词审音表》及修订稿与《新华字典》《现代汉语词典》符合度调查

表 3-9

《普通话异读词审音表》	《新华字典》	《现代汉语词典》
薄 báo（语）；bó（文）	báo；另见 bó；bò	báo；另见 bó；bó〈书〉；bò
剥 bō（文）；bāo（语）	bāo；另见 bō	bāo；另见 bō
差 chā（文）；chà（语）；cī	chā；另见 chà；chāi；cī	chā；另见 chà；chāi；chài；cī
澄 chéng（文）；dèng（语）	chéng；另见 dèng	chéng；另见 dèng
逮 dài（文）；dǎi（语）	dǎi；另见 dài	dǎi；另见 dài；dài
给 gěi（语）；jǐ（文）	gěi；另见 jǐ	gěi；另见 jǐ
貉 hé（文）；háo（语）	háo；另见 hé	háo；另见 hé；Mó
虹 hóng（文）；jiàng（语）	hóng；另见 jiàng	hóng；另见 jiàng〈口〉
嚼 jiáo（语）；jué（文）；jiào	jiáo；另见 jiào；jué（文）	jiáo；另见 jiào；jué
壳 ké（语）；qiào（文）	ké；另见 qiào	ké〈口〉；另见 qiào
勒 lè（文）；lēi（语）	lè；另见 lēi	lè〈书〉；lè〈书〉；lè；另见 lēi
馏 liú（文）；liù（语）	liú；另见 liù	liú；另见 liù
露 lù（文）；lòu（语）	lòu；另见 lù	lòu；另见 lù；lù
绿 lǜ（语）；lù（文）	lǜ；另见 lù	lǜ；另见 lù
落 luò（文）；là（语）；lào（语）	là；另见 lào；luò	là；另见 lào；luō；luò
蔓 màn（文）；wàn（语）	mán；另见 màn；wàn	mán；另见 màn；wàn
泌 mì（语）；bì（文）	bì；另见 mì	Bì；另见 mì
疟 nüè（文）；yào（语）	nüè；另见 yào	nüè；另见 yào

续表3—10

《普通话异读词审音表》	《新华字典》	《现代汉语词典》
片 piàn；piān（口语一部分词）	piān；另见 piàn	piān〈口〉；另见 piàn
荨 qián（文）；xún（语）	qián；另见 xún	qián；另见 xún
翘 qiào（语）；qiáo（文）	qiáo；另见 qiào	qiáo；另见 qiào
色 sè（文）；shǎi（语）	sè；另见 shǎi	sè；另见 shǎi〈口〉
塞 sè（文）；sāi（语）	sāi；另见 sài；sè	sāi；另见 sài；sè
厦 shà（语）；xià（文）	shà；另见 xià	shà；另见 xià
杉 shān（文）；shā（语）	shā；另见 shān	shā；另见 shān
葚 shèn（文）；rèn（语）	rèn；另见 shèn	rèn；另见 shèn
螫 shè（文）；zhē（语）	螫 shì	shì〈书〉蜇（zhē）
熟 shú（文）；shóu（语）	shóu；另见 shú	shóu〈口〉；另见 shú
苔 tái（文）；tāi（语）	tāi；另见 tái	tāi；另见 tái
削 xuē（文）；xiāo（语）	xiāo；另见 xuē，用于一些复合词	xiāo；另见 xuē，专用于合成词
血 xuè（文）；xiě（语）	xiě；另见 xuè	xiě〈口〉；另见 xuè
钥 yào（语）；yuè（文）	yào；另见 yuè	yào；另见 yuè

《普通话异读词审音表》审定的 32 个文白异读的词（字），用（文）、（语）区分，《新华字典》对这 32 个字只标注不同读音和不同意义，不专门区分口语和书面语，只在释义时指出"用于口语"，如血 xiě"义同'血'

第三章 《普通话异读词审音表》及修订稿与《新华字典》《现代汉语词典》符合度调查

(xuě),用于口语",葚 rèn "用于口语",熟 shóu "用于口语",血 xiě "用于口语",或指出使用条件,如 bò "义同'薄(báo)',用于合成词或成语",削 xuē "用于一些复合词",等等。《现代汉语词典》则只在《普通话异读词审音表》32个文白异读中区分9个字,在注音后面括注〈书〉、〈口〉予以区分,跟《普通话异读词审音表》不同的是指出〈口〉,而不指出相应的〈书〉;反之,指出〈书〉,而不指出相应的〈口〉,《普通话异读词审音表》《新华字典》《现代汉语词典》在处理口语音和书面语读音方面也不统一。"螫"在《普通话异读词审音表》里有文白异读,《新华字典》只有一个读音 shì,《现代汉语词典》也只注一个音 shì 〈书〉,义为"蜇(zhē)",与《普通话异读词审音表》的口语音 zhē 相同,但是字不相同。

(五)轻声

《普通话异读词审音表》审定了28个轻声词,修订稿取消了其中3个轻声词的审订,即取消了3个词语的轻声读法。《普通话异读词审音表》及其修订稿审订的轻声词和《现代汉语词典》《新华字典》收录的具体轻声字词见表3—10:

表 3—10

《普通话异读词审音表》	《现代汉语词典》	《新华字典》
臂(一)bì,手~~ 膀 (二)bei,胳~	bei(胳臂)。另见 bì	bei(胳臂)。另见 bì

续表 3-10

《普通话异读词审音表》	《现代汉语词典》	《新华字典》
伯（一）bó，～～（bo）老～ （二）bǎi，大～子（丈夫的哥哥） 修订稿（一）bó ～～（bo）老～ （二）bāi 大～子（丈夫的哥哥）	字头未收轻声。伯伯 bó·bo。另见 bǎi	未收轻声。另见 bǎi
脯 bo，胳～	字头未收轻声。胳膊（gē·bo）	bó 胳膊（bo）
卜 bo，萝～	bo，萝～。另见 bǔ	bo，萝～。另见 bǔ
场 chang：排场	字头未收轻声。排场 pái·chǎng	未收轻声
绰（一）chuò，～～有余 （二）chuo，宽～	字头未收轻声。宽绰 kuān·chuo。另见 chāo	字头未收轻声。宽绰（chuo）。另见 chāo
点 dian，打～（收拾、贿赂） 修订稿删除此条	字头未收轻声。打点 dǎ·dian	未收轻声
掇（一）duō（"拾取、采取"义） （二）duo，撺～ 掂～	字头未收轻声。撺掇 cuān·duo。掂掇 diān·duo	字头未收轻声。掂掇 diān·duo
和（一）hè，唱～ 附～ 曲高～寡 （二）huo，掺～ 搅～ 暖～ 热～ 软～	字头未收轻声。掺～ 搅～ 暖～ 热～ 软～ 中"和"都读轻声 huo	未收轻声
荒 huang，饥～（指经济困难）	字头未收轻声。饥荒 jī·huang	未收轻声
箕 ji，簸～	字头未收轻声。簸箕 bò·ji	字头未收轻声。簸箕 bò·ji
辑 ji，逻～	字头未收轻声。逻辑 luó·ji	未收轻声

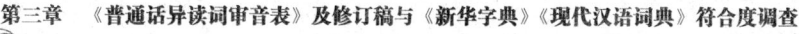

续表3-10

《普通话异读词审音表》	《现代汉语词典》	《新华字典》
斤 jīn：千斤（起重的工具）。 修订稿取消这条审音	字头未收轻声。千斤 qiān·jin	未收轻声。未收该词
矩（一）jǔ，~形 （二）ju，规~	字头未收轻声。规矩 guī·ju	字头未收轻声。规矩 guī·ju
蓝 lan，苤~	字头未收轻声。苤蓝 piě·lan	字头未收轻声。苤蓝 piě·lan
量（一）liàng，~入为出 忖~ （二）liang，打~ 掂~	字头未收轻声。打~ 掂~中"量"都读作轻声	未收轻声
䁖 lou，眍~	字头未收轻声。眍䁖 kōu·lou	字头未收轻声。眍䁖 kōu·lou
难（一）nán，困~（或变轻声）~兄~弟（难得的兄弟，现多用作贬义） （二）nàn，排~解纷 发~ 刁~ 责~ ~兄~弟（共患难或同受苦难的人）	字头未收轻声。困难 kùn·nan	未收轻声
喷（一）pēn，~嚏 （二）pèn，~香 （三）pen，嚏~	字头未收轻声。嚏喷 tì·pen	字头未收轻声。嚏喷 tì·pen
欠 qian，打哈~	字头未收轻声。呵欠 hē·qian	字头未收轻声。呵欠 hē·qian
趄 qie，趔~	字头未收轻声。趔趄 liè·qie	字头未收轻声。趔趄 liè·qie
散 san：零散	字头未收轻声。零散 líng·sǎn	未收轻声。
丧 sang：哭丧着脸	哭丧着脸 kū·sang·zhe liǎn	未收轻声。

续表 3-10

《普通话异读词审音表》	《现代汉语词典》	《新华字典》
匙 shi，钥~	shi 钥匙。另见 chí	shi，钥匙。另见 chí
沓（一）tà，重~ （二）ta，疲~ （三）dá，一~纸 修订稿：疲沓 tà	字头未收轻声。疲沓 pí·ta	未收轻声。
蓿 xu，苜~	蓿 xu，苜蓿	蓿 xu，苜蓿。
殖（一）zhí，繁~ 生~~民 （二）shi，骨~	殖 shi，骨殖。另见 zhí	殖 shi，骨殖。另见 zhí
碡 zhou，碌~	字头未收轻声。liù·zhou 碌碡	碡 zhou，碌碡

《普通话异读词审音表》中审定的轻声词很少，一共审定了 28 个轻声词（包括个别用作语素的字，如"伯伯"；第一个"伯"读 bó，第二个"伯"读 bo），《普通话异读词审音表（修订稿）》删除了原表在"千斤"中读作轻声的"斤 jin"和"疲沓"中读作轻声的"沓 ta"，将原表读轻声的"骨殖 shi"统读为"zhí"，审定了 25 个轻声词。

轻声表现在语言的实际应用中，主要出现在口语和朗读、朗诵等场合，在词语和句子里较为常见，而且不很固定，如"月亮"既可以读作 yuèliàng，也可以读作 yuè·liang。《普通话异读词审音表》审定的异读词的读音，往往是脱离了实际使用的语言材料，故而难以表现轻声，《新华字典》以注解"字"为主，应该说离实际应用更远，因而轻声在《新华字典》里更难表现，《现代汉语词典》

第三章 《普通话异读词审音表》及修订稿与《新华字典》《现代汉语词典》符合度调查

以注解"词"为主,其中不少是成语、俗语、惯用语,更接近实际应用,因而轻声在《现代汉语词典》中表现得就更加丰富一些。

《普通话异读词审音表》已经收录和审定的轻声字与《新华字典》《现代汉语词典》存在一些出入,如"场、斤、散、丧、沓"等字在《普通话异读词审音表》和《现代汉语词典》中有轻声,《新华字典》未收其轻声用法;"琶、杷"在《新华字典》和《现代汉语词典》中字头注音为 pá,其轻声用于"琵琶、枇杷"中,《普通话异读词审音表》却定为"统读",等等。

《普通话异读词审音表》所审订的全部"统读",没有一个读作轻声的,因为《普通话异读词审音表》所审的"主要是普通话有异读的词和有异读的作为'语素'的字",轻声一般没有词汇意义,不能独立成为语素,即便是一些语气词如"了、的、呢",结构助词如"的、地、得",动态助词如"着、了、过",在语言结构中也都读作轻声,都没有理性意义,只表示一些语法意义。

轻声是汉语研究的一个难点,对此目前还没有统一的认识,因而,《普通话异读词审音表》及其修订稿与《现代汉语词典》《新华字典》的注音很不一致。在实际语言应用中,哪些词读作轻声或不读轻声也没有定论,主要还是凭借语感。但是,通过表 3-10,我们可以看到《普通话异读词审音表》及其修订稿、《现代汉语词典》和《新华字典》中列为字头的轻声音往往都是没有意义不能独立使用的成分,这些成分必须跟其他成分组合才能表示语言中的概念。字头不收而在一些词语中读作轻声的绝大多数都有其他读音，不读轻声的字一般表示一个语素或词语，读作轻声的字一般没有意义，不能成为语素，往往也不能单独使用。

我们再来看看《现代汉语规范词典》对轻声问题的处理。

从以上例子可以看出，按照《普通话异读词审音表》的规定，《现代汉语规范词典》有时会明确标注，比如"箕"在"簸箕 bò·ji"一词中读轻声。《现代汉语词典》当中单立字头"箕"的时候就没有明确标注轻声，而在单立字头"簸"的义项"簸箕 bò·ji"时才有此轻声的标注。轻声问题既是现代汉语中的重点，也是难点，字典辞书中应该明确标注轻声，尤其是只有一个义项存在轻声问题的时候。《现代汉语规范词典》中有的不会明确标注轻声，比如"辑"在"逻辑 luó·ji"一词中读轻声，组词为"逻辑思维"和"逻辑学"，也相应地标注轻声，实则只有在组词为"逻辑"的时候才为轻声，该词典却并未明确标注为轻声。由此可以看出，该词典在仅存一个轻声的时候并未明确是否统一标注，这是该词典的疏漏，需改进。

《现代汉语词典》第6版、第7版亦有未按照《普通话异读词审音表》标注轻声的情况，《普通话异读词审音表》中明确标注"逻辑 luó·ji"中的"辑"为轻声，但《现代汉语词典》第6版、第7版标注为"逻辑 luó·jí"，"逻辑思维 luó·jí sīwéi"和"逻辑学 luó·jíxué"。《现代汉语词典》第 5 版严格按照《普通话异读词审音表》对"逻辑 luó·ji"进行轻声标注。《现代汉语词典》第 6 版、第 7 版是在第 5 版的基础上修订的,为何会出现如此明显的差异呢?原因在于"逻辑"一词来源于英语 logic,清末严复音译为"逻辑",实为音译词,按照英语的通常读法为轻声"luó·ji",由于 1985 年发布的《普通话异读词审音表》的修订和更新滞后于语言实际的变化,因此,在《普通话异读词审音表》中仍然读为轻声。但就目前的使用情况来看,"逻辑"一词由于强调概念性、推理性,相比以往,它的使用频率大大提高,"逻辑思维"更是读为"逻辑思维 luó·jí sīwéi"。《现代汉语词典》第 6 版、第 7 版对此进行了修订,音译词是对英语词汇汉化的结果,以使"逻辑"一词从外在的语音形式到该词所承担的意义由内而外彻底汉化,成为真正的汉语词汇,进入汉语词汇系统。《现代汉语词典》第 6 版、第 7 版既忠实于《普通话异读词审音表》,又灵活处理了《普通话异读词审音表》中的特殊情况(比如喀斯特 kāsītè,英语 karst 的音译,逻辑 luóji,英语 logic)。

(六)儿化音

儿化是指韵母 er 同其他音节合成一个音节,使 er 前面这个音节的韵母变为卷舌韵母的语言现象。儿化主要是部分北方汉语方言的一种构词方式。北方话中有许多词汇的字音韵母因卷舌动作而发生音变现象,这种现象就叫作儿化。儿化了的韵母就叫"儿化韵",在书面中的标志是在韵母后面加上 r。在词根(一般为名词)后面加上儿尾以构成一个新的名词，新名词的含义是对词根名词含义的拓展或者特定化，一般是词根名词表示的概念的爱称、小称或贬称。儿化音影响前一音节的读音，出现的儿化的表征亦有所不同。汉语方言里，北京话以多儿化闻名。儿化后的字音仍是一个音节，但带儿化韵的音一般由两个汉字来书写，如芋儿（yùr）、老头儿（lǎotóur）等。儿化是否使韵母产生了音变，取决于韵母最末一个音素的发音动作是否与卷舌动作发生冲突（即前一个动作是否妨碍了后一个动作的发生），若两者发生冲突，妨碍了卷舌动作，儿化时韵母的发音就必须有所改变。普通话中除 er 韵、ê 韵外，其他韵母均可儿化。有些不同的韵母经过儿化之后发音变得相同了，有人统计，将儿化以后发音相同的韵母合并，普通话的 39 个韵母只有 26 个儿化韵。《普通话异读词审音表》审定了 19 个有儿化韵的字，笔者将这些字组成的儿化词与字典、词典相应的内容进行对比，从中可以看出《普通话异读词审音表》及其修订稿与《新华字典》《现代汉语词典》在处理儿化词之间的差异（见表 3—11）。

表 3—11

《普通话异读词审音表》及其修订稿	《新华字典》	《现代汉语词典》
差（二）chà（语），～点儿	chà，无	chà，～点儿❶（质量）稍次。❷表示某种事情接近现实或勉强实现

第三章 《普通话异读词审音表》及修订稿与《新华字典》《现代汉语词典》符合度调查

续表3-11

《普通话异读词审音表》及其修订稿	《新华字典》	《现代汉语词典》
撮（一）cuō，~儿（二）zuǒ，一~儿毛	cuō，~儿，一~儿盐 一~儿匪帮 zuǒ，~儿（zuǒ）	cuō，无儿化词 zuǒ，~儿（zuǒ）
当（一）dāng，~间儿	dāng，无儿化词	dāng，~间儿
会 huì，一~儿 多~儿	会 huì，一~儿 多~儿	会 huì，一~儿 多~儿
混 hùn，~血儿	无儿化词	hùnxuèér，不是儿化音
夹 jiā，~道儿	无儿化词	"~道儿"和"~道"词义不同
间（二）jiàn，中~儿	jiàn，无儿化词	jiàn，（中~儿）〈口〉，方位词。中间
角（一）jiǎo，~儿（犄~）（二）jué，~儿（脚色）主~儿 配~儿 捧~儿	jiǎo，（~儿）物体两个边沿相接的地方；角落 jué，（~儿）	jiǎo，（~儿）物体两个边沿相接的地方；角落 jué，（~儿）
脚（二）jué，~儿（也作"角儿"，脚色）	jué，~儿，同"角❷"（jué）	jué，无。注：旧同"角¹"（jué）
壳（一）ké（语），~儿 ~儿	ké，~儿	ké，~儿，〈口〉义同"壳"（qiào）鸡蛋~儿 子弹~儿
可（一）kě，~~儿的	kě，无儿化词	kě，~~儿的：〈方〉恰巧；不迟不早，正好赶上
落（二）lào（语），~儿	lào，无儿化词	lào，无儿化词
模（一）mó，~特儿	mó，~特儿	mó，~特儿

277

续表 3-11

《普通话异读词审音表》及其修订稿	《新华字典》	《现代汉语词典》
片（一）piàn，~儿会 （二）piān（口语一部分词），~儿唱~儿画 ~儿相 ~儿影~儿	piàn，~儿：平而薄的物体，如明信片、铁片 piān，（~儿）同"片"(piàn)	piàn，❶（~儿）平而薄的物体，如明信~儿、纸~儿。❸（~儿）指较大地区内划分的较小地区。❻（~儿）用于成片的东西：两~儿药。~儿会：〈口〉按地区临时召开的会。相应地还有"~儿警、~儿汤"等。 piān，〈口〉义同"片"(piàn)
悄（一）qiāo，~~儿的 （二）qiǎo，~默声儿的	qiāo，无儿化词 qiǎo，无儿化词	qiāo，~~儿 qiǎo，~没声儿的
葚（二）rèn（语），桑~儿（修订稿统读为 shèn）	rèn，[桑~儿]桑树结的果实，用于口语	rèn，桑葚儿，〈口〉桑葚(sāngshèn)
帖（二）tiě，字~儿	tiě，（帖儿）便条：字帖儿	tiě，字~儿和字~意思不同
尾（二）yǐ，马~儿	yǐ，（~儿）❶马尾巴上的长毛	yǐ，（~儿）❶特指马尾巴上的毛
应（一）yīng，~名儿	yīng，无	yīng，（~名儿）❶用某人的名义（办某事）；挂某种虚名。❷仅仅在名义上（是）

本表说明：《普通话异读词审音表》有不同读音及相应词语的儿化音，我们按原表标注（一）（二）等，如果只有一个音项有儿化词，则只选取有儿化词的音项，没有儿化词的音项则不选取；《新华字典》《现代汉语词典》没有序号，只按音序排列，我们按照不同读音罗列儿化词；《普通话异读词审音表》只有一个读音的，《新华字典》《现代汉语词典》

第三章 《普通话异读词审音表》及修订稿与《新华字典》《现代汉语词典》符合度调查

不标注读音,表示跟《普通话异读词审音表》的读音相同。另外,相对来说,《现代汉语词典》中的儿化词多于《新华字典》中的儿化词,这是因为《现代汉语词典》收录的"词"比较多,《新华字典》主要收录"字"。

由表3—11可以看出,汉语名词儿化情况随意性较大,什么时候儿化、什么时候不儿化,没有十分明确的条件和标准。如"脚",《普通话异读词审音表》中读jué的时候,明确标注有"脚儿"(也作"角儿",脚色)。《新华字典》《现代汉语词典》均未收录"脚儿"的儿化情况。儿化音口语色彩比较浓厚,属于应用性较强的一类词,在日常生活中,"主角儿""男主角儿""女主角儿"等比较常见,在戏曲中也常用"角儿",所以"角儿"的使用量和使用需求大大超过"脚儿",这也许是《现代汉语词典》不收录"脚儿"而收录"角儿"的原因。《新华字典》未收录"脚儿"的情况暂时不清楚,尚待进一步研究分析。

儿化只适用于名词(有人认为可以用在动词、形容词后面,改变词性,如画→画儿、钻→钻儿、尖→尖儿,笔者认为这是不对的,画、钻、尖本身都是兼类词,在儿化的时候表示名词义,不能说这些词也可以用作动词,是动词的儿化,儿化对词语的理性意义也没有影响,如"头"儿化为"头儿",虽然"头"一般表示脑袋,"头儿"表示首领,但是"头"也可以表示首领,如头领、头人、领头、带头,其中"头"没有儿化,但是绝不能理解为"脑袋"),是名词的词尾,读作轻声。

一个词是否儿化,往往没有一定之规,主要取决于使

279

用习惯。一般来说，在表示事物小、数量少、时间短等意义的时候，在表示亲切、轻松或喜爱等情绪的情况下，常用儿化，如一片儿、一点儿、一会儿、小孩儿、小球儿、花儿、脸蛋儿等；反之，如地球、自然、敌人、大会堂等就不能儿化，在政治、科学、学术用语中，以及在比较正式严肃的场合一般少用儿化。另外语音对儿化也有一些影响，有些词语如果儿化念起来拗口，一般也不儿化，如感情、情绪等。

有些字在《新华字典》《现代汉语词典》中都有儿化词，但是在《普通话异读词审音表》却没有，见表3—12：

表3—12

例字	《现代汉语词典》	《新华字典》	《普通话异读词审音表》及其修订稿
醭	醭儿：醋、酱油等表面生出的白色的霉	醭儿：醋、酱油等表面长出的白色的霉	无
框	框儿：镶在器物周围起约束、支撑或保护作用的东西	框儿：❸镶在器物外围有支撑作用或保护作用的东西；❹周围的圈儿	无

一般来说，在普通话和一些北方方言中，除了韵母ê、er之外都可以儿化。在实际的儿化韵拼读中，儿化音与前面的音节是连在一起发音的，不宜分解开来读（即不可把后面的"儿"字单独、清晰地读出）。儿化音后面的"儿尾"与前面的音节组合成为一个"儿化音"音节，"儿

化"发音时由于舌头上翘,即卷舌,会造成很复杂的音变现象,这种音变的程度大小不一,有的略有变化,如花儿 huāér 儿化读作 huār,只需 huā 的音节稍作卷舌;有的可能发生音素脱落,如笔筒儿 bǐtóngér 儿化读为 bǐtór(其中 o 有鼻化);有的音节韵母舌位高化、低化或前移、后移、央化,如瓜儿 guāér 读作 guēr 或 guōr,瓜 guā 作为独立音节,其中主要元音 ā 受前面音素后元音 u 的影响舌位靠后,但是读作儿化,受卷舌元音 er 的影响,ā 读得接近 ē 或 ō,产生了高化、前移等音变现象。儿化还会使舌位又高又前的韵母－i、－n 发不出来而丢失,同时韵腹元音也受影响而"央化"。

　　一个名词儿化不儿化没有一定之规,儿化以后的词义变化不变化、词性变化不变化亦未统一,读音变化也很复杂,因而,《普通话异读词审音表》要给儿化制定一个标准,就是勉为其难。笔者认为,《普通话异读词审音表(修订稿)》"不审订是否轻声、是否儿化"是明智的,还是审定了 19 个字组成的儿化词,恐怕难免有"自乱其例、挂一漏万"之讥。很多字词跟已经审订的 19 个字词的儿化情况相同,却没有审定,这 19 个字词的审定依据是什么?选取这 19 个字的标准是什么?恐怕审定者都难以回答,在这种情况下,不如完全不审,已经审定的也可以删去。

（七）单音差异

表 3-13

例字	《普通话异读词审音表》	《新华字典》	《现代汉语词典》
徊	huái 统读	huái	huái；huí：【低回】（低徊）
嵌	qiàn 统读	qiàn	qiàn；kàn：同崁；赤崁，地名，在台湾
螫	shì（文）；zhē（白）	shì	shì（文）；zhē（白）
荫	yìn 统读	yìn；读 yīn 时，同"阴"	yìn；yīn：树荫

表 3-13 列出的这几个字，不涉及方音、古用法、旧读或轻声等特殊用法，但其在《新华字典》《现代汉语词典》中均有差异：在《现代汉语词典》中，"徊 huái"在"低徊"一词中读作"húi"；"嵌 qiàn"在"赤崁"中同崁，读作"kàn"；"荫 yìn"在"树荫"一词中读作"yīn"。这些字只在《现代汉语词典》中有着特殊的读音，而未收录于《新华字典》，其中"螫"有文白异读。从表 3-13 可以看出，《新华字典》更接近《普通话异读词审音表》，而《现代汉语词典》则更接近语言文字的实际应用。

综观上述材料，《新华字典》《现代汉语词典》与《普通话异读词审音表》的注音差异还是挺大的，应该如何看待《新华字典》《现代汉语词典》与《普通话异读词审音表》之间的差异呢？

《普通话异读词审音表》由国家语言文字工作委员会、

国家教育委员会、广播电视部发布，具有很强的权威性和标准化、规范化、信息化导向功能，《新华字典》已发行6亿册，《现代汉语词典》也发行了5000余万册，更接近语言文字的实际应用，是汉语言文字规范的具体体现，对现代汉语标准化、规范化产生了巨大影响，三者应该尽可能一致，不能出现太多互相抵牾、矛盾的内容。《新华字典》《现代汉语词典》不到十年就修订一次，而《普通话异读词审音表》发布已三十多年，在以后的修订中，我们希望《普通话异读词审音表》与《新华字典》《现代汉语词典》在体现和执行语言文字规范方面尽量一致，为读者提供符合规范的语言文字知识。

三、《现代汉语词典》《新华字典》《现代汉语规范词典》姓氏收字的比较

《普通话异读词审音表》说明："人名、地名的异读审订，除原表已涉及的少量词条外，留待以后再审。"反映了汉语专有名词异读词的复杂性和特殊性，《普通话异读词审音表》没有审订人名异读词，但是审定了很少的地名异读词，如"堡（一）bǎo，碉～ ～垒；（二）bǔ～子吴～ 瓦窑～ 柴沟～；（三）pù十里～"，"枞（一）cōng～树；（二）zōng～阳〔地名〕"等。而《现代汉语词典》和《新华字典》则难以绕过人名、地名的异读。我们在将《现代汉语词典》《新华字典》分别与《普通话异读词审音表》进行比较的过程中，发现《现代汉语词典》《新华字典》在姓氏收字上有较大差异。如《现代汉语

典》在勃、捕、岑、钞、巢、晨、储、处、闯、从、丛、呆、档、导、多、伐、法、藩、防、敷、浮、浣、黄、甫、复、缚、冈、港、黑、亨、汲、戢、脊、甲、佥、鞠、掬、俊、括、劳、嬴、连、恋、芒、盟、闽、谬、墨、牌、匹、漆、戚、潜、趣、侵、文、闻、溪、夕、析、袭、向、穴、学、雪、寻、押、耀、轶、庸、荫等字的释义中，均有"姓"这一义项，这就意味着要执行"字母大写"的规定。而《新华字典》中对应的字往往没有"姓"这一义项，不管是常见的姓（岑、黄、文、闻、向等）还是不常见的姓（勃、捕、巢等）都未涉及，因而也就没有执行"字母大写"的书写规则，《新华字典》基本没有标注大写，如"华 huà"，在《新华字典》中有两个义项："❶华山，五岳中的西岳，在陕西省华阴。❷姓。"两个义项中的"华"字的拼音都没有按照《汉语拼音正词法基本规则》《中国人名汉语拼音拼写法》《中国地名汉语拼音拼写规则》的要求"大写"，可能是因为《新华字典》标注的是"字"而不是"词"，这跟《现代汉语词典》的处理不一致。《普通话异读词审音表》没有有关姓氏的说明，这是由其性质决定的。

针对此种现象，笔者对两种辞书中的姓氏用字收录情况作了进一步的分析。如"赵、钱、孙、李、周、吴、郑、王"等众所周知且一直以来使用频率很高的姓氏用字，《新华字典》中几乎都未收录"姓"这一义项，而《现代汉语词典》中都有收录；相反，《新华字典》中收录的姓氏用字多是如"俞、氾、珪、濩、鮭"等生僻字，这

第三章 《普通话异读词审音表》及修订稿与《新华字典》《现代汉语词典》符合度调查

些生僻字要么是取材于传统文化,要么是现实需求。由此可见,作为一部小型辞书的《新华字典》和具有中型容量的《现代汉语词典》取舍标准不够统一。语言文字非常复杂,我们需要各种类型的语文辞书,这些辞书可以有不同的适用对象,但是,工具书应该注重对传统文化的传承,并贴近人们的现实生活。

《现代汉语词典》与《新华字典》对姓氏的字词注音也存在差异,《汉语拼音正词法基本规则》规定:"汉语人名按姓和名分写,姓和名的开头字母大写,笔名、别名等,按姓名写法处理。"《现代汉语词典》在给姓氏注音的时候基本贯彻了开头字母大写的规则,《新华字典》则没有贯彻这一规则。

《现代汉语规范词典》(第3版)一般不收录不常见姓氏的解释,如"勃、捕、处"就没有"姓"这一义项,其他较为常见的姓氏有"姓"的解释,如"岑、钞、巢、晨、储、闯、从"等。关于姓氏用字的注音,其凡例"三、注音:1. 姓氏、专名的首字母不大写"与《新华字典》相同,与《现代汉语词典》有差异。

第四章 《现代汉语词典》执行《第一批异形词整理表》情况调查

第一节 《现代汉语词典》落实《第一批异形词整理表》情况分析

《第一批异形词整理表》是教育部和国家语言文字委员会于 2001 年 12 月联合发布、2002 年 3 月试行的"规定了普通话书面语中异形词的推荐使用词形"的规范。所谓"异形词",是指普通话书面语中并存并用的同音、同义而书写形式不同的词。该规范根据"积极稳妥、循序渐进、区别对待、分批整理"的方针,贯彻"通用性、理据性、系统性"的原则,既立足现实,又尊重历史,选取了普通话书面语中经常使用、公众的取舍倾向比较明显的 338 组(不含附录中的 44 组)异形词(包括词和固定短语),给出了每组异形词的推荐使用词形和相应的非推荐使用词形,既注重了语言的系统性,又承认了语言在发展演变中的特殊情况。该规范适用于语文教学、新闻出版、

第四章 《现代汉语词典》执行《第一批异形词整理表》情况调查

辞书编纂、信息处理等方面。

一、《现代汉语词典》对《第一批异形词整理表》的处理

现代汉语异形词是普通话书面语中并存并用的音同（声、韵、调）、义近（理性义、色彩义和语法义完全相同）而书写形式不同的词语。关于异形词的界定，学界尚未有定论，因为异形词和异体词都可以说成是"同一个词的不同书写形式"，大部分辞书也将"异体"改成了同义的"异形"，直到2001年《全国词汇规范论文索引》编成出版。自1980年以来，学界共发表有关异体词与异形词的论文30余篇，同年12月，教育部和国家语言文字工作委员会发布了《第一批异形词整理表》，正式采用了"异形词"这一术语，每组异形词破折号前为选取的推荐词形，即规范词形，破折号后的为非推荐词形，即非规范词形。附录中列出的非规范词形被置于圆括号内。异形词的整理是语言文字规范的重要内容，20世纪五六十年代的异体字整理和汉字简化工作都是以字为本位的，对于多音节（包含双音节）的词语的规范作用较弱，《第一批异形词整理表》弥补了这一缺陷。

《现代汉语词典》在凡例中指出："不同写法的多字条目区分推荐词形和非推荐词形，在处理上分为两种情况：（1）已有国家试行标准的，以推荐词形立目并做注解，非推荐词形加括号附列于推荐词形之后；在同一大字头下的非推荐词形不再出条，不在同一大字头下的非推荐词形如

果出条，只注明见推荐词形。如【含糊】（含胡）'含胡'不再出条；又如【嘉宾】（佳宾），【佳宾】虽然出条，但只注为：'见〖嘉宾〗'。（2）国家标准未做规定的，以推荐词形立目并做注解，注解后加'也作某'，如：【辞藻】……也作词藻；【俯首帖耳】……也作俯首贴耳。非推荐词形如果出条，只注同推荐词形，如：【词藻】……同'辞藻'。"《现代汉语词典》对《第一批异形词整理表》的收录情况作了分析。根据《第一批异形词整理表》所列的推荐词形和非推荐词形，《现代汉语词典》中将非推荐词形置于圆括号内，即圆括号内为非规范词形，【】内的为规范词形。按照《现代汉语词典》凡例的说明，笔者拟对《现代汉语词典》对《第一批异形词整理表》的落实情况作出分析。

二、《第一批异形词整理表》分析

现代汉语中异形词的出现是历史发展的结果，涉及形、音、义等多个方面。整理异形词必须全面考虑、统筹兼顾，既立足现实，又尊重历史；既充分注意语言的系统性，又承认发展演变中的特殊情况。《第一批异形词整理表》整理异形词的主要原则是通用性、理据性和系统性。《第一批异形词整理表》在说明中指出："5.1 本表在研制过程中，用《人民日报》1995—2000年全部作品作语料，对异形词进行词频统计和分析，并逐条进行人工干预，尽可能排除电脑统计的误差，部分异形词还使用《人民日报》1987—1995年语料以及1996—1997年的66种社会科学杂志和158种自然科学杂志的语料进行了抽样复查。同时参考了《现代汉语词典》《汉语大词典》《辞海》《新华词典》《现代汉语规范字典》等工具书和有关讨论异形词的文章。5.2 每组异形词破折号前为选取的推荐词形。表中需要说明的个别问题,以注释方式附在表后。5.3 本表所收的条目按首字的汉语拼音音序排列,同音的按笔画数由少到多排列。5.4 附录中列出的非规范词形置于圆括号内,已淘汰的异体字和已简化的繁体字在左上角用'﹡'号标明。"

第二节 《现代汉语词典》对异形词的处理

一、用"见某"表示

非推荐词形加圆括号附列于推荐词形之后。把词形属于非推荐词形的副条加圆括号附列于主条之后,非推荐词形同时列为条目,用"见某"表示。据调查,《新华字典》并未按照《第一批异形词整理表》的要求进行异形词标注,比如:

按语——案语 按:❹经过考核研究后下论断:~语｜编者~。案:❻同"按❹"。

斑白——班白、颁白 斑:斑白,未列出其他。

斑驳——班驳 一种颜色中夹杂的别种颜色的点子或条纹:斑驳。

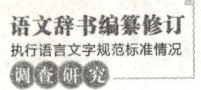

孢子——胞子 孢子。

毕恭毕敬——必恭必敬 未列出。

扁豆（萹豆、稨豆、藊豆）、［藊豆］，现作"扁豆"。未列出"萹豆"，但是列出了"萹"的另外一个读音 biān，［萹蓄］草本植物，又叫萹竹，叶狭长，略像竹叶，花小。全草可入药。

标志——标识 标❷记号，标志：浮～（浮在水上的行船航线标志）｜商～｜～点符号。

秉承——禀承 未列出。

掺和——搀和 掺和，搀❷同"掺"。

掺假——搀假 例句："不要掺假。"搀❷同"掺"。

掺杂——搀杂 掺杂。搀❷同"掺"。

徜徉——倘佯 ［徜徉］安闲自在地来回走。［倘佯］旧同"徜徉"。

彻底——澈底 ［彻底］一直到底，深入透彻。澈❷同"彻"。

瓷器——磁器 磁❷同"瓷"。

因此，笔者主要将《现代汉语词典》和《第一批异形词整理表》进行比较（见表 4-1）。

表 4-1

《第一批异形词整理表》	《现代汉语词典》
按语——案语	【按语】（案语）作者、编者对有关文章、词句所做的说明、提示或考证 【案语】见 10 页〖按语〗

第四章 《现代汉语词典》执行《第一批异形词整理表》情况调查

续表4-1

《第一批异形词整理表》	《现代汉语词典》
斑白——班白、颁白	【斑白】（班白、颁白）〈书〉（须发）花白 【班白】见33页〖斑白〗 【颁白】见33页〖斑白〗
斑驳——班驳	【斑驳】（班驳）一种颜色中杂有别种颜色，花花搭搭的 【班驳】见33页〖斑驳〗
孢子——胞子	【孢子】（胞子）某些低等动物和植物产生的一种有繁殖作用的细胞，离开母体后就能形成新的个体 【胞子】见43页〖孢子〗
毕恭毕敬——必恭必敬	【毕恭毕敬】（必恭必敬）形容十分恭敬 【必恭必敬】见70页〖毕恭毕敬〗
扁豆（萹豆、稨豆、藊豆）	【扁豆】（萹豆、稨豆、藊豆） 【萹豆】见78页〖扁豆〗 【稨豆】见78页〖扁豆〗 【藊豆】见78页〖扁豆〗
标志——标识	【标志】（标识）❶表明特征的记号或记号或事物。❷表明某种特征。"标识"另见84页biāoshí 【标识】另见85页biāozhì〖标志〗❶标示识别。❷用来识别的记号
秉承——禀承	【秉承】（禀承）承受；接受（旨意或指示） 【禀承】另见93页〖秉承〗
掺和——搀和	【掺和】（搀和）❶掺杂混合在一起。❷参加进去（多指搅乱、添麻烦） 【搀和】另见140页〖掺和〗 注释①"掺""搀"实行分工："掺"表混合义，"搀"表示搀扶义
掺假——搀假	【掺假】（搀假）把假的掺在真的里面或把质量差的掺在质量好的里面 【搀假】另见140页〖掺假〗
掺杂——搀杂	【掺杂】（搀杂）混杂；使混杂 【搀杂】另见140页〖掺杂〗

续表 4-1

《第一批异形词整理表》	《现代汉语词典》
徜徉——倘佯	【徜徉】（倘佯）〈书〉闲游；安闲自在地步行 【倘佯】另见 148 页【徜徉】
彻底——澈底	【彻底】（澈底）一直到底；深入而透彻 【澈底】另见 157 页【彻底】
称心——趁心	【称心】（趁心）符合心愿；心满意足 【趁心】另见 162 页【称心】
瓷器——磁器	【瓷器】（磁器）瓷制的器皿 【磁器】见 213 页【瓷器】 磁旧同"瓷"
担心——耽心	【担心】（耽心）放心不下 【耽心】见 253 页【担心】
担忧——耽忧	【担忧】（耽忧）发愁；忧虑 【耽忧】见 253 页【担忧】
耽搁——担搁	【耽搁】（担搁）❶停留。❷拖延。❸耽误 【担搁】见 253 页【耽搁】
淡泊——澹泊	【淡泊】（澹泊）❶恬淡。❷不追求；不热衷 【澹泊】见 257 页【淡泊】
淡然——澹然	【淡然】（澹然）〈书〉形容不经心；不在意 【澹然】见 257 页【淡然】
叮咛——丁宁	【叮咛】（丁宁）反复地嘱咐 【丁宁】见 304 页【叮咛】
订单——定单 订户——定户 订婚——定婚 订货——定货 订阅——定阅	【订单】（定单）订购货物的合同、单据 【定单】见 306 页【订单】 【订户】（定户）由于预先约定而得到定期供应的个人或单位，如报刊的订阅者、牛奶的用户等。【定户】见 306 页【订户】 【订婚】（定婚）男女订立婚约。【定婚】见 306 页【订婚】 【订货】（定货）❶订购产品或货物。❷预定的产品或货物。【定货】见 306 页【订货】 【订阅】（定阅）预先付款订购（报纸、期刊）。【定阅】见 306 页【订阅】

第四章 《现代汉语词典》执行《第一批异形词整理表》情况调查

续表4-1

《第一批异形词整理表》	《现代汉语词典》
斗拱——枓拱、枓栱	【斗拱】(枓拱、枓栱) dǒugǒng 又 dòugǒng，我国建筑特有的一种结构。在立柱和横梁交接处，从柱顶上加的一层层探出成弓形的承重结构叫拱，拱与拱之间的垫的方形木块叫斗，合成斗拱 【枓拱】dǒugǒng 见 315 页〖斗拱〗 【枓栱】dǒugǒng 见 315 页〖斗拱〗 【斗拱】dòugǒng "斗拱" dǒugǒng 的又音
逗留——逗遛	【逗留】(逗遛) 暂时停留 见 318 页〖逗留〗(逗遛)
逗趣儿——斗趣儿	【逗趣儿】(斗趣儿) 逗乐儿打趣 【斗趣儿】见 318 页〖逗趣儿〗
二心——贰心	【二心】(贰心) ❶不忠实的念头；异心。❷不专心；三心二意 【贰心】见 347 页〖二心〗
繁衍——蕃衍	【繁衍】(蕃衍) 逐渐增多或增广 【蕃衍】见 358 页〖繁衍〗
吩咐——分咐	【吩咐】(分咐)〈口〉口头指派或命令；嘱咐 【分咐】见 383 页〖吩咐〗
愤愤——忿忿	【愤愤】(忿忿) 很生气的样子 【忿忿】见 385 页〖愤愤〗旧同"愤"
风瘫——疯瘫	【风瘫】(疯瘫) 瘫痪① 【疯瘫】见 390 页〖风瘫〗
服输——伏输	【服输】(伏输) 承认失败 【伏输】见 399 页〖服输〗
服罪——伏罪	【服罪】(伏罪) 承认自己的罪过 【伏罪】见 399 页〖服罪〗
附会——傅会	【附会】(傅会) 把没有关系的事物说成有关系；把没有某种意义的事物说成有某种意义 【傅会】见 399 页〖附会〗
复信——覆信	【复信】(覆信) ❶(—//—) 答复来信。❷答复的信 【覆信】见 410 页〖复信〗

续表 4−1

《第一批异形词整理表》	《现代汉语词典》
覆辙——复辙	【覆辙】（复辙）翻过车的道路，比喻曾经失败的做法 【复辙】见 413 页〖覆辙〗
耿直——梗直、鲠直	【耿直】（梗直、鲠直）（性格）正直；直爽 【梗直】见 446 页〖耿直〗 【鲠直】见 446 页〖耿直〗

从表 4−1 可以看出，《现代汉语词典》基本都是按照《第一批异形词整理表》的收录情况进行编排的。《第一批异形词整理表》中"斗拱——枓拱、枓栱"组，《现代汉语词典》："【斗拱】（枓拱、枓栱）dǒugǒng 又 dòugǒng 我国建筑特有的一种结构。在立柱和横梁交接处，从柱顶上加的一层层探出成弓形的承重结构叫拱，拱与拱之间垫的方形木块叫斗，合成斗拱。"【枓拱】dǒugǒng 见 316 页〖斗拱〗。【枓栱】dǒugǒng 见 316 页〖斗拱〗。该义项存在两读情况，应该规范为一种读音 dǒugǒng。括号里的非推荐词形"枓拱"和"枓栱"的"枓"读 dǒu，即使"斗"是多音字，但是义项"斗拱"的读音也应类推为 dǒugǒng。

二、不列为条目

非推荐词形加括号附列在推荐词形之后，把词形属于非推荐词形的副条加圆括号附列于主条之后，非推荐词形没有列为条目。例如：《第一批异形词整理表》列出的异形词词组在《新华字典》中并未标注，如：按捺——按

第四章 《现代汉语词典》执行《第一批异形词整理表》情况调查

纳,保姆——保母、褓姆,百叶窗——百页窗,补丁——补靪、补钉,参与——参预,差池——差迟,成分——成份,澄澈——澄彻,出谋划策——出谋画策,喘吁吁——喘嘘嘘,搭档——搭当、搭挡,搭讪——搭赸、答讪。但是《新华字典》也存在并未按照《第一批异形词整理表》进行明确标注的情况,而仅仅是列出了释义,如:笔画——笔划,《新华字典》:"笔画,组成汉字的横竖撇点折,一画就是一笔。"鬓角——鬓脚,《新华字典》:"鬓:脸旁边靠近耳朵的头发:两~斑白｜~角。"车厢——车箱,《新华字典》:"车厢,车里容纳人或东西的地方。"侈靡——侈糜,《新华字典》:"浪费,用财务过度:侈靡。"筹划——筹画,《新华字典》:"划❷设计:筹划。❸同'画❸❹'。画❺〈古〉同'划(huà)'。"踌躇——踌蹰,《新华字典》:"[踌躇]1. 犹豫,拿不定主意。2. 自得的样子。"筹码——筹马:《新华字典》:"筹❶计数的用具,多用竹子制成:筹码。"《新华字典》中并未按照《第一批异形词整理表》标注的情况还很多。下文将《现代汉语词典》和《第一批异形词整理表》进行比较(见表4-2)。

表4-2

《第一批异形词整理表》	《现代汉语词典》
按捺——按纳	【按捺】(按纳)向下压,多比喻控制(情绪)
百叶窗——百页窗	【百叶窗】(百页窗)❶窗扇的一种,用许多横板条制成,横板条之间有空隙,既可以遮光挡雨,又可以通风。❷机械设备中像百叶窗的装置 另外有【百叶箱】【百叶】

续表 4—2

《第一批异形词整理表》	《现代汉语词典》
保姆——保母、褓姆	【保姆】（保母、褓姆）❶受雇为人照料儿童、老人、病人或为人从事家务劳动的妇女。❷保育员的旧称
笔画——笔划	【笔画】（笔划）❶组成汉字的各种形状的点和线。❷指笔画数
编者按——编者案	【编者按】（编者案）编辑人员对文章或消息所加的意见、评论等，常常放在文章或消息的前面 10页：按❷（编者、作者等加按语）：编者按 10页：案❻同"按"
鬓角——鬓脚	【鬓角】（鬓脚）（～儿）耳朵前边长头发的部位，也指长在这个部位的头发
补丁——补靪、补钉	【补丁】（补靪、补钉）bǔ·ding❶补在破损的衣服或其他物品上面的东西。❷指补丁程序，用来修补计算机程序漏洞或升级软件 靪：补鞋底。钉：旧同"钉"
参与——参预	【参与】（参预）参加（事物的计划、讨论、处理） 预：旧同"与"
惨淡——惨澹	【惨淡】（惨澹）❶黯然无色。❷凄凉；萧条；不景气。❸形容苦费心力
差池——差迟	【差池】（差迟）❶错误。❷意外的事
车厢——车箱	【车厢】（车箱）火车、汽车等用来载人或装东西的部分
成分——成份	【成分】（成份）❶指构成事物的各种不同的物质或因素。❷指个人早先的主要经历或职业
澄澈——澄彻	【澄澈】（澄彻）清澈透明
侈靡——侈糜	【侈靡】（侈糜）〈书〉奢侈浪费
筹划——筹画	【筹划】（筹画）❶想办法；定计划。❷筹措
出谋划策——出谋画策	【出谋划策】（出谋画策）出主意，定计策

第四章 《现代汉语词典》执行《第一批异形词整理表》情况调查

续表4-2

《第一批异形词整理表》	《现代汉语词典》
踌躇——踌蹰	【踌躇】（踌蹰）❶犹豫。❷〈书〉停留；徘徊不前。❸〈书〉得意的样子 见186页〖踌躇〗（踌蹰）
筹码——筹马	【筹码】（筹马）❶计数和进行计算的用具，旧时常用于赌博。❷借指在对抗或竞争中可以凭借的条件。❸证券市场指投资者持有的一定数量的证券
喘吁吁——喘嘘嘘	【喘吁吁】（喘嘘嘘）（~的）状态词。形容喘气的样子 【吁吁】形容出气的声音：气喘~~
赐予——赐与	【赐予】（赐与）赏给：赐予爵位
粗鲁——粗卤	【粗鲁】（粗卤）粗暴鲁莽
搭档——搭当、搭挡	【搭档】（搭当、搭挡）❶协作。❷协作的人
搭讪——搭赸、答讪	【搭讪】（搭赸、答讪）为了想跟人接近或把尴尬的局面敷衍过去而找话说
答复——答覆	【答复】（答覆）对问题或要求给以回答 覆❹同"复①②"
倒霉——倒楣	【倒霉】（倒楣）遇事不利；遭遇不好
低回——低徊	【低回】（低徊）〈书〉❶徘徊（huái）。❷回旋起伏。 【注释】《普通话异读词审音表》审定"徊"统读huái。"低回"一词统读dīhuí，不读dīhuái
跌宕——跌荡	【跌宕】（跌荡）❶性格洒脱，不拘束；放荡不羁。❷音调抑扬顿挫或文章富于变化
跌跤——跌交	【跌跤】（跌交）❶摔跟头。❷比喻犯错误或受挫折
喋血——蹀血	【喋血】（蹀血）diéxuè 踐血，形容杀人多而血流满地（喋，借作"蹀"；踏；踩）
独角戏——独脚戏	【独角戏】（独脚戏）❶只有一个角色的戏。❷见150页〖唱独角戏〗。❸滑稽②

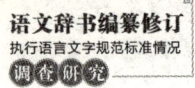

续表 4-2

《第一批异形词整理表》	《现代汉语词典》
端午——端五	【端午】（端五）我国传统节日，农历五月初五日。相传古代诗人屈原在这天投江自杀，后人为了纪念他，把这天当作节日，有吃粽子、赛龙舟等风俗。也叫端阳
二黄——二簧	【二黄】（二簧）戏曲声腔之一，用胡琴伴奏。跟西皮合称皮黄
发酵——酸酵	【发酵】（酸酵）349页
发人深省——发人深醒	【发人深省】（发人深醒）启发人深刻思考而有所觉悟
丰富多彩——丰富多采	【丰富多彩】（丰富多采）内容丰富，种类多样
疯癫——疯颠	【疯癫】（疯颠）疯①。《现代汉语词典》392页【疯疯癫癫】（～的）状态词。精神失常的样子，常用来形容人言语行动轻狂或超出常态
锋芒——锋铓	【锋芒】（锋铓）❶刀剑的尖端，借指攻击的方向。❷借指显露出来的锐气和才干
服侍——伏侍、服事	【服侍】（伏侍、服事）伺候；照料。注意：其中【伏侍】见399页〖服侍〗。"服事"未列出
负隅顽强——负嵎顽强	【负隅顽强】（负嵎顽强）（坏人）凭借险要的地势等条件顽固抵抗
干预——干与	【干预】（干与）过问（别人的事）1593页"预 yù"旧同"与（yù）"
告诫——告戒	【告诫】（告戒）警告劝诫（多用于上级对下级或长辈对晚辈）。"戒"❷旧同"诫"。由于二者的异体关系而形成的异形词
恭维——恭惟	【恭维】（恭惟）gōng·wéi 为讨好而赞扬
勾画——勾划	【勾画】（勾划）勾勒描绘；用简短的文字描写。（可以同笔画—比划组一起讨论）

　　《第一批异形词整理表》中的"成分——成份",《现

第四章 《现代汉语词典》执行《第一批异形词整理表》情况调查

代汉语词典》:"【成分】(成份)❶指构成事物的各种不同的物质或因素。❷指个人早先的主要经历或职业。"这里存在一个问题,到底是"成分"还是"成份"?《现代汉语词典》的解释存在模糊性。"成分"的"分"主要用于"养分""水分"等比较抽象的词中,而"成份"的"份"主要用于"股份""份额""份儿饭"等比较具象的词中。按照此种说法,这两个词都该被明确区分,以供读者检索和使用。

《第一批异形词整理表》中的"出谋划策——出谋画策",《现代汉语词典》:"【出谋划策】(出谋画策)出主意,定计策。"《现代汉语词典》混淆了音同义近字"划"和"画","筹划"和"出谋划策"被列为推荐的规范词形,《现代汉语词典》推荐的同义词表示筹划和布置义的"擘画"和"擘划",第二个字完全同音同义,却用了不同的"划"和"画",并分列两个条目,从系统性原则看,系统性贯彻得不够,笔者认为应该统一为"擘划"。

《第一批异形词整理表》中的"恭维——恭惟",《现代汉语词典》:"【恭维】(恭惟)gōng·wéi 为讨好而赞扬。"《汉语大词典》记载【恭惟】:"见【恭维】表示对上的谦词,一般用于行文之始。王褒《圣主得贤臣颂》:'恭惟《春秋》法王始之要,在乎审己正统而已。'"《汉语大词典》并未单列义项【恭维】。笔者在北大语料库中检索该组词,其中古代汉语用例中"恭维"有269条,"恭惟"有390条;现代汉语用例中"恭维"有979条,"恭惟"有12条。由此观之,《现代汉语词典》选择了现代汉语中词频较高的"恭维"一词作为推荐词形。

《第一批异形词整理表》中的"锋芒——锋铓",《现代汉语词典》:"【锋芒】(锋铓)❶刀剑的尖端,借指攻击的方向。❷借指显露出来的锐气和才干。""'铓'❶〈书〉刀剑等的尖端。❷云南少数民族的打击乐器。"《现代汉语词典》又列出了义项【锋芒毕露】,明显没必要再列出。

《第一批异形词整理表》中的"疯癫——疯颠",《现代汉语词典》:"【疯癫】(疯颠)疯①。"《现代汉语词典》:"【疯疯癫癫】(~的)状态词。精神失常的样子,常用来形容人言语行动轻狂或超出常态。"AABB 式叠音词,AB 和 AABB 用词相同,因此《现代汉语词典》应直接删除"疯颠"。《通用规范汉字表》230 页"癫"指精神错乱。

《第一批异形词整理表》中的"发人深省——发人深醒",《现代汉语词典》:"【发人深省】(发人深醒)启发人深刻思考而有所觉悟。"《汉语大词典》释义为"视察;察看。"《易·复》:"先王以至日闭关,商旅不行,后不省方。"程颐传曰:"人君不省视四方。"《礼记·礼器》:"礼不可不省也。"《论语·学而》:"吾日三省吾身。"以上例子中的"省"为同一个意思。

《第一批异形词整理表》中的"喋血——蹀血",《现代汉语词典》:"【喋血】(蹀血)diéxuè 践血,形容杀人多而血流遍地(喋,借作'蹀':踏;踩)。"2016 年 5 月发布的《普通话异读词审音表(修订稿)》审定"血"xuě(口语单用 xiě)。因此,"喋血"的读音应该予以修订。

第四章 《现代汉语词典》执行《第一批异形词整理表》情况调查

《第一批异形词整理表》中的"赐予——赐与",《现代汉语词典》:"【赐予】(赐与)赏给:赐予爵位。"笔者在北大语料库中检索"赐与",古代汉语用例有710条,现代汉语用例有159条;检索"赐予",古代汉语用例有355条,现代汉语用例有684条。到底哪个词应该被列为推荐词形?需要进一步探讨。《汉语大词典》将"予"解释为赐予、给予。《诗经·小雅·采菽》:"君子来朝,何锡予之?"《荀子·修身》:"怒不过夺,喜不过予。"杨倞注:"予,赐也。"此非推荐词形,应该列出条目,以便读者使用。"与"解释为给予;奖赏等义。

三、用"也作某""同某"表示

《现代汉语词典》把推荐词形和非推荐词形同时列为主条和副条。主条后用"也作某",如【筚路蓝缕】也作"荜路蓝缕";副条后用"同某",如【筚篥】同"觱篥"。与《第一批异形词整理表》的推荐词形和非推荐词形的处理略有不同(见表4-3)。

表4-3

《第一批异形词整理表》	《现代汉语词典》	《新华字典》
保镖——保镳	【保镖】(保镳)❶会技击的人佩带武器,为别人护送财物或保护人身安全,也泛指做护卫工作。❷指做这种工作的人。镳,旧同"镖"	镳,同"镖"
铲除——划除	【铲除】(划除)连根除去;消灭干净。划,旧同"铲"② 【划除】见143页【铲除】	[铲除]去掉。划旧同"铲❷"

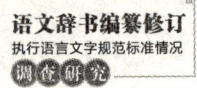

四、不附列于主条后

把推荐词形列为主条,词形属于非推荐词形的副条并未加圆括号附列于主条之后,也没有列为条目,见表4－4:

表 4－4

《第一批异形词整理表》	《现代汉语词典》
百废俱兴——百废具兴	未列出
辈分——辈份	【辈分】指家族、亲友之间的世系次第
本分——本份	【本分】❶本身应尽的责任和义务。❷安于所处的地位和环境
沉思——忱思	【沉思】深思。
戴孝——代孝	【戴孝】死者的亲属和亲戚在一定时期内穿着孝服,或在袖子上缠黑纱、辫子上扎白绳等,表示哀悼
凋敝——雕敝、雕弊	❶残缺破败。❷(生活)困苦;(事业)衰败
凋零——雕零	❶(草木)凋谢零落;❷衰落。
凋落——雕落	凋谢。
凋谢——雕谢	❶(草木花叶)脱落;❷指老年人死。
分量——份量 分内——份内 分外——份外 分子——份子 (存有注释)	【分量】重量 【分内】属性词。本分以内的 【分外】❶超过平常;特别。❷属性词。本分以外的 【分子】属于一定阶级、阶层、集团或具有某种特征的人

"凋敝——雕敝、雕弊",《现代汉语词典》:"❶残缺破败。❷(生活)困苦;(事业)衰败。"《通用规范汉字

表》指出,"雕"〔彫琱鵰〕,用于"猛禽"义时,"鵰"是"雕"的异体字;用于"雕刻""指雕刻艺术或雕刻作品"义时,"彫""琱"是"雕"的异体字。而"凋",(草木花叶)枯萎脱落;(事业)衰败;(生活)困苦。因此,"凋敝"为规范词形,而"雕敝""雕弊"为错误的词形,应该被淘汰。"分子——份子(存有注释)",《现代汉语词典》:"【分子】属于一定阶级、阶层、集团或具有某种特征的人。"《通用规范汉字表》指出,"份",整体中的一部分;量词,用于报刊、文件等。"分",①fēn 使整体变成若干部分、使相联系的离开;分配、分派;计量单位名称。②fèn 同"份",整体中的一部分,现在一般写作"份";职责权利的限度;成分。同"水分、成分"一起解释。

推荐词形、非推荐词形有一部分在口语环境下使用较多。如:【叫花子】(叫化子)〈口〉乞丐。推荐词形、非推荐词形并存的情况是文字微殊造成的。再如:【精彩】(精采)❶(表演、展览、言论、文章等)优美;出色。❷〈书〉神采;精神。

就《现代汉语词典》而言,在语音、文字和词形等方面的符合度调查当中都存在一些问题,应该得到修订和完善。《现代汉语词典》第 6 版增加了旧读音,而《普通话异读词审音表》为了确保推广普通话工作的有序进行而未提及旧读音;在方言盛行的地区《现代汉语词典》标注了方言读音,而《普通话异读词审音表》未标注;语文辞书与《普通话异读词审音表》相比,存在收录不一致的情况。《现代汉语词典》是一部中型语用工具书,比《现代汉语规范词典》《新华字典》详细,每一种语言文字工具辞书都有它的侧重点,侧重点不同,发挥的功用也不尽相同。所以,读者在使用相关工具书时,首先就要明确其侧重点,这样既不会枉费工夫,又能使各种工具书发挥其最大效用。

社会在向前发展,社会用字也相应地发生了一些变化,从汉字使用的实际情况出发,有必要对以前的汉字规范情况进行整理,同时督促语文辞书执行规范标准,经过《通过规范汉字表》的调整,异体字由 810 组减少到 796 组,淘汰的异体字由原来的 1053 个减少到 1027 个。《现代汉语词典》收录的异体字共 772 组,共 982 个异体字。被《现代汉语词典》淘汰的字共 47 个,即《现代汉语词典》未列出的异体字共 47 个。从符合度调查来看,在实际的语言运用当中,生僻字经久不用导致语言累赘而意义不大,但是《通用规范汉字表》还在收录,明显滞后于语言的实际应用,应予以修订。

本书针对规范标准对语文辞书进行了符合度调查,但范围有限,没有把语文辞书编纂和修订的其他方面如数目字、标点符号、西文字母、笔顺等纳入调查范围。限于学识,以上分析研究还存在很多纰漏,一些复杂问题还需要进一步探讨分析。

第五章　推广落实语言文字规范标准的建议

语言文字工作关系到国家的统一、民族的团结、社会的进步。实现国家通用语言文字（普通话和汉字）的规范化、标准化，是促进民族交流、普及文化教育、发展科学技术、适应现代经济和社会发展的需要，是提高工作效率的一项基础工程。

推广和普及国家语言文字规范标准是贯彻落实国家语言文字法律法规的基本要求，是维护国家主权统一、促进经济社会发展、增强中华民族凝聚力和文化软实力的重要内容。要健全完善语言文字法律制度规范，既要加强宏观政策指导和法治意识，又要加强语言文字规范标准的科学研究，还要大力宣传国家语言文字政策法规，推进国家通用语言文字在全国范围内的普及。

在全社会广泛宣传语言文字规范标准，让规范标准深入人心，做到人人知道、人人使用，语言文字规范标准应该分步、分级、分层、分类地落实和推广，分清主次，确定重难点，做好重点人群贯彻语言文字规范标准的工作，给社会树立良好的典范，发动社会全体成员监督规范标准的执行情况，加强检查督促，加大奖惩力度，形成上下合力，共同推进语言文字规范标准的落实，具体可以在以下方面进行推广落实。

（1）语文辞书的编纂修订要落实语言文字规范标准。

（2）大中小学教材的编写特别是语文教材的编写要落实语言文字规范标准。

（3）教学工作特别是语文教学工作要落实语言文字规范标准，加强教师语言文字规范标准的培训，增强教师语言文字规范标准意识。

（4）新闻出版要落实语言文字规范标准。

（5）广播、电视、网络等传播媒体要落实语言文字规范标准。

（6）政府公文要落实语言文字规范标准。

（7）广告审批、发布要落实语言文字规范标准。

（8）实行一些行业的"语言文字规范标准"等级证书制度，将"语言文字规范标准"等级纳入考核、晋级的条件（如教师、公务员、新闻传媒从业人员等）。

（9）根据实际情况在大中小学开设专业的"语言文字规范标准"选修课。

（10）逐步实施"语言文字规范标准"准入制度（如教师、公务员、新闻传媒从业人员等）。

（11）纠查语言文字规范标准在应用领域的执行情况，并给予一定的奖惩，范围包括公开发行的出版物用语用字，公共场所的设施用字，招牌、广告、宣传标语用字，企业事业组织名称，商品的包装、说明，电视、电影用语

第五章 推广落实语言文字规范标准的建议

用字，公文用语用字，主要新闻网站、门户网站的新闻页面等。

（12）及时废除不适用的语言文字规范标准，如国家标准局、中国文字改革委员会联合发布的《汉语拼音字母名称读音对照表》（国标〔1982〕339号），这个表人为地规定汉语拼音字母的名称音，没有得到广泛认可。再如，《通用规范汉字表》发布以后，根据《国务院关于公布〈通用规范汉字表〉的通知》（国发〔2013〕23号）："《通用规范汉字表》公布后，社会一般应用领域的汉字使用应以《通用规范汉字表》为准，原有相关字表停止使用。"《简化字总表》《第一批异体字整理表》《现代汉语常用字表》《现代汉语通用字表》《3500常用字笔画检字表》等原来公布的标准不再使用；《普通话异读词审音表（修订稿）》发布以后，原来的《普通话异读词审音表》不再使用；《汉字部首表》发布以后，《汉字统一部首表（草案）》也不再使用。这些废弃的标准应该及时在官方网站上删除，同时要广泛宣传新标准，尽可能做到人人皆知，否则就会出现新旧标准都在使用的情况，新标准就失去了应有的作用。

（13）及时修订不适用的语言文字规范标准，使之适应当今政治经济和社会文化生活。

（14）语言文字规范标准和《新华字典》《现代汉语词典》既要与时俱进、及时修订，又要保证标准的权威性，以保持语言文字生活的基本稳定。如《汉语拼音方案》发布60余年以来，没有任何修订，已落后于时代，不再适

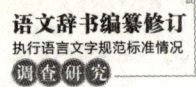

应信息化时代的要求。《现代汉语词典》为了适应 2013 年发布的《通用规范汉字表》，在 2016 年 6 月完成第 7 版修订，其说明提到："主要修订内容为：全面落实 2013 年 6 月由国务院公布的《通用规范汉字表》……"但随后《普通话异读词审音表》也由教育部发布，这样一来，刚修订的第 7 版《现代汉语词典》又不符合《普通话异读词审音表》的规范了。

（15）影响较大的一些辞书、中小学语文教材、法律法规等应该在规范标准方面尽量一致，减少混淆和冲突。国家可以设置专门机构，审查一些重要的社会用语用字符合规范标准的情况。

（16）所有的语言文字规范标准都应该放在相关官方网站上，这些网站都应该向公众免费开放。语言文字规范标准是由国家财政资助的公益项目，理应成为公共资源，由公众共享。从社会效益上说，语言文字规范标准是促进语言文字规范化、标准化、信息化的有效手段，语言文字规范化、标准化、信息化可以促进国家经济社会文化发展，增强国家和国民语言能力，增强民族凝聚力和文化自信心。

（17）关于制定字母词写法、读音和相应注解的规范标准的建议。字母词是应用于现代汉语中，由拉丁字母（包括汉语拼音字母，字母形式与拉丁字母相同，但是词语来源不同）、希腊字母等西文字母构成的或由它们与汉字、数字或符号混合构成的词。字母词既包括外来词的缩略形式，也包括一些单词（用于汉语一般大写），还包括利用西文字母创造的词。

《现代汉语词典》将这些字母词列在"西文字母开头的词语"中,其下注解:"这里收录的常见西文字母开头的词语,有的是借词,有的是外语缩略语,有的是汉语拼音缩略语。在汉语中西文字母一般是按西文的音读的,这里就不用汉语拼音标注读音,词目中的汉字部分仍用汉语拼音标注读音。"字母词来源比较复杂,读音不易处理,一般以词语开头的字母在 26 个英文字母(拉丁字母)中的顺序排序。以希腊字母开头的字母词排在英文字母前面。字母词在书写、读音、排序、注解等方面还没有规范标准。

19 世纪以来,国际交流越来越频繁,新事物、新概念越来越多地进入中国,随之出现了大量的字母词。这些字母词有的用于日常生活,有的用于科技领域,极大地影响了我国的语言文字和文化环境。字母词是改革开放的产物,是时代信息化、网络化的产物。

这些字母词有的来源于英文,如 WTO、CS、GDP 等;有的由汉语拼音缩略而成,如 GB(国家标准)、HSK(汉语水平考试)等;有的由阿拉伯数字和西文字母混合而成,如 F1、3D;有的由汉字和西文字母混合而成,如卡拉 OK、AA 制等;还有些由阿拉伯数字、西文字母和汉字混合而成,如 4S 店、4D 影院等。

近年来,字母词的存在和使用越来越受到人们的关注,学界、社会对字母词一直存在不同的看法,支持者有之,反对者有之,持中间态度的人也不在少数。笔者认为，字母词自 19 世纪下半叶开始进入我国，改革开放以来，字母词的数量越来越多，一直处于发展壮大的态势，《现代汉语词典》1996 年修订本在附录中首次收入 39 个字母词，2002 年修订本增收至 142 个，2004 年修订本增收至 182 个，2012 年修订本增收至 239 个。2001 年 7 月、2002 年 2 月和 2009 年 1 月出版的 3 本专门收录字母词的词典《字母词词典》《实用字母词词典》《汉语字母词词典》，收入字母词的数量分别是 2000 个、1300 个、2600 个。其他各种汉语新词词典也或多或少地收录了新出现的字母词。这些字母词在网络、科技、经济领域以及其他场合的应用十分广泛，应该得到规范，使之更好地适应时代的发展，服务于我们的语言文字生活。

字母词在使用的时候可能会出现诸如不符合现行法律法规、词义难以理解等问题。这就需要用汉语言文字的规范标准予以规范，《国家中长期语言文字事业改革和发展规划纲要（2012—2020）》也指出："加强外国语言文字使用管理，推进外语中文译写规范工作。"使这些活跃于我们生产生活中的字母词符合汉语言文字的标准，便于人们理解和应用。

语言文字的规范标准主要涉及书写和读音，外文字母、汉语拼音字母以及数字等组成的字母词还应该有"必要的注释"。

《中华人民共和国国家通用语言文字法》第二条规定："本法所称的国家通用语言文字是普通话和规范汉字。"国务院于 2013 年批准发布了《通用规范汉字表》，收字

8105个，很显然，通用规范汉字里不可能有字母词，但是在语言文字的具体使用中，字母词是不可回避的一类词，如何认识和使用这些词呢？《中华人民共和国国家通用语言文字法》第十一条规定："汉语文出版物中需要使用外国语言文字的，应当用国家通用语言文字作必要的注释。"这条规定应该成为人们使用字母词的一种强制标准，除此以外，还应该制定书写、读音等方面的标准。

在书写方面，一些字母词的大小写也不统一，像LED也写作led，E-mail有E-mail、e-mail、email这三种形式，还有的以EM作为E-mail的简写。这些分歧会对电视节目、教材、字典、词典、报纸等在使用字母词语时造成混乱，也给人们的交流带来一定的麻烦，应该有一个统一的标准。

字母词在读音方面的分歧更多：

1）有些按照英文字母读音读，如CEO、SUV、MPV、CPI、NBA、CBA等；

2）有些按照英语单词拼读法读，如APEC、FAX、IPO、PIN、TOEFL、WAP、AIDS（虽然这个词就是英语单词，但是它是以英文单词的形式直接进入汉语的，也应视为字母词）；

3）有些按照汉语词语音节首字母拼写，但是按照英文字母读音读，如在铁路运输领域，用不同的字母表示不同类型的旅客列车——Z表示直达特快列车，T表示特快列车，K表示快速列车，N表示管内快速列车，L表示临时旅客列车，A表示按需临时旅客列车，Y表示旅游列车；

4）有些按照汉语拼音字母词所表示的原词读，如 MM（妹妹或美眉，即漂亮的女人）、GG（哥哥）、JJ（姐姐）、TMD（詈语，"他妈的"）、SB（詈语，形容人傻）、YY（意淫，胡思乱想）、JY（精英，对一些不道德的知识分子的贬义称呼）等；

5）还有 GB（国家标准）、HSK（汉语水平考试）、KGB（克格勃）、PSC（普通话水平测试）、RMB（人民币）、ZL（专利）等，这些字母词有的按照汉语拼音所表示的原词读，有的按照英语字母读。

字母词是以记录读音为主要手段的，其语义不能由其构形辨识。如果一些比较生僻的字母词没有必要的英语和汉语注释，一般读者将难以理解其词义，如 LED（Light Emitting Diode，发光二极管）、CPI（Consumer Price Index，居民消费价格指数）、MVP（Most Valuable Player，最有价值球员）、HSK（汉语水平考试）等，这些字母词最好标注出没有缩写的英文原文和汉语原文。

由于字母词通常是由几个英文单词或汉语词语音节的首写字母组成，不同意思的英文单词或汉语词语音节首写字母可能相同，就很容易造成歧义。例如 CS 既可以指经济学上的一种经营战略（Customer Satisfaction，顾客满意），同时也表示一种网络游戏（Half-life：Counter-Strike 半条命：反恐精英）；ABC 可以表示基础知识或一般常识，又可以指在美国出生的华人（American Born Chinese）；CPO 既可以指首席隐私官（Chief Privacy

Officer），又可以指首席程序官（Chief Programmer Officer）；ATM 既可以指自动取款机（Automatic Teller Machine），又可以指网络技术中的异步传输模式（Asynchronous Transfer Mode）。字母词在使用的时候就应该标注相应的汉语词义，最好标注英文或者汉语词语原文，避免产生歧义。

结 语

《国家中长期语言文字事业改革和发展规划纲要(2012—2020)》指出:"语言文字是人类最重要的交际工具和信息载体,是文化的基础要素和鲜明标志,是促进历史发展和社会进步的重要力量。语言文字事业具有基础性、全局性、社会性和全民性特点,是国家文化建设和社会发展的重要组成部分,事关历史文化传承和经济社会发展,事关国家统一和民族团结,事关国民素质提高和人的全面发展,在国家发展战略中具有重要地位和作用。全面建成小康社会,构建中华民族共有精神家园,提高国家文化软实力,加快推进教育现代化,都对语言文字事业提出了新的要求。必须树立和增强高度的文化自觉和文化自信,努力推进语言文字事业全面发展,为全面建成小康社会、实现中华民族伟大复兴贡献力量。"

语言文字规范是指使用某种语言的人所应共同遵守的语音、词汇、语法、书写等方面的标准和典范。语言文字规范化、标准化、信息化是加快普及国家通用语言文字的重要前提,是文化教育事业和信息化建设的基础性工作。发布实施语言文字规范标准,有利于国家信息化建设和教

结 语

育、文化、科技事业的发展,有利于汉语的国际传播,是利国利民的重要工程。

《国家中长期语言文字事业改革和发展规划纲要(2012—2020)》提出,到2020年"语言文字规范标准基本满足社会需求",这就需要广泛开展语言文字规范标准建设的调查研究,认清语言文字规范标准建设的形势、现状、社会使用情况,不断满足社会对制定和修订规范标准的需求,使规范标准更好地服务于社会。

语言文字规范标准和语文辞书在促进现代化经济文化建设与社会发展、普及教育和提高教育质量、维护国家统一和民族团结以及社会交往、提高汉语的国际地位及对外交往等方面具有极其重大的意义。语文辞书是语言文字规范标准的具体落实和重要体现,在语言文字规范化工作中具有特殊的功能,应当切实执行规范文件,同时充分发挥自身功能,检视规范文件之不足,实现辞书编纂修订与语言文字规范制定之间的互动,共同促进语言文字的规范化。

现行语言文字规范标准有100余项,与语文辞书编纂修订密切相关的语音规范、词汇规范、文字规范、标点规范、数目字规范、外文字母规范等也有十几项。近年来,各类新编和修订的语文辞书层出不穷,通行的语文辞书有十几种。对这些规范标准在辞书中的落实情况,目前还没有具体系统的调查研究。《国家中长期语言文字事业改革和发展规划纲要(2012—2020)》指出:"加强对教材、图书(特别是辞书)、影视剧等文化产品和信息技术产品语言文字使用的监督检查。"本书对最新编纂和修订的语文辞书执行语言文字规范标准的情况进行调查研究,探索语文辞书与语言文字规范标准之间的关系,提出在辞书编纂修订中需妥善处理的一系列语言文字规范问题。语文辞书应全面、正确地贯彻语言文字规范标准,恰当地选择实施规范标准的方式方法,及时修订,以反映和体现国家的语言文字政策和规范标准,适应群众语言文字生活的需求。

规范型的语文辞书在推广、落实语言文字规范标准方面具有不可忽视的重要作用,能够积极有效地促进和引导社会语言生活和谐发展,为提升国家语言能力、构建和谐语言生活服务。

语言文字规范标准和语文辞书是促进语言文字规范化、标准化、信息化的重要途径,语文辞书编纂修订和语言文字规范标准的制定、修订、推广、落实是提升国家语言实力和国民语言能力的主要方式,二者共同推进语言文字的应用水平和"增强国家语言实力,提高国民语言能力"的国家语言战略。

参考文献

一、专著类

布龙菲尔德. 语言论［M］. 北京：商务印书馆，1980.

辞海编辑委员会. 辞海［M］. 上海：上海辞书出版社，2000.

段玉裁. 说文解字注［M］. 上海：上海古籍出版社，1988.

方一新. 中古近代汉语词汇学（上编）［M］. 北京：商务印书馆，2010.

高更生. 现行汉字规范问题［M］. 北京：商务印书馆，2002.

顾野王. 宋本玉篇［M］. 北京：中国书店出版社，1983.

汉语大字典编辑委员会. 汉语大字典（第二版）［M］. 成都，武汉：四川辞书出版社，崇文书局，2010.

汉语大字典编辑委员会. 汉语大字典（第一版）［M］. 成都，武汉：四川辞书出版社，湖北辞书出版社，1988.

蒋绍愚. 古汉语词汇纲要［M］. 北京：商务印书馆，2012.

李行健. 现代汉语规范词典（第三版）［M］. 北京：外语教学与研究出版社，语文出版社，2014.

李建国. 汉语规范史略［M］. 北京：语文出版社，2000.

李宗江. 汉语常用词演变研究［M］. 上海：汉语大词典出版社，1999.

刘钧杰. 同源字典补［M］. 北京：商务印书馆，1999.

索绪尔. 普通语言学教程［M］. 北京：商务印书馆，1980.

王均. 当代中国的文字改革［M］. 北京：当代中国出版社，1995.

王力. 汉语史稿［M］. 北京：中华书局，2010.

王力. 同源字典［M］. 北京：商务印书馆，1982.

王希杰. 修辞学新论［M］. 北京：北京语言学院出版社，1993.

王云路. 中古汉语词汇史（上）［M］. 北京：商务印书馆，2010.

徐朝华. 尔雅今注［M］. 天津：南开大学出版社，1994.

许慎，徐铉. 说文解字［M］. 北京：中华书局，2013.

叶蜚声，徐通锵. 语言学纲要［M］. 北京：北京大学出版社，2010.

语言文字规范手册（第四版）［M］. 北京：语文出版社，2006.

臧励龢，等. 中国人名大辞典［M］. 郑州：中州古籍出版社，1993.

张书岩. 异体字研究［M］. 北京：商务印书馆，2004.

中国社会科学院语言研究所. 新华字典（第11版）［M］. 北京：商务印书馆，2012.

中国社会科学院语言研究所词典编辑室. 现代汉语词典（第5版）［M］. 北京：商务印书馆，2005.

中国社会科学院语言研究所词典编辑室. 现代汉语词典（第6版）［M］. 北京：商务印书馆，2012.

中国社会科学院语言研究所词典编辑室. 现代汉语词典［M］. 北京：商务印书馆，1983.

中国社会科学院语言研究所词典编辑室. 现代汉语词典（第7版）［M］. 北京：商务印书馆，2016.

中国社会科学院语言研究所词典编辑室. 现代汉语词典（第3版）［M］. 北京：商务印书馆，1996.

中国社会科学院语言研究所词典编辑室. 现代汉语词典（2002年增补本）［M］. 北京：商务印书馆，2002.

中国社会科学院语言研究所词典编辑室. 现代汉语词典［M］. 北京：商务印书馆，1978.

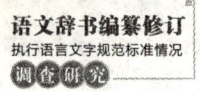

二、论文类

曹志国. 裴务齐正字本《刊谬补缺切韵》及其异体字表述方式 [J]. 周口师范学院学报, 2008 (1).

陈建裕. 建国以来异体字研究概说 [J]. 西藏大学学报, 2001 (2).

陈晓.《新华字典》第十一版和第十版对比研究 [D]. 金华:浙江师范大学, 2013.

陈章太.《汉语拼音方案》的功绩、发展及问题 [J]. 语言文字应用, 2008 (3).

丁迪蒙.《汉语拼音方案》在对外汉语教学中的缺憾及辨正 [J]. 上海大学学报(社会科学版), 2007 (6).

丁琳琳.《第一批异体字整理表》发布以来的汉字异体字整理研究 [D]. 济南:山东大学, 2009.

董晓敏. 从《新华字典》方言字刍议精简现代汉字的一个原则 [J]. 九江师专学报, 1985 (1、2).

段莉.《现代汉语词典》第6版收词情况研究 [D]. 临汾:山西师范大学, 2013.

高更生. 谈异体字整理 [J]. 语文建设, 1991 (10).

高燕. 汉语拼音方案修改意见综述 [J]. 语言文字应用, 2003 (2).

胡龙秀, 陈会兵.《经典释文》特殊读音与《普通话异读词审音表》比较研究 [J]. 重庆三峡学院学报, 2014 (5).

黄荣发. 从异体字产生之特点说到汉字发展的规律与

前景［J］．安庆师范学院学报，1990（3）．

姜晓彤．《新华字典》方言字条目研究［D］．烟台：鲁东大学，2012．

解植永，李开拓．《汉语拼音方案》存在的问题及改进策略［J］．北华大学学报（社会科学版），2008（2）．

金欣欣．略论《新华字典》的规范性［J］．淮南师范学院学报，2008（6）．

郎久英．《第一批异体字整理表》商兑［J］．昭乌达蒙族师专学报（汉文哲学社会科学版），1996（1）．

李海涛．《类篇》异体字研究［D］．济南：山东大学，2003．

李茂康．《新华字典》中的"〈古〉又同某"［J］．辞书研究，1999（2）．

李文涛．汉语言文字规范化问题研究［D］．南京：南京师范大学，2011．

李小凡．汉语拼音隔音、标调新探［J］．语言教学与研究，2007（2）．

李妍．《新华字典》第 11 版新增字研究［D］．保定：河北大学，2013．

李义琳．异体字（"重文"）漫议［J］．广西师范学院学报（哲学社会科学版），2001（4）．

梁梅．试析异体字的定义及相关问题［J］．广西师院学报，1998（2）．

刘延玲．近五十年来异体字研究与整理状况综述（上）［J］．辞书研究，2001（5）．

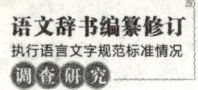

刘延玲. 近五十年来异体字研究与整理状况综述（下）[J]. 辞书研究，2001（6）.

刘中富.《干禄字书》的异体字及相关问题 [J]. 古籍整理研究学刊，2003（4）.

卢烈红. 古今字与同源字、假借字、通假字、异体字的关系 [J]. 语文知识，2007（1）.

马庆株.《汉语拼音方案》的来源和进一步完善 [J]. 语言文字应用，2008（3）.

马显彬.《新华字典》与《普通话异读词审音表》审音比较与思考 [J]. 湛江师范学院学报，2000（3）.

邵文利，杜丽荣. 试论同源字与异体字之畛域——兼论《同源字典》与《第一批异体字整理表》的收字问题 [J]. 语文研究，2007（1）.

邵文利.《第一批异体字整理表》存在的主要问题及其原因 [J]. 语言文字应用，2003（1）.

邵文利.《第一批异体字整理表》存在问题造成的影响 [J]. 西南民族学院学报（哲学社会科学版），2002（12）.

邵文利.《第一批异体字整理表》淘汰了多少异体字 [J]. 语文建设，2001（6）.

邵文利. 试论《规范汉字表》整理异体字的原则与方法 [J]. 四川大学学报（哲学社会科学版），2003.

石锋. 汉语语音教学笔记 [J]. 南开语言学刊，2007（1）.

王均. 再论汉语拼音方案是最佳方案 [J]. 语言文字应用，2003（2）.

王理嘉. 汉语拼音60年的见证与前瞻［J］. 语言文字应用，2009（4）.

王理嘉.《汉语拼音方案》与世界汉语语音教学［J］. 世界汉语教学，2005（2）.

王嵘.《宋本玉篇》异体字整理方案［J］. 辽宁行政学院学报，2007（1）.

王颖. 建国以来异体字整理工作中汉字理据的保护情况研究［D］. 济南：山东大学，2011.

魏励.《规范汉字表》的调整［J］. 语文建设，1990（6）.

肖盛生."规范辞书"的"规范"问题［D］. 南昌：南昌大学，2006.

徐艳. 古今字与通假字、异体字的关系［J］. 殷都学刊，2003（2）.

许晋.《汉语拼音方案》的应用与完善［J］. 术语标准化与信息技术，2007（2）

许长安. 台湾"通用拼音"述评［J］. 厦门大学学报（哲学社会科学版），2002（3）.

杨茂荣. 论语言文字规范化［D］. 南京：南京师范大学，2002.

张书岩.《规范汉字表》对异体字的确定［J］. 语言文字应用，2005（1）.

张新朋. 玄应《一切经音义》之异体字研究［D］. 保定：河北大学，2005.

赵峰. 试谈异体字整理"从俗、从简"原则的偏颇

[J]. 长沙大学学报，2007.

赵金铭. 《汉语拼音方案》：国际汉语教学的基石[J]. 语言文字应用，2009（4）.

赵小刚. 《规范汉字表》对今后汉字规范工作的启示[J]. 天水师范学院学报，2007.

朱芳. 评《新华字典》第11版[D]. 南京：南京大学，2013.